编辑委员会名单

主　任：张伟斌　迟全华
副主任：葛立成　毛　跃　潘捷军　陈柳裕　王金玲
成　员：（按姓氏笔画排序）
　　　　万　斌　毛亚敏　卢敦基　华忠林　杨建华
　　　　吴　蓓　谷迎春　宋月华　陈　野　陈永革
　　　　陈华兴　林华东　徐吉军　徐剑锋　董郁奎
　　　　解力平　戴　亮

中国地方社会科学院学术精品文库·浙江系列

中国地方社会科学院学术精品文库·浙江系列

民事抗诉论

On Civil Protest

● 宋小海 / 著

社会科学文献出版社
SOCIAL SCIENCES ACADEMIC PRESS (CHINA)

本书由浙江省省级社会科学学术著作
出版资金资助出版

打造精品　勇攀"一流"

《中国地方社会科学院学术精品文库·浙江系列》序

光阴荏苒，浙江省社会科学院与社会科学文献出版社合力打造的《中国地方社会科学院学术精品文库·浙江系列》（以下简称"《浙江系列》"）已经迈上了新的台阶，可谓洋洋大观。从全省范围看，单一科研机构资助本单位科研人员出版学术专著，持续时间之长、出版体量之大，都是首屈一指的。这既凝聚了我院科研人员的心血智慧，也闪烁着社会科学文献出版社同志们的汗水结晶。回首十年，《浙江系列》为我院形成立足浙江、研究浙江的学科建设特色打造了高端的传播平台，为我院走出一条贴近实际、贴近决策的智库建设之路奠定了坚实的学术基础，成为我院多出成果、快出成果的主要载体。

立足浙江、研究浙江是最大的亮点

浙江是文献之邦，名家辈出，大师林立，是中国历史文化版图上的巍巍重镇；浙江又是改革开放的排头兵，很多关系全局的新经验、新问题、新办法都源自浙江。从一定程度上说，在不少文化领域，浙江的高度就代表了全国的高度；在不少问题对策上，浙江的经验最终都升华为全国的经验。因此，立足浙江、研究浙江成为我院智库建设和学科建设的一大亮点。《浙江系列》自策划启动之日起，就把为省委、省政府决策服务和研究浙江历史文化作为重中之重。十年来，《浙江系列》涉猎领域包括经济、哲学、社会、文学、历史、法律、政治七大一级学科，覆盖范围不可谓不广；研究对象上至史前时代，下至21世纪，跨度不可谓不大。但立足浙江、研究浙江的主线一以贯之，毫不动摇，为繁荣我省哲学社会科学事业积累了丰富的学术储备。

贴近实际、贴近决策是最大的特色

学科建设与智库建设双轮驱动，是地方社会科学院的必由之路，打造区域性的思想库与智囊团，是地方社会科学院理性的自我定位。《浙江系列》诞生十年来，推出了一大批关注浙江现实，积极为省委、省政府决策提供参考的力作，主题涉及民营企业发展、市场经济体系与法制建设、土地征收、党内监督、社会分层、流动人口、妇女儿童保护等重点、热点、难点问题。这些研究坚持求真务实的态度、全面历史的视角、扎实可靠的论证，既有细致入微、客观真实的经验观察，也有基于顶层设计和学科理论框架的理性反思，从而为"短、平、快"的智库报告和决策咨询提供了坚实的理论基础和可靠的科学论证，为建设物质富裕、精神富有的现代化浙江贡献了自己的绵薄之力。

多出成果、出好成果是最大的收获

众所周知，著书立说是学者成熟的标志；出版专著，是学者研究成果的阶段性总结，更是学术研究成果传播、转化的最基本形式。进入20世纪90年代以来，我国出现了学术专著出版极端困难的情况，尤其是基础理论著作出版难、青年科研人员出版难的矛盾特别突出。为了缓解这一矛盾和压力，在中共浙江省委宣传部、浙江省财政厅的关心支持下，我院于2001年设立了浙江省省级社会科学院优秀学术专著出版专项资金，从2004年开始，《浙江系列》成为使用这一出版资助的主渠道。同时，社会科学文献出版社高度重视、精诚协作，为我院科研人员学术专著出版提供了畅通的渠道、严谨专业的编辑力量、权威高效的书稿评审程序，从而加速了科研成果的出版速度。十年来，我院一半左右科研人员都出版了专著，很多青年科研人员入院两三年左右就拿出了专著，一批专著获得了省政府奖。可以说，《浙江系列》已经成为浙江省社会科学院多出成果、快出成果的重要载体。

打造精品、勇攀"一流"是最大的愿景

2012年，省委、省政府为我院确立了建设"一流省级社科院"的总体战略目标。今后，我们将坚持"贴近实际、贴近决策、贴近学术前沿"的科研理念，继续坚持智库建设与学科建设"双轮驱动"，加快实施"科研立院、人才兴院、创新强院、开放办院"的发展战略，努力在2020年年底总体上进入国内一流省级社会科学院的行列。

根据新形势、新任务，《浙江系列》要在牢牢把握高标准的学术品质不放松的前提下，进一步优化评审程序，突出学术水准第一的评价标准；进一步把好编校质量关，提高出版印刷质量；进一步改革配套激励措施，鼓励科研人员将最好的代表作放在《浙江系列》出版。希望通过上述努力，能够涌现一批在全国学术界有较大影响力的学术精品力作，把《浙江系列》打造成荟萃精品力作的传世丛书。

是为序。

张伟斌

2013年10月

目 录

导 论 …………………………………………………………… 1
  一 研究之缘起 ……………………………………………… 1
  二 本书基本构思与内容 …………………………………… 4
  三 本书研究的意义与局限性 ……………………………… 6

第一章 民事检察概论 …………………………………………… 8
第一节 基本范畴 ……………………………………………… 8
  一 民事检察 ………………………………………………… 8
  二 民事诉讼检察监督 ……………………………………… 12
  三 民事抗诉 ………………………………………………… 14
第二节 民事检察制度的比较法考察 ………………………… 16
  一 法国民事检察制度 ……………………………………… 16
  二 德国民事检察制度 ……………………………………… 19
  三 日本民事检察制度 ……………………………………… 20
  四 英国民事检察制度 ……………………………………… 21

五　美国民事检察制度……………………………………… 22
　　　六　俄罗斯民事检察制度……………………………………… 24
　第三节　中国民事检察制度的历史发展…………………………… 28
　　　一　新中国成立初期的民事检察制度……………………… 29
　　　二　民事检察制度的重建与发展…………………………… 31

第二章　民事抗诉制度的合理性之争………………………………… 38
　第一节　民事抗诉制度质疑论……………………………………… 40
　　　一　民事抗诉侵犯当事人处分权…………………………… 40
　　　二　民事抗诉损害当事人诉讼地位平等原则……………… 42
　　　三　民事抗诉有违案件裁判的不确定性…………………… 45
　　　四　民事抗诉损害审判独立………………………………… 46
　　　五　民事抗诉损害司法裁判的终局性和司法权威………… 48
　　　六　民事抗诉不符合诉讼经济原则………………………… 52
　第二节　民事抗诉制度维护论……………………………………… 53
　　　一　正面立论………………………………………………… 54
　　　二　对质疑论的反驳………………………………………… 59
　第三节　对合理性之争的简要评析………………………………… 75

第三章　检察监督的基础理论………………………………………… 82
　第一节　"法律监督"概念考察……………………………………… 82
　　　一　"法律监督"的含义分歧………………………………… 82
　　　二　法理学解释的局限性…………………………………… 85
　　　三　"法律监督"的语源考察………………………………… 88
　　　四　"法律监督"的本义……………………………………… 91

五　检察权的法律监督性质 …………………………… 95
第二节　"法律监督"的概括性意指 ………………………… 99
　　一　一个有待思考的问题:"法律监督"的意指 ………… 99
　　二　"法律监督"系职权概念 …………………………… 101
　　三　检察权的结构 ……………………………………… 104
　　四　"法律监督"的概括意指 …………………………… 110

第四章　民事抗诉制度的构造与功能 …………………………… 114
第一节　民事抗诉制度的构造 ……………………………… 115
　　一　构造概念及其应用 ………………………………… 116
　　二　民事抗诉制度构造的概念 ………………………… 119
　　三　民事抗诉制度构造的历史演变 …………………… 122
第二节　民事抗诉制度的功能 ……………………………… 127
　　一　制度功能的概念 …………………………………… 127
　　二　关于民事抗诉制度功能的各种观点 ……………… 130
　　三　民事抗诉制度功能的界分原理 …………………… 133
　　四　民事抗诉制度的原初功能 ………………………… 139
　　五　民事抗诉制度功能的嬗变 ………………………… 140

第五章　民事抗诉监督的诉讼结构 …………………………… 145
第一节　既有理论的检视 …………………………………… 146
　　一　关于民事抗诉监督诉讼结构的各种理论 ………… 146
　　二　对既有理论的检视 ………………………………… 155
第二节　民事抗诉监督诉讼结构的新分析 ………………… 159
　　一　诉讼结构分析的基础理论 ………………………… 160

二　诉讼结构分析的展开 …………………………………… 166

第六章　民事抗诉制度的合理性论证 ………………………… 173
　第一节　面向旧构造的理论阐释及其困境 …………………… 175
　　一　民事抗诉制度的宪法基础 ………………………………… 176
　　二　民事抗诉制度的诉讼法理根据 …………………………… 181
　　三　民事抗诉的原则特征 ……………………………………… 186
　　四　应然的程序关系 …………………………………………… 188
　　五　应然的程序构造 …………………………………………… 190
　　六　小结：旧阐释的理论困境 ………………………………… 191
　第二节　面向新构造的理论阐释 ……………………………… 193
　　一　再审之诉概述 ……………………………………………… 195
　　二　民事抗诉制度新构造与再审之诉的原理相融性 ……… 200
　　三　小结 ………………………………………………………… 218

第七章　抗诉事由 ……………………………………………… 220
　第一节　抗诉事由概论 ………………………………………… 220
　　一　抗诉事由的概念 …………………………………………… 220
　　二　抗诉事由的作用 …………………………………………… 222
　　三　抗诉事由的设置 …………………………………………… 223
　　四　抗诉事由的立法演变 ……………………………………… 226
　第二节　抗诉事由的理解与把握 ……………………………… 236
　　一　有新的证据，足以推翻原判决、裁定的 ……………… 237
　　二　原判决、裁定认定的基本事实缺乏证据证明的 ……… 244
　　三　原判决、裁定认定事实的主要证据是伪造的 ………… 247

四　原判决、裁定认定事实的主要证据未经质证的 ……… 249

　　五　对审理案件需要的主要证据，当事人因客观原因不能自行收集，书面申请人民法院调查收集，人民法院未调查收集的 ……………………………………………… 251

　　六　原判决、裁定适用法律确有错误的 ……………… 252

　　七　审判组织的组成不合法或者依法应当回避的审判人员没有回避的 ………………………………………… 257

　　八　无诉讼行为能力人未经法定代理人代为诉讼或者应当参加诉讼的当事人，因不能归责于本人或者其诉讼代理人的事由，未参加诉讼的 ……………………… 260

　　九　违反法律规定，剥夺当事人辩论权利的 ………… 261

　　十　未经传票传唤，缺席判决的 ……………………… 263

　　十一　原判决、裁定遗漏或者超出诉讼请求的 ……… 264

　　十二　据以作出原判决、裁定的法律文书被撤销或者变更的 ……………………………………………… 266

　　十三　审判人员审理该案件时有贪污受贿、徇私舞弊、枉法裁判行为的 …………………………………… 268

结　语　"再审程序抗诉一元启动"之展望 ……………… 271

参考文献 …………………………………………………… 276

后　记 ……………………………………………………… 290

导　论

一　研究之缘起

从很多方面来看，我国民事抗诉制度都是一项"小众性"的制度。从立法来看，民事抗诉是我国民事诉讼法规定的作为非常规救济程序之审判监督程序中的一小部分，立法表述上位于法院依职权再审、当事人向法院申请再审等再审启动机制之后；从司法实务来看，民事抗诉在传统上以刑事检察为主的检察机关业务格局中居于次要甚至边缘的位置；而从学理上看，民事抗诉制度一直被视为与传统民事诉讼原理格格不入的"异物"，从而未能被学界主流所真正重视。尽管如此，因为本人多年从事民事检察工作之故，民事抗诉制度对于笔者而言却是一个"大写"的存在，缘分极深。笔者对其有着很深的经验体会，也有长时期的个人思考。

检察机关现行的民事行政检察业务是从 20 世纪 80 年代后期才逐渐开展起来的。相比于传统的公诉、批准逮捕以及职务犯罪侦查等刑事检察职能，民事行政检察业务起步较晚，且立法规定简略，实践中有一个逐步探索的过程，制度与理论的完备性远远不足，因而在实务上与理论上很容易造成迷茫、分歧与争论。而在民事行政检察整体业务中，民事抗诉则无疑占据着"主业"的重要位置。尽管晚近一些年来，检察机关民事支持起诉、民事督促起诉、行政执法监督以及公益诉讼等探索性工作不断受到关注与推进，但到目前为止，民事抗诉业务仍然占据着"头把交椅"（行政抗诉只占极少数）的位置。因此，就民事行政检察职能范围而言，民事抗诉毫无疑问成为实务界和理论界关注的核心。民事抗诉制度既是大家建设性关注的对象，也是大家质疑与批判的焦点。就建设性关注而言，大家看到了检察权对审判权进行法律监督的宪法依据，以及民事抗诉制度对于维护司法公正的现实意义，从而提倡予以进一步完善和发展。而从质疑与批判方面而言，大家看到了民事抗诉所带来的诉讼程序上的难题，并尖锐地提出了民事抗诉制度与学界高度共识的传统民事诉讼原理之间所存在的内在紧张与冲突。这两方面的关注相互抵触，最终构成了关于民事抗诉制度是否具有合理性的巨大争议。

应当说，民事抗诉涉及的程序上的难题是多方面的。例如，如果没有当事人申诉在先，检察机关是否可以依职权提出民事抗诉？如果检察机关可以依职权提出民事抗诉，那么是否涉及侵犯当事人处分权？如果检察机关依职权提出民事抗诉后，再审开庭时双方当事人都不出庭，那么诉讼该如何进行？以及类似的情况，如果检察机关提出民事抗诉后，法院再审过程中申诉人撤回申诉或者再审请求，那么又该如何处理？检察机关办理民事抗诉案件是否可以依职权调查取证以及抗诉案再审时对自己的抗诉观点是否负有举证责任？如果检察机关办理民事抗诉案件时可以依职权调查取证，那么是否会变相成为申诉人一方的"公请律师"，从而破坏双方当事人诉讼地位平等原则？如果检察机关承担举证责任，那么是否与其法律监督机关的职责不相符以及是否明显破坏了当事人的举证责任规则？如果检察机关不承担举证责任，那么应由谁来负责提出证据资料以支撑抗诉观点？以及与此相关，抗诉案开庭再审时检察机关是否可以参加各项庭审活动，以实质性地支撑其抗诉观点？如果再审时检察机关不参与各项庭审活动，那么该如何实际支撑其抗诉观点以及如何落实其法律监督职责？如果再审时检察机关可以参与各项庭审活动，那么该如何处理作为法律监督者的检察权和作为庭审主持者的审判权之间的关系，以及该如何处理同时作为法律监督者与庭审参与者的检察机关和同样作为庭审参与者的双方当事人之间的关系（如被申诉一方当事人是否可以向检察人员发问以及是否可以要求与其进行法庭辩论）？诸如此类不一而足。上述这些问题并非孤立存在，而是内在相互关联的，并且程序问题与诉讼法理问题相互交织。甚至应当说表面上是一个个的程序问题，但其背后实质上还是诉讼法理的问题。正是基于上述种种问题情境，很多人对民事抗诉制度提出了质疑与批判，并酿成了引人注目的合理性争论。

民事抗诉存在的上述种种问题以及由此引发的合理性争论，深深地困扰着大家，并因此实际影响到了民事抗诉制度的立法完善与实务发展。对此，笔者深有感触，也一直在进行着思索。作为民事抗诉制度长期的实践者与参与者，笔者内心对其充满着自然的亲和感，因此也曾试图竭力予以一一解答，以为民事抗诉制度辩护。但是，沉下心来思考发现，试图孤立地一个一个解答上述问题是徒劳无益的。我们必须从整体上系统地阐述清楚民事抗诉制度的法理逻辑，形成完备的民事抗诉制度诉讼理论体系，这样才能有效地应对浮现出来的一个个具体的程序或理论难题。而且阐释这样一个民事抗诉制度诉讼理论体系的过程，其实就是为民事抗诉制度进行合理性论证的过程。很显然，我们非常需要这样的合理性论证。应当说，民事抗诉制度的维护论者已经从多个角度、多个层面对质疑论者观点予以了回应，但是在笔者看来其仍然停留在具体应对的程度，而未能提出一套完整的合理性论证体系。那么到底能否完成以及如何完成民事抗诉制度的合理性论证，从而有效消除目前存在的合理性争论呢？这正是笔者长期以来苦苦思索的问题。本书撰写的目的就是完整地阐释民事抗诉制度的基本理论，竭力为民事抗诉制度提供最佳的合理性论证。

二 本书基本构思与内容

围绕着民事抗诉制度合理性论证这一根本目的，本书的基本构思是分三步走：第一步是民事检察的概述，为民事抗诉制度的深入研究提供必要的基础性与背景性的概念、素材与资料；第二步是详细叙述民事抗诉制度合理性争论的基本内容，明确争议的焦点，框定本书研究的重点方向；第三步是展开我们自己的合理性论证。

第一步民事检察的概述。具体内容包括基本范畴的解释（包括民事检察、民事诉讼检察监督和民事抗诉），各国民事检察制度的比较考察，以及我国民事检察制度的历史发展。这些概述内容是阐述民事抗诉制度的基本理论所必然要涉及的知识点或者是有助于深入理解民事抗诉制度的外围背景。

第二步民事抗诉制度的合理性论争的基本内容。作为一种可能的起手式，我们的论证可以从民事抗诉制度所面临的程序难题着手，并逐步推演到理论争议层面。但是，考虑到程序难题的背后实质上是诉讼法理问题，程序上的各种难题最后都已经归集到合理性论争之中，因此笔者选择直接从合理性论争入手。本部分中，笔者全面而详细地梳理、叙述争论双方的论点要素和论证逻辑，包括质疑论者的六个基本论点（民事抗诉侵犯当事人处分权，民事抗诉损害当事人诉讼地位平等原则，民事抗诉有违案件裁判的不确定性，民事抗诉损害审判独立，民事抗诉损害司法裁判的终局性和司法权威，民事抗诉不符合诉讼经济原则），以及维护论者的两个论证进路（即从正面角度明确阐述民事抗诉制度的理论基础与制度依据和从反面角度——反驳质疑论者的六个基本论点）。在此基础上，笔者对双方争议的观点进行了简要评析，提炼出了三大突出争议问题，即关于民事抗诉是否侵犯当事人处分权、民事抗诉是否损害当事人诉讼地位平等原则以及如何界定因民事抗诉而引发的四方主体（双方当事人、法院和检察院）的诉讼关系等。

第三步展开我们自己的合理性论证。这部分合理性论证由逐步展开的一系列逻辑单元所构成，包括检察监督的基础理论，民事抗诉制度的构造与功能，民事抗诉监督的诉讼结构，以及最终的合理性论证。其中，"检察监督的基础理论"部分，重点考察了法律监督的概念以及论述了法律监督的概括性意指，目的是作为后续研究的基础。"民事抗诉制度的构造与功能"部分，主要是阐述了随着民事诉讼法立法修改，民事抗诉制度的程序阶段构造发生了由"两阶构造"向"五阶构造"的嬗变，而其制度功能也相应地由"维护国家法制"向"权利救济"转变。"民事抗诉监督的诉讼结构"部分，重点论述了在民事抗诉制度新构造（五阶构造）与新功能（权利救济）下，民事抗诉监督的诉讼结构呈现为前后相续的双等腰三角形诉讼结构，与传统民事诉讼之等腰三角形诉讼结构原理相契合。最终的"民事抗诉制度的合理性论证"部分，则是基于前述各环节的论证，阐述了新构造之民事抗诉制度和再审之诉制度在程序构造、诉讼关系以及通行原则上存在着原理相通、相融性，说明新构造之民事抗诉制度完全符合传统民事诉讼的一般原理，从而回答了合理性之争中的三大突出争议问题，完成了预定的合理性论证。基于对照性考虑，本书也提出了可能的面向民事抗诉制度旧构造（两阶构造）的旧阐释及其所面临的困境，以此凸显新阐释的妥适性。

要说明的是，考虑到抗诉事由的特殊重要性及其作为民事抗诉制度整体法理的必要构成部分，在完成合理性论证之后本书还专门论述了抗诉事由的有关法理以及对现行法定抗诉事由的理解与把握。

最后，本书"结语"中基于民事抗诉制度的合理性论证之成果，延伸对构建"再审程序抗诉一元启动"机制做了展望。

三 本书研究的意义与局限性

本书研究的最大创新或意义就在于基于传统民事诉讼原理视角为新构造之民事抗诉制度提出了合理性论证，为消除学界与实务界关于民事抗诉制度的理论争议提出了自己的理论进路与观点，为构建"有检察权居于其中的"民事诉讼理论体系做了自己的尝试。可以说，为民事抗诉制度提出合理性论证是本书研究的基本目的。

这一研究目的既凸显了本书研究的意义，同时也框定了本书研究的方向与基本内容。具体而言，本书对民事抗诉制度需要研究的问题做了关联性取舍与整合，对于与本研究目的无关或关联性不强的问题原则上不予讨论或不展开讨论。因此，很多学界与实务界非常关心的重要问题，本书或者做了略式处理，或者完全未予触及。甚至于对与本研究目的相关的一些问题，基于研究的集中性与篇幅限制，本书也做了限制性安排。例如，关于作为民事抗诉监督对象的裁判文书的范围问题，关于生效调解书的法定抗诉条件——"损害国家利益、社会公共利益"的含义，关于抗诉案再审的审级问题，抗诉案开庭审理的范围问题，关于检察机关跟进监督等重要问题，基于它们与民事抗诉制度的合理性论证关联性不强，本书完全没有予以讨论；而关于检察机关依职权抗诉问题，关于检察机关调查核实权，关于检察机关派员出席抗诉案再审法庭的具体职责等重要问题，它们与民事抗诉制度的合理性论证有关联性，但这些问题争议较大、相当复杂，可预期的讨论的深度与广度是显而易见的，考虑到研究论述的紧凑性与篇幅结构的合理性，本书都做了略式处理，将其安排在民事抗诉制度整体合理性论证的相关环节或部分中进行逻辑关联性的、有限度的论述，这些问题所蕴含的各种细节性问题还需要另外专门研究。以上种种既显示了本书研究目标的特定性，也表明了本书研究内容的有限性或局限性。总之，本书不是关于民事抗诉制度的"百科全书式"的详尽而全面的研究文献，而主要是关于民事抗诉制度合理性论证的理论专著。当然，笔者也乐观地相信，本书所阐述的这一合理性论证，其所蕴含的新构造之民事抗诉制度的诉讼原理（包括制度构造、制度功能、诉讼结构及其与再审之诉的原理相融性），对于解答上述种种未尽或遗留的问题都具有一般性的指导作用。

第一章
民事检察概论

第一节 基本范畴

一 民事检察

如果不过早与特定的制度背景相联系,那么"民事检察"的一般含义应该是指"民事领域的检察职能或活动"。显然,这里的关键词是"检察"。"检察",具有词典含义和制度含义两个层面的意思。"检"字在《辞源》中有四种意思:(1)书署;(2)检制;(3)法式;(4)查验。"察"字在《辞源》中有四种意思:(1)反复说审;(2)昭著;(3)苛察;(4)考。两字结合起来,"检察"一词词典含义主要是检视查验,也延伸为检举制止。至于"检察"的制度含义,在现代法律制度语境中,其特指一种司法职能。由于世界各国历史传统和法律文化的差异,检察职能的具体内容有着很大的差异,有狭义、中义和广义之分。狭义的检察职能以追诉犯罪为核心内容,包括刑事公诉以及一定范围内的侦查以及指挥、监督刑事裁判的执行。中义的检察职能是指以公诉为中心的国家活动,包括刑事公诉和民事公诉及其附带的工作。所谓公诉即代表国家、社会、公益向法院提起诉讼。刑事公诉，即代表国家提起诉讼；而民事公诉，则可能代表国家，也可能代表社会或公益而提起诉讼。广义的检察职能，则是以法律监督为核心内容，包括公诉及其他广泛的法律监督职能。应当说，世界各国检察机关的公诉职能本身包含了依法监督、维护法制的功能。但是，真正将检察机关的性质界定为法律监督机关的是苏联以及受其影响的社会主义国家，包括中国。[1] 我国宪法明文规定检察机关是国家的法律监督机关。

民事检察是和刑事检察相对而言的，其一般含义是指"民事领域的检察职能或活动"。从实际情况看，各国普遍有民事检察制度，但由于各国的检察制度内涵各异，因而民事检察的实质含义与具体内容是不同的。大陆法系与英美法系国家的民事检察大体上是以主当事人或辅当事人身份提起民事公诉或参与民事诉讼为主要表现形式（详见本章第二节）。而在我国，由于检察机关被定性为法律监督机关，检察职能被界定为法律监督职能，"检察"和"检察监督"两词经常互用，因而民事检察往往被称为民事检察监督。也正因为这样，国内一些学者直接从法律监督的角度来界定民事检察或民事检察监督的含义。如有学者认为："民事检察是人民法院依照法律规定对民事审判活动和民事违法行为所进行的法律监督。"[2] 还有学者认为："所谓民事检察监督，是指检察机关对民事法律实施的监督。"[3] 至于何谓民事法律实施的监督，有学者明确提出："民事法律实施监督，是指人民检察院对民事法律的遵守和执行情况的监督活动。"[4] 可以看出，这些

---

[1] 龙宗智：《检察制度教程》，法律出版社，2002，第4页。
[2] 李忠芳、王开洞主编《民事检察学》，中国检察出版社，1996，第4页。
[3] 张晋红、郑斌峰：《论民事检察监督方式之选择》，《人民检察》2001年第8期。
[4] 周其华：《中国检察学》，中国法制出版社，1998，第279页。

定义之间的实质意思是基本相同的。笔者赞同这些定义的视角。笔者认为，在我国宪法和法律制度语境下，民事检察的特有含义即民事检察监督，即检察机关对特定的民事违法行为和民事诉讼（包括民事审判和民事执行）进行法律监督的职能或活动。民事检察的一般含义——"民事领域的检察职能或活动"，系对世界各国民事检察制度的普遍性描述；而民事检察的特有含义，则是对中国特色民事检察制度的专门性描述。

从民事检察的特有定义可以看出，我国民事检察的内容包括两个方面，一是对特定的民事违法行为的法律监督，二是对民事诉讼活动（民事审判与民事执行）的法律监督。对于后者，法律有着明确的规定。现行民事诉讼法第十四条规定："人民检察院有权对民事诉讼实行法律监督。"同时，在审判监督程序和执行程序部分分别规定了对民事审判和民事执行的检察监督。对民事审判的检察监督的方式包括提出民事抗诉和提出检察建议。对民事执行的检察监督，现行民事诉讼法第二百三十五条只是原则性规定"人民检察院有权对民事执行活动实行法律监督"，至于具体的监督方式则没有明文规定。根据最高人民检察院2013年11月发布的《人民检察院民事诉讼监督规则（试行）》第八章的规定，对民事执行检察监督的具体方式是提出检察建议。

至于前者，即对特定的民事违法行为的法律监督，是指检察机关代表国家或者社会公共利益，通过提起和参与民事诉讼的方式对特定的损害国家和社会公共利益的民事违法行为（例如国有资产流失、环境污染、食品药品安全危害等）进行直接或间接的法律监督。从目前实务情况看，主要包括民事公益诉讼、民事支持起诉以及民事督促起诉。所谓民事公益诉讼，是指检察机关作为原告对侵犯国家和社会公共利益的行为，直接向人民法院提起民事诉讼。所谓民事支持起诉，是指检察机关作为公权力机关支持合法权益受到侵害的主体向人民法院提起民事诉讼。所谓民事督促起诉，是指检察机关为保护国有资产和公共利益，建议、督促有关国有资产监管部门或国有单位及时提起民事诉讼，通过法院判决确认损害国家利益、社会公共利益的民事行为无效，返还被侵占的国有资产，给予受损害的公共利益法律上的救济，对违法者给予一定的民事制裁。

应当说，民事公益诉讼、民事支持起诉以及民事督促起诉等对特定的民事违法行为进行法律监督的方式，法律上并没有明文规定。现行民事诉讼法第十五条规定了民事支持起诉，"机关、社会团体、企业事业单位对损害国家、集体或者个人民事权益的行为，可以支持受损害的单位或者个人向人民法院起诉"。但是，该条规定并没有明确支持起诉的主体"机关"是否包括检察机关，还是另有所指。同时，现行民事诉讼法第五十五条规定了民事公益诉讼，"对污染环境、侵害众多消费者合法权益等损害社会公共利益的行为，法律规定的机关和有关组织可以向人民法院提起诉讼"。其中"法律规定的机关"是否特指或包括检察机关，也没有明确。至于民事督促起诉，更是缺乏直接的法律依据。尽管民事诉讼法没有明文规定，但检察机关在实务中长期以来都在探索民事公益诉讼、民事支持起诉以及民事督促起诉。学界也一直在理论上探讨这些问题。[①] 这些探索和努力最终得到了国家层面的积极回应。2014年10月《中共中央关于全面推进依法治国若干重大问题的决定》第四部分"保证公正司法，提高司法公信力"中明确提出"探索建立检察机关提起公益诉讼制度"。为贯彻该项改革举措，2015年7月全国人民代表大会常务委员会作出了《关于

[①] 洪浩、邓晓静：《公益诉讼中检察权的配置》，《法学》2013年第7期；段厚省：《论检察机关支持起诉》，《政治与法律》2004年第6期；傅国云：《论民事督促起诉——对国家利益、公共利益监管权的监督》，《浙江大学学报》（人文社会科学版）2008年第1期。

授权最高人民检察院在部分地区开展公益诉讼试点工作的决定》。《决定》明确提出:"授权最高人民检察院在生态环境和资源保护、国有资产保护、国有土地使用权出让、食品药品安全等领域开展提起公益诉讼试点。……提起公益诉讼前,人民检察院应当依法督促行政机关纠正违法行政行为、履行法定职责,或者督促、支持法律规定的机关和有关组织提起公益诉讼。"可见,《决定》不仅规定了检察机关公益诉讼试点,而且也明确肯定了检察机关民事支持起诉和民事督促起诉工作。可以说《决定》为检察机关民事公益诉讼、民事支持起诉以及民事督促起诉等工作提供了明确的法律支撑。

二 民事诉讼检察监督

与民事检察及民事检察监督相近的概念是民事诉讼检察监督。为了后文论述的清晰性与准确性,民事诉讼检察监督的概念也需要予以厘清。一如上文所述,民事检察监督包括对特定的民事违法行为的法律监督和对民事诉讼活动的法律监督。但是,无论是哪种情况,民事检察监督都是以诉讼的方式进行。因此,有些学者往往将民事检察监督也称为民事诉讼检察监督。[1] 也有学者认为,民事检察就是民事诉讼检察监督的简称,它是指检察机关对民事诉讼活动(包括民事审判和民事执行)的法律监督。[2] 换言之,其核心观点是民事诉讼检察监督即检察机关对民事诉讼活动的法律监督,其内涵不包括对特定的民

---

[1] 参见张步洪《新民事诉讼法讲义》,法律出版社,2012,第57页以下。
[2] 杨立新:《民事行政检察教程》,法律出版社,2002,第1页。其原文表述是:"民事行政检察,是民事行政诉讼检察监督的简称,既是我国民事诉讼和行政诉讼法学的概念,也是我国检察学的概念。它是指在我国民事诉讼和行政诉讼中,检察机关对民事审判活动和行政诉讼依法进行监督的诉讼法律制度,也是我国检察机关法律监督职权中的一项重要职权。《中华人民共和国民事诉讼法》第14条和《中华人民共和国行政诉讼法》第10条对这一制度作出了明确的规定。"笔者此处系根据本书的论述主题以及民事诉讼法的最新修改,对作者的核心意思作了概括与提炼。

事违法行为的监督。

笔者赞同后者所持的这样的核心观点,即民事诉讼检察监督是指检察机关对民事诉讼活动的法律监督,不包括对特定民事违法行为的法律监督之内涵。因为从一贯的检察学用语习惯看,"民事诉讼检察监督"的表述中"民事诉讼"是检察监督的对象,而不是检察监督的方式。就像"民事审判检察监督"和"民事执行检察监督"以及"刑事侦查检察监督"和"刑事审判检察监督"等表述一样,"民事审判""民事执行""刑事侦查""刑事审判"等所指都是检察监督的对象,而绝不是检察监督的方式。因此,绝不能以民事检察监督都是以诉讼的方式进行为由,而将民事检察监督称为民事诉讼检察监督。民事诉讼检察监督只能反映检察监督及其监督对象的关系,即是指检察机关对民事诉讼活动的法律监督。总之,民事检察监督与民事诉讼检察监督是属种关系,后者是前者的下位概念。[①]

和民事诉讼检察监督相近的一个概念是民事诉讼监督概念。广义的民事诉讼监督是指一切国家机关、社会组织和公民对民事诉讼活动的合法性所进行的监督,包括人大监督、检察监督、审判机关内部的监督、政党监督、社会监督、舆论监督、群众监督等。中义的民事诉讼监督则是指由宪法和法律授权的国家机关依法对民事诉讼活动进行的能够产生法律后果的强制性监督,包括人大监督、检察监督和审判机关内部的监督。狭义的民事诉讼监督则仅指检察机关对民事诉讼活动的监督,即民事诉讼检察监督,因为我国检察机关的宪法定位就是"国家的法律监督机关"。

综上所述,民事检察、民事检察监督和民事诉讼检察监督都是我

---

① 持相同观点者,可参见张晋红、郑斌峰《论民事检察监督方式之选择》,《人民检察》2001年第8期。

国检察学上的重要概念。民事检察和民事检察监督是同一个概念，它们也是民事诉讼检察监督的上位概念，民事诉讼检察监督则是民事检察或民事检察监督的下位概念。

三 民事抗诉

民事抗诉是民事诉讼检察监督的下位概念，其是民事诉讼检察监督的一种方式，却是最为重要的方式，也是本书研究的主题与对象。对于民事抗诉的概念，民事诉讼法学界传统上似将其作为不言自明的概念，没有专门予以定义。[①] 但是，晚近的一些著作对民事抗诉概念进行了明确界定。有学者认为，民事抗诉是指人民检察院对人民法院已经发生法律效力的判决、裁定，认为确有错误，依法提请人民法院对案件重新审理的诉讼行为。[②] 该观点将民事抗诉视为一种诉讼行为。也有学者认为，民事抗诉是指检察机关依照民事诉讼法规定的民事检察程序，对人民法院已经发生法律效力的民事判决、裁定，提出再审的意见，人民法院按照审判监督程序对该案件依法进行再审的诉讼程序。[③] 该观点将民事抗诉视为一种诉讼程序。还有学者认为，民事抗诉是指检察机关认为人民法院发生法律效力的民事判决、裁定确有错误或者违反法律、法规规定，民事调解书损害国家和社会公益，提交法院通过再审予以纠正的制度。[④] 该观点则将民事抗诉视为一种诉讼制度。

笔者认为，上述关于民事抗诉概念的不同定义，其基本意思是差

[①] 参见柴发邦主编《民事诉讼法学新编》，法律出版社，1992，第359页以下；刘家兴主编《民事诉讼法学教程》，北京大学出版社，1994，第312页以下；江伟主编《民事诉讼法学原理》，中国人民大学出版社，1999，第674页以下。
[②] 张卫平：《民事诉讼法》，法律出版社，2004，第321~322页。
[③] 杨立新：《民事行政检察教程》，法律出版社，2002，第214页。
[④] 张步洪：《新民事诉讼法讲义》，法律出版社，2012，第39~40页。

不多的，至于定性为诉讼行为、诉讼程序还是诉讼制度，则属于视角不同，但各有其理。笔者自己的定义是：民事抗诉，是指检察机关对人民法院已经发生法律效力的民事判决、裁定和调解书，认为其违法或确有错误的，依法提出异议并要求人民法院予以再审的职能或活动。对此，我们需要把握三点：一是民事抗诉是检察机关对人民法院审判行为的法律监督；二是民事抗诉以人民法院生效裁判或调解书存在违法或错误为条件，民事抗诉的基本目的就是纠正这些违法或错误；三是民事抗诉的核心含义是检察机关对人民法院生效的裁判或调解书提出异议并要求再审，而人民法院也应当依法再审。

显然，笔者的定义将民事抗诉视为一种检察职能或活动。但是，这丝毫不影响另外视角的成立，即民事抗诉也是一种诉讼行为、诉讼程序以及诉讼制度。作为一种检察职能，民事抗诉体现了检察机关作为法律监督机关的性质。作为一种诉讼行为，说明检察机关在以民事抗诉的方式介入民事诉讼后其具有某种诉讼角色，并与当事人以及人民法院发生诉讼法律关系。作为一种诉讼程序，说明民事抗诉并不仅仅限定于"提出抗诉"这个"点"，还体现为一系列的程序，包括申诉（申请）、立案、审查、提出抗诉以及抗诉案再审等完整的诉讼程序。[①] 作为一种诉讼制度，说明民事抗诉并不仅仅属于具体的程序，还属于一系列程序的有机集合体，承载着特定的价值功能，在整个民事诉讼中具有稳固的、独特的重要地位。只有我们将上述几种视角加以综合理解，才是对民事抗诉的准确而全面的理解。[②]

[①] 有学者认为，作为完整的民事抗诉程序，还应当包括提请抗诉程序（参见杨立新《民事行政检察教程》，法律出版社，2002，第214页）。笔者认为，提请抗诉程序属于检察机关内部程序，从程序的对外效力角度而言，提请抗诉程序可以不作为完整的民事抗诉程序的构成部分。

[②] 有学者提出，民事抗诉概念存在广义、中义和狭义的理解之分。这种观点值得借鉴。参见杨立新《民事行政检察教程》，法律出版社，2002，第214~215页。

第二节　民事检察制度的比较法考察

一　法国民事检察制度

法国是现代检察制度的发源地国家。一般认为，检察官制度最初发源于 13~14 世纪的法国，现代意义上的检察官制度正式诞生于法国大革命，因此被称为"革命之子"。法国 1790 年《司法组织法》第 751-2 条规定："在民事诉讼程序中，检察机关有权监督法律实施和判决履行。"1804 年的《民法典》和 1806 年的《民事诉讼法典》（1807 年生效），也都规定了民事检察的有关内容。1806 年《民事诉讼法典》第十三编"检察院"专编规定了民事检察制度。之后该法典经过了多次修改。1975 年 12 月 5 日法国颁布了《新民事诉讼法典》。《新民事诉讼法典》继续保留了第十三编"检察院"，共以 9 个条文（第 421 条至第 429 条）规定了民事检察制度。① 根据该法典第 421 条之规定，检察院依照法律规定代表社会进行诉讼，即作为主当事人进行诉讼，或者作为从当事人参加诉讼。换言之，在民事诉讼中检察院都是作为社会公共利益的代表进行诉讼。具体而言，检察院在民事诉讼中主要有如下职权。

1. 作为主当事人进行诉讼

所谓作为主当事人进行诉讼，即作为原告身份主动提起诉讼。对此，法国《新民事诉讼法典》规定了两类情形。第一类是法律有特别规定的情形，即该法典第 422 条规定："在法律有特别规定之情形，检察院依职权进行诉讼。"第二类是法律没有特别规定，但所发生的事

---

① 详见《法国新民事诉讼法典》，罗结珍译，法律出版社，2008。

实已经妨害公共秩序的情形，即该法典第423条规定："除法律有特别规定之情形外，在事实妨害公共秩序时，检察院得为维护公共秩序，进行诉讼。"现在我们重点来关注第一类"法律有特别规定之情形"。所谓法律有特别之规定，主要是指法国民法典的明文规定。根据法国民法典的有关规定，检察官作为主当事人可以提起诉讼的案件有：

（1）确认自然人是否具有法国人资格的案件（法国民法典第29-3条）；

（2）宣告自然人死亡案件（法国民法典第88条）；

（3）更正公民身份证书的案件（法国民法典第99条）；

（4）宣告公民失踪的案件（法国民法典第112条）；

（5）对违反法律的婚姻关系，提出婚姻无效之诉（法国民法典第184条、第190条）；

（6）变更亲权等案件（法国民法典第291条）；

（7）夫妻离婚或者分居后的未成年子女是否交由第三人照管或者设立或者不设立监护，或者变更侵权（法国民法典第373-3条、第374条）；

（8）对未成年人设置教育性救助措施，或者解除这种措施的案件（法国民法典第375-5条、第375-6条）；

（9）撤销亲权的案件（法国民法典第378-1条）；

（10）排除和撤销监护的案件（法国民法典第446条、第447条）；

（11）要求按规定办理设立公司之手续的案件（法国民法典第1839条）；

（12）已解散之公司逾3年仍未进行清算的，检察院要求派人清算之案件（法国民法典第1844-8条）；

(13) 就侵权行为引起的民事争议，当事人可以进行和解，但是检察院可以进行追诉（法国民法典第 2046 条）。

2. 作为从当事人参加诉讼

法国《新民事诉讼法典》第 424 条规定："检察院在对向其通报的案件中的法律适用问题提出意见，参加诉讼时，为从当事人。"由此可见，检察院作为从当事人参加诉讼，其主要职责是提出案件的法律适用意见。那么到底哪些案件需要通报检察院呢？对此，法国《新民事诉讼法典》第 425 条规定："下列案件，应当通报检察院：1. 涉及亲子关系、未成年人监护安排、成年人监护的设置与变更的案件；2. 先行中止追诉程序、集体核查负债程序、个人破产程序或其他制裁；涉及法人时，裁判清理或财产清算程序，裁判清算与裁判重整程序以及有关公司负责人金钱性责任的案件；3. 其他法律规定检察院应当提出意见的所有案件。"除上述硬性规定之外，法国《新民事诉讼法典》还给检察院是否参加诉讼保留了一定的自由裁量空间。该法典第 426 条规定："检察院可以了解其认为应当参加诉讼的其他案件。"同时，其第 427 条规定："法官得依职权决定向检察院通报某一案件。"根据法国《新民事诉讼法典》第 428 条规定，向检察院通报案件由法官负责进行，有特别规定者除外。按照该法典第 429 条规定，在已经通报案件的情况下，检察院应得到开庭日期的通知，以便检察院派员按期参加诉讼。对于这些案件，法院在判决之前，应当听取检察院关于本案适用法律的意见。如果检察院认为法院的判决确有错误，可以通过上诉程序提出上诉。

3. 诉讼监督

按照法国《新民事诉讼法典》的相关规定，检察院除了以主当事人或从当事人身份进行诉讼外，其还以其他方式关涉诉讼。这种关涉体现了检察院对民事诉讼中法律利益的关注与维护，因而其性质实际上属于诉讼监督。例如，法国《新民事诉讼法典》第365条规定，以公共安全之原因移审案件，依最高司法法院总检察长之要求，由最高司法法院宣告之。第600条规定，对于旨在请求撤销已经发生既判力的判决，以期在法律上与事实上重新作出裁判的再审申请应当报送检察院。第618-1条规定，最高司法法院总检察长为法律之利益，可以将某一判决提交最高司法法院审查。

二 德国民事检察制度

德国和法国是大陆法系的代表。从历史来看，法国法发端于前，而德国法随其于后。德国法深受法国法律影响，但又有自身明显的特色。在德国，检察官同样以公共利益代表人的角色参与民事诉讼，但在民事检察范围上较法国要窄。1871年德意志帝国成立后开始制定帝国宪法和法律，1877年颁布了首部民事诉讼法典。该法典第569条规定：检察官有权参与婚姻事件。此条文确立了德国民事检察制度，但检察官参与民事诉讼的范围仅限于婚姻案件。1898年和1933年的德国民事诉讼法典完全继承了这一制度。此外，德国于1941年还专门制定了《民事案件中的检察官参与法》。只是该法被1950年9月12日的《法律统一法》取消了。德国分治后，民主德国的检察制度深受苏联列宁法律监督思想的影响，检察官被赋予了在民事、家事和劳动法程序中的重大参与权（1977年《民主德国的检察官法》第21条）。1950年《德意志联邦共和国民事诉讼法》也扩大了民事检察的范围和职权。根据该法典规定，德国联邦检察官作为联邦公共利益的代表人，有权参与民事诉讼，如婚姻无效、雇佣劳动、禁治产案件、宣告失踪人死亡等案件。德国检察官在民事诉讼中，主要享有调查取证权、起诉权、上诉权、抗诉权，以及对裁决执行的监督权。[1] 1970年《德意志联邦共和国民事诉讼法》修改时，取消了检察官全面参与婚姻事件的制度，只保留了检察官对确认婚姻无效之诉和确认婚姻存在与否之诉的参与权。[2]

需要说明的是，从1998年7月1日起，国家统一之后的德国检察官不再在民事诉讼中，特别是不再在婚姻案件中活动。代替他们在婚姻案件中活动的是行政管理机构的"公利益代理人"。[3] 换言之，根据现行的德国民事诉讼法，检察官不再在民事诉讼中活动，即完全取消了民事检察制度。

三　日本民事检察制度

日本检察制度系继受大陆法系检察制度之产物。1872年，日本按照法国法模式，确立了当代检察制度，其标志就是是年日本制定颁行了《司法职务定制》，该法明确了检察官作为维护公共利益的代表和追诉犯罪的机关之性质与职能。之后，日本又按照德国法模式改进了其检察制度。日本1890年颁布的《法院组织法》标志着德国式诉讼制度改革的开始。该法第6条第1款规定，检察官作为独立官署"对刑事案件提起公诉，办理事务处理上之必要手续，请求法院正当适用法律及监视执行判决。对民事案件在认为必要时，可以请求通知、陈述意见，对法院所属或与之有关的司法和行政案件，作为公益代表人行使法律上属于其职权的监督事务"。在此之后，日本仿效1877年《德国民事诉讼法》，先后制定了《日本民事诉讼法》（1890年）、《日本人事诉讼程序法》（1898年）、《日本非诉案件程序法》（1898年）、《日本破产法》（1922年）等民事诉讼法律，按照德国检察官模式，

---

[1] 方立新：《西方五国司法通论》，人民法院出版社，2000，第328页。
[2] 谢怀栻：《德意志联邦共和国民事诉讼法》，中国法制出版社，2001，第153页。
[3] 〔德〕奥特马·尧厄尼希：《民事诉讼法》，周翠译，法律出版社，2003，第77、456页。

系统规定了日本检察官参与民事诉讼的性质及职权。根据日本检察法、民法、民事诉讼法、日本人事诉讼程序法、破产法等相关规定，日本检察官作为"公益代表人"，可以参与婚姻案件、收养案件、亲子案件、破产案件等，对于非诉案件（如法人案件、信托案件、清算案件），检察机关可以直接提起诉讼，维护公益利益。[①] 检察机关作为当事人时，不承担诉讼费用，享有当事人的诉讼权利和诉讼地位；作为非当事人时，也可以提出事实和证据等攻击与防御方法，以对法官的判决产生影响。[②]

四 英国民事检察制度

英国检察制度的前身是国王代理人制度。国王代理人主要代理国王进行诉讼事务，以维护王室利益。国王代理人的最早记录可推至12世纪中叶，但直至1315年才有国王正式任命国王代理人的做法。1461年，国王任命特许状中首次将国王代理人称为英格兰的总检察长，近代意义上英国检察制度的雏形才得以确立。[③] 进入19世纪后，总检察长作为国王代理人出庭的机会逐步减少，转而承担更多的议会任务，主要是向国王和政府部门以及下院就立法有关事宜提供咨询意见。[④] 1893年，英国开始设立皇家检察署，其主要职责是处理政府法律事务和参与诉讼事务，英国总检察长开始成为英国政治与公共权利的代表。易言之，英国总检察长除作为实施刑法的国家主要代理人外，其

---

① 〔日〕法务省刑事局编《日本检察讲义》，杨磊等译，中国检察出版社，1990，第22页。
② 关于日本民事检察制度较为详细的叙述，还可参见杨立新《民事行政检察教程》，法律出版社，2002，第28~29页；王学成：《民事检察制度研究》，法律出版社，2012，第24~27页。
③ 〔英〕里约翰·J. 爱得华兹：《皇家检察官》，周美德等译，中国检察出版社，1991，第12~27页。
④ 〔英〕里约翰·J. 爱得华兹：《皇家检察官》，周美德等译，第44~45页。

另外一个极为重要的身份便是作为公共利益的总保护人。在以公共利益代表的身份执行职务时，总检察长是民事诉讼的名义当事人，即以自己的名义提起诉讼，目的在于对如下情况作出宣告或禁止：(1) 危及公共利益者；(2) 法人超越法律授予的合法权利，有可能损害公共利益，而必须加以遏制者；(3) 为防止某一法定罪行重复触犯，而必须发出告诫者。① 在为公共利益提起的民事诉讼中，总检察长既然是名义当事人，其自然享有民事诉讼当事人的所有权利。此外，即使是在私人诉讼中，如果诉讼可能影响王室利益或者涉及政府公共政策时，应法院的请求或经法院同意，总检察长和副总检察长也可以介入该案件，成为"法庭之友"或者"介入诉讼人"。"法庭之友"不是一方当事人，而是以顾问身份协助法庭，并提醒法庭注意各项法律规定，以免有所疏忽；"介入诉讼人"是以检察长的正式身份介入诉讼，他有权提出证据，盘问证人，并且可以不服从判决而提出上诉，就同他俨然是最初的诉讼当事人一样。②

五　美国民事检察制度

美国检察官是政府的代表，代表政府行使诉讼权利，对涉及政府利益的案件和涉及社会公共利益的案件，以原告的身份提起诉讼，以保护政府和社会公共利益。美国检察制度的发展，既源于对英国或法国等早期资本主义国家制度的移植，也是整个美国社会、法律和政治发展的综合结果。③ 与美国独特的联邦与地方行政体制相一

---

① 〔英〕里约翰·J. 爱得华兹：《皇家检察官》，周美德等译，中国检察出版社，1991，第259页。
② 〔英〕里约翰·J. 爱得华兹：《英国总检察长——政治与公共权利的代表》，王耀玲等译，中国检察出版社，1991，第196~199页。
③ 〔美〕琼·雅各比：《美国检察官研究》，周叶谦等译，中国检察出版社，1990，第3~5页。

致，美国形成了联邦检察系统与州检察系统分立的格局。但无论是联邦检察官还是州检察官，其自产生之日起，就是以联邦政府或州政府利益代表的面目出现的。大约至18世纪末，美国联邦检察系统和地方州检察系统均已建立[1]，但两者产生的方式有所不同，前者由总统任命产生，而后者则由选举产生。19世纪30年代开始至美国南北战争，随着杰斐逊在全国推行民主改革之风，各州相继确立了检察官必须经选举产生的制度，地方检察官因此享有独立而广泛的自由裁量权。[2] 按照美国本土学者的看法，美国的地方检察官是一个奇特的形象，在任何其他国家里，没有一个官员像美国的地方检察官那样行使着一半是司法的、一半是政治的那种特殊的混合的权力。美国的检察官是根据宪法或法令委任的政府在诉讼中的代表，负有维护法律和宪法的责任，同时他是当地选举出来的政治家，有其独立的权力来源，而且通过给他的选区作出关键性的政治决定而享有独立的判断和斟酌决定权。[3] 至于联邦检察官，情况则不同。1789年美国联邦第一届国会通过了《1789年司法法》，授权总统任命一名联邦总检察长以及在每个联邦司法区任命一名检察官，以代表联邦政府提起公诉或参与诉讼，同时联邦总检察长还要应总统或联邦政府各部门首长的要求提供相关法律咨询意见。这标志着美国联邦检察制度的初步建立。1870年美国成立了司法部，并由部长、副部长分别兼任联邦总检察长和副总检察长，统领全国联邦检察系统。这标志着美国联邦检察制度的成熟与定型。同时可以看出，美国联邦总检察长既是联邦政府的首席法律官员和顾问，还是司法部的行政首脑。

---

[1] 何家弘：《美国检察制度的历史研究》，《法治论丛》1994年第3期。
[2] 〔美〕琼·雅各比：《美国检察官研究》，周叶谦等译，中国检察出版社，1990，第347~348页。
[3] 〔美〕琼·雅各比：《美国检察官研究》，周叶谦等译，第1页。

美国的民事检察制度开始于19世纪末，产生于调整严重危害市场自由竞争秩序的垄断行为的《谢尔曼反托拉斯法》。之后，美国《公平住宅法》《民权法案》《联邦贸易委员会法》《克莱顿法》《反欺骗政府法》等法律进一步确立和扩展了民事检察制度。民事检察的具体方式包括检察机关以政府的名义作为原告直接提起诉讼、代表诉讼和作为共同原告等。在联邦检察系统，联邦检察官是联邦政府的代表，对涉及政府利益和公共利益的案件，有权提起并参与民事诉讼，以保护政府和公众的利益。根据《美国法典》第28编第547条的规定，检察官在涉及联邦利益的民事案件、税收案件、因联邦政府征用土地而引起的民事诉讼案件、有关利用欺诈手段获取抚恤金养老金的案件、有关政府确认土地所有权的民事诉讼案件、对所有违反反托拉斯法而引起争议的案件和涉及国民银行法的纠纷等民事案件的诉讼中，有权参加诉讼。[1] 此外，美国联邦检察官还有权对涉及环境保护的民事案件提起诉讼。1957年的《环境保护法》、1970年的《防止空气污染条例》、1970年的《防止水流污染条例》、1972年的《防止港口污染和河流污染条例》、1972年的《噪声控制条例》等均规定检察官有权提出相应的起诉。[2] 在州检察系统，检察官同样有权参与涉及州政府利益和公共利益的案件，如负责起诉涉及欺诈消费者和危害环境的民事案件，包括虚假广告案、非法商业营业案、危险废弃物排放案、水污染案、油气泄露案等。[3]

六 俄罗斯民事检察制度

1917年十月革命胜利后，建立了世界上第一个社会主义国家，之

---

[1] 李忠芳等主编《民事检察学》，中国检察出版社，1996，第33~37页。
[2] 白绿铉等译《美国联邦民事诉讼规则》，中国法制出版社，2000，第39、46页。
[3] 郑人豪：《美国的检察制度》（二），《当代检察官》2002年第7期。

后撤销了十月革命前的检察机关，并根据列宁的法律监督思想建立了全新的苏联检察机关体系。苏联检察机关拥有广泛的法律监督职权，可以以国家的名义对一切国家权力机关、经济机构、社会组织、私人组织和个人的行为是否合法实施监督，包括对司法活动是否合法实施监督，在民事诉讼领域即体现为对法院生效裁判有权依法提出抗诉。苏联和东欧各国的检察机关，在民事诉讼中享有广泛的职权，可以提起诉讼，并有权参与庭审，进行陈述和发表意见；对民事判决、裁定和决定提出抗诉，并有权终止其执行。1964年通过的《俄罗斯苏维埃联邦社会主义共和国民事诉讼法典》对检察长的起诉权（第4条）、民事审判的监督权（第12条）、检察长的抗诉权（第320条）、检察长调阅卷宗权（第322条），均做了规定。检察机关在民事抗诉中享有非常宽泛的权利。第一，检察机关的抗诉无案件范围和时间的限制。虽然1923年的苏联民事诉讼法典规定了检察机关提出抗诉的期限，但是随后的1938年法院组织法通过自身的法律条文，取消了实践中有关检察机关提出抗诉期限的规定。1964年的苏联民事诉讼法典甚至没有提及检察机关提出抗诉的期限问题。第二，提出抗诉的检察机关在再审程序中享有提出检察结论的权利。检察结论是参加案件的检察长在法庭辩论之后对整个案件的实体提出意见。[①] 苏联解体后，1992年1月17日，俄罗斯联邦最高苏维埃通过了《俄罗斯苏维埃联邦社会主义共和国检察机关法》，该检察机关法由7编54条组成。该检察机关法仍然重申了检察机关的法律监督职责，其第1条规定："俄罗斯联邦检察机关是以俄罗斯联邦的名义，对俄罗斯联邦境内现行法律的执行情况实施监督的集中统一的联邦机关体系。"但是检察机关的实际地位及其法律监督职能的内涵已经发生了重大变化，其法律监督职能受

---

① 李昕：《俄罗斯民事抗诉制度的新发展》，《学术论坛》2013年第2期。

到了较大限制。1992年年初，时任俄罗斯联邦司法部长的H. B. 菲多罗夫在《国家与法》杂志上著文阐释俄罗斯的司法改革构想。他指出，司法权仅由法院行使；要把检察机关列入司法部之内；检察机关将保留独立于执行机关的特殊地位；它除了在法庭上支持公诉、提出起诉之外，还可以保留对法律秩序状况实施监督的某些职能。[①] 正因如此，该检察机关法取消了检察机关对法院实施监督的一般规定，只规定检察长可以依据俄罗斯联邦诉讼法的规定参与法院对案件的审理；可以对法院违反法律的判决、决定和裁定提出抗议。换句话说，检察长在民事诉讼中的权力虽然受到了限制，但他是民事诉讼监督者的地位并没有发生根本的变化。

组织法层面的修改至具体诉讼法的修改尚需要一个过程，而且俄罗斯联邦之后又对1992年检察机关法进行了十余次的修改补充。实际的情况是，苏联解体后，俄罗斯联邦并没有立即废除1964年的苏联民事诉讼法典，直到2002年新民事诉讼法典颁布。新民事诉讼法典贯彻了1992年检察机关法的规定原则，限制了检察机关对法院审判的监督职能。在新民事诉讼法典的起草过程中，有关检察长在民事诉讼中的地位问题备受关注，争议一直没有停止过。一部分学者主张取消检察长在民事诉讼的权力，一部分学者主张维持检察长在民事诉讼中的权力。主张取消检察长权力的学者认为：必须废除检察长在任何阶段进入诉讼、对任何民事案件提出结论、提出上诉、抗诉等诉讼特权，因为检察长的这些权力破坏了辩论原则和权利平等原则。而主张维持检察长在民事诉讼中权力的学者在承认民事诉讼中应当确立辩论原则和处分原则的基础上认为，考虑到目前俄罗斯财产分层导致的当事人之间事实上的不平等有必要允许检察长参加到民事诉讼中，只有这样辩

---

① 刘向文：《谈俄罗斯联邦检察制度的历史发展》，《俄罗斯中亚东欧研究》2008年第6期。

论原则和处分原则才能得到真正的实现。正如实践所显现的，低收入者、老年人、残疾人（其中包括心理疾病），他们没有在律师或法律咨询处获得帮助的可能，他们没有钱，而如果剥夺他们向检察机关提出保护请求的权利，其权利则无从谈起。此外，保留该制度也是司法实践的需要，基层法院的裁决不免会出现各种错误，监督审判程序可以有助于消除这些错误和有利于维护司法的统一性。最终，在民事抗诉制度的问题上新民事诉讼法典采取了折中的观点：在允许检察机关提出抗诉的同时，限制了其行使。[①] 2002年新民事诉讼法典规定：检察机关只能对其参加一审审理的案件提出抗诉。俄联邦最高法院全体会议在2003年1月20日颁布的《关于理解和适用俄联邦民事诉讼法若干问题》的决议中指出，依据民事诉讼法典第34、35、45条的规定而参加民事诉讼的检察机关享有向上级法院提出上诉请求和监督请求的权力，但是这取决于它是否出现在第一审程序中。而检察机关参与一审案件的范围也受到了限制，主要体现为：（1）新民事诉讼法典首次以立法的形式确立了检察长可以为了不确定范围的人的利益而提起诉讼；（2）新民事诉讼法典极大地缩小了检察长为了公民利益而提起诉讼的权力；（3）新民事诉讼法典虽然保留了检察长参加由利害关系人提起的诉讼及提出结论的权力，但用列举的方式将这一权力严格限制在一定范围内，且将检察长提出结论的时间限制在法庭审查证据之后、法庭辩论之前。这从根本上改变了苏联时期检察机关可以参与任何案件审理的规定。[②]

俄罗斯新民事诉讼法典规定检察机关只能对其参加一审审理的案件提出抗诉，民事抗诉制度的这一转变，可以理解为检察机关对法院

[①] 李昕：《俄罗斯民事抗诉制度的新发展》，《学术论坛》2013年第2期。
[②] 韩成军：《俄罗斯检察制度变迁对我国检察制度改革的启示》，《中州学刊》2011年第2期。

的监督由外在性监督转变为参与性监督。有学者认为，随着俄罗斯联邦 2002 年新民事诉讼法典的颁布，检察机关在民事诉讼中的法律地位彻底改变了：它不再是民事诉讼的监督者，而是民事诉讼中特殊的参加者。① 这一观点并不客观。根据俄罗斯联邦的学者观点，民事诉讼中检察监督不是被完全取消了，而只是受到了限制。"限制检察长参与民事诉讼表明了处分原则在民事诉讼法律领域内广泛地发挥作用，检察长在民事诉讼中的监督权能受到了限制。"②

应当指出的是，在大陆法系和英美法系各国，检察机关民事检察职能中，更多的是规定检察机关在民事诉讼中的起诉权和参与诉讼权，而没有规定如我国审判监督性质的抗诉权。苏联检察机关相应广泛的民事检察监督职权，包括抗诉权。但是，俄罗斯新民事诉讼法典规定：检察机关只能对其参加一审审理的案件提出抗诉。可以想见，这一受限之后的检察机关抗诉其实已经区别于苏联时期纯粹属于事后监督的抗诉，当然也区别于我国当前的民事抗诉。

第三节 中国民事检察制度的历史发展

我国民事检察制度肇始于"清末变法"。民国时期和北洋军阀时期，政府虽然几经更迭，但是民事检察制度仍得以沿袭。从清末至新中国成立前这一段时期，民事检察的范围主要是涉及公益的案件及婚姻、亲子案件等，主要方式是民事起诉权和参诉权。这一点与国外的普遍做法类似。基于本书主题，我们重点关注的是中华人民共和国的

---

① 李昕：《俄罗斯民事诉讼中检察机关地位的角色嬗变及其启示》，《理论导刊》2009 年第 11 期。
② 〔俄〕尤·夫·捷哈诺娃：《参加民事诉讼的检察机关在诉讼中的地位》，《法律分析杂志》2003 年第 2 期。转引自李昕《俄罗斯民事抗诉制度的新发展》，《学术论坛》2013 年第 2 期。

民事检察制度的发展与演变。

一 新中国成立初期的民事检察制度

新中国检察制度肇始于新民主主义革命时期。如 1939 年《陕甘宁边区高等法院组织条例》、1941 年《晋冀鲁豫边区高等法院组织条例》以及 1946 年《陕甘宁边区暂行检察条例》等，都规定了民事检察制度。尤其《陕甘宁边区暂行检察条例》，是新中国成立前首部关于检察制度的单行法规，相当于第一部"检察院组织法"，历史意义重大。《陕甘宁边区暂行检察条例》除了规定检察机关之刑事公诉职责外，还规定"关于一般民事案件内之有关公益事项，如土地租佃，公营事业，婚姻"等案件实施检察行为。这是明确的关于民事检察制度的规定。这一时期的民事检察工作似乎并没有真正地开展起来，但是新民主主义革命时期关于民事检察制度的规定对新中国的检察立法有着较大的借鉴与指导作用。

中华人民共和国成立后，民事检察制度随着新中国检察制度的建立而产生并逐步发展。1949 年 12 月 20 日，中央人民政府颁布了《中央人民政府最高人民检察署试行组织条例》，该条例第三条规定："最高人民检察署受中央人民政府委员会之直辖，直接行使并领导下级检察署行使下列职权：……2. 对各级司法机关之违法判决提起抗议。……5. 对于全国社会与劳动人民利益有关之民事案件及一切行政诉讼，均得代表国家公益参与之。"显然，这第 2 项系规定检察机关的审判监督权（包括民事审判监督），而第 5 项系规定检察机关代表国家公益参与诉讼权。

1951 年 9 月 4 日，中央人民政府发布了《中央人民政府最高人民检察署暂行组织条例》，其第三条规定："最高人民检察署受中央人民政府之直辖，直接行使并领导下级检察署行使下列职权：……（三）对各级审判机关之违法或不当裁判，提起抗诉；……（六）代表国家公益参与有关全国社会和劳动人民利益之重要民事案件及行政诉讼。"《各级地方人民检察署组织通则》也授予地方各级人民检察署以同样的职权。这些规定实质上延续了《中央人民政府最高人民检察署试行组织条例》关于民事检察的规定。

1954年9月21日，第一届全国人民代表大会第一次会议通过了《中华人民共和国人民检察院组织法》。该法第四条规定的人民检察院的职权包括：对于人民法院的审判活动是否合法，实行监督；对于有关国家和人民利益的重要民事案件有权提起诉讼或者参加诉讼。据此规定，人民检察院民事检察的职权包括民事审判检察监督、代表国家和社会公益提起公益诉讼以及参与诉讼。这相比于之前的组织条例的规定，扩大了民事检察的范围。同时，该法第二章还对人民检察院如何行使这些职权，在程序上做了原则性的规定。1954年《中华人民共和国人民检察院组织法》是在总结《中央人民政府最高人民检察署暂行组织条例》的基础上，首次以法律的形式明确规定了民事检察制度，标志着民事检察制度在社会主义中国的正式确立。1954年《中华人民共和国人民检察院组织法》规定人民检察院有权代表国家和社会公益提起诉讼、参与诉讼以及对民事审判活动实行监督，这是关于社会主义民事检察制度相当完备的规定，对我国民事检察制度的长远发展具有制度示范性的意义。

1954年《中华人民共和国人民检察院组织法》实施后，在最高人民检察院领导与指导下，全国各地积极探索开展民事检察工作，取得了初步的成绩，积累了宝贵的经验。例如，1954年，辽宁、安徽、江西、山东、河南、山西、陕西、甘肃和北京9个省、市检察机关，共办理民事检察案件2352件，既有提起诉讼的案件，也有参与诉讼的案件。① 基于检察实务的进展，最高人民检察院甚至在《1956年至1957年检察工作规划》中乐观地提出：计划在1956年选择有关国家和人民利益的重要案件3万件，预计在1957年参与和提起重要民事案件10万件。这一规划得到了中共中央的批准。值得注意的是，较早开展起来的民事检察业务是提起诉讼和参与诉讼工作，而不是审判监督工作。为此，最高人民检察院在《1956年至1957年检察工作规划》中还专门要求：有计划地开展并在两年内基本上建立对重要的民事案件的审判监督工作。

令人遗憾的是，此时正值检察工作蓬勃发展之际，"文化大革命"十年浩劫无情地摧毁了新中国检察制度。"反右"斗争中检察制度受到了错误批判，十年"文化大革命"中各级检察机关都被撤销，1975年宪法甚至明确规定"检察机关的职权由各级公安机关行使"，包括民事检察制度在内的整个检察制度被废止。

二 民事检察制度的重建与发展

1978年，检察机关恢复重建。随后，1979年重新修订并颁布了《中华人民共和国人民检察院组织法》。但是，令人费解的是该组织法并没有明文规定人民检察院的民事检察职能。1982年颁布的《中华人民共和国民事诉讼法（试行）》对此做了改进，其第12条规定："人民检察院有权对人民法院的民事审判活动实行法律监督。"这是一条关于民事检察制度的原则性规定。但是，遗憾的是该法的分则部分并未有任何条文具体规定民事检察制度，使得民事检察制

---

① 杨立新：《民事行政检察教程》，法律出版社，2002，第33页。

度亦是名存实亡。① 尽管如此，民事检察的观念与历史根基仍然是稳固的。从1986年起，最高人民检察院和一些地方人民检察院着手对检察机关参与民事、行政诉讼活动和实行民事行政诉讼监督进行调查研究，进行一定规模的试点工作，取得了一些进展。1988年4月，最高人民检察院决定设立民事、行政诉讼监督研究小组。1988年6月，最高人民检察院向各省份发出《关于开展民事性质诉讼监督调查研究和试点工作的通知》。1988年9月，最高人民检察院设立民事行政检察厅。1989年颁布的《中华人民共和国行政诉讼法》明文规定了行政抗诉制度，客观上为民事检察做出了立法示范。在此背景下，1990年9月，最高人民法院、最高人民检察院联合发出《关于开展民事、经济、行政诉讼法律监督试点工作的通知》，分别在四川、河南、天津、吉林、广东、湖北六省（市）开展民事、行政诉讼监督试点工作。1991年4月9日，第七届全国人民代表大会第四次会议通过了《中华人民共和国民事诉讼法》。该法第14条规定："人民检察院有权对人民法院民事审判活动实行法律监督。"同时在"审判监督程序"部分具体规定了民事抗诉制度。至此，民事行政检察制度和抗诉监督方式在民事诉讼法和行政诉讼法中均得以确立；同时，根据最高人民检察院的要求以及民事诉讼法的职能规定，全国各级检察机关逐步成立了民事行政检察机构。检察机关开始依照两大诉讼法的规定积极履行民事审判和行政诉讼法律监督职责，逐步办理了一批民事抗诉案件。

---

① 《中华人民共和国民事诉讼法（试行）》草案前后共有7稿，前6稿都有关于民事检察具体内容的规定，尤其是第6稿规定内容最为完备，包括检察机关有权代表国家提起或参加诉讼、有权对人民法院民事审判活动实行法律监督、提起或参与诉讼的检察人员的诉讼权利以及抗诉程序等。对于这样相对完备的民事检察制度的规定，当时提出反对的不是别人，而是检察机关，当时的检察机关不同意进行民事检察监督。这样就最终导致正式通过《中华人民共和国民事诉讼法（试行）》的时候，删除了一切具体的内容，而只保留了一条原则性的规定。参见柯汉民《民事行政检察概论》，中国检察出版社，1993，第35～36页。

1991年，浙江省人民检察院就富阳公安局申诉一案向浙江省高级人民法院提起行政抗诉，这是检察机关提起的第一起行政抗诉案件。1991年，新疆伊犁哈萨克自治州检察分院就伊犁伊精联营建筑三队申诉案向新疆高级人民法院伊犁州分院提出民事抗诉，这是检察机关提起的第一起民事抗诉案件。[①]

鉴于民事诉讼法对民事抗诉制度的规定非常简约，为了增进业务可操作性以及规范民事检察监督工作，1992年，最高人民检察院制定了《关于民事审判监督程序抗诉暂行规定》，对民事行政抗诉监督的案件来源、立案、调查、审查、抗诉、出席再审法庭等进行了具体规定。1993年起最高人民检察院制定了《民事行政检察文书格式样本（试行）》等一批文书、归档方面的规范性文件。1995年3月，最高人民检察院在黑龙江省佳木斯市召开了部分省份民事行政检察工作现场会，确定了"敢抗、会抗、抗准"的办案指导思想。1999年，最高人民检察院发布了《人民检察院办理民事行政抗诉案件公开审查程序试行规则》，确立了"公开、公正、合法"的办案原则。这些规范性文件的制定以及办案指导思想与原则的确立，为民事抗诉工作的快速发展奠定了良好的基础。[②]

应当说，民事检察工作的真正壮大是在2001年以后。这得益于多重原因。首先，2001年8月，最高人民检察院召开了全国检察机关第一次民事行政检察工作会议，系统总结了自始以来的民事行政检察工作，创造性地提出了"两个维护"，即"维护司法公正，维护司法权威"这一指导思想，其重大意义在于明确了民事行政检察工作定位的

[①] 参见王鸿翼《民事行政检察工作的发展历程》，《人民检察》2008年第20期。

[②] 据统计，自1991年民事诉讼法施行至2001年7月，全国检察机关受理民事行政申诉案件数达到419381件，抗诉案件数为59170件。人民法院再审审结抗诉案件29580件，其中改判、撤销原判发回重审和调解处理的达23514件，占再审结总数的79.5%。参见杨立新《民事行政检察教程》，法律出版社，2002，第42~43页。

同时，揭示了民事行政检察监督与民事行政审判的共同目标，较好地理顺了检察机关与审判机关的关系，为民事行政检察工作的长远有序发展奠定了基础。① 其次，2001年9月，最高人民检察院在总结多年抗诉工作的基础上，对1992年《关于民事审判监督程序抗诉暂行规定》做了修改与完善，正式颁布了《人民检察院民事行政抗诉案件办案规则》，对民事行政抗诉案件办理的程序、方式、条件、法律文书格式、案件立卷等问题进行了全面规范，为检察机关办理民事行政抗诉案件提供了较为成熟的操作规程。最后，全国性的民事行政检察队伍基本上得以建立。根据官方统计，截至1998年，全国31个省级检察院和全部地、州、市检察院以及90%以上的基层检察院设立了民事行政检察机构，专职民事行政检察干部达到8000人。② 可以设想，到2001年第一次民事行政检察工作会议之后，全国性的民事行政检察机构及其队伍基本上得以建立，从而为全国民事行政检察工作的深入发展提供了组织与人员基础。③

2007年10月28日，第十届全国人民代表大会常务委员会第三十

---

① 全国检察机关第一次民事行政检察工作会议还确定了"两率提高、结构改变、业务规范、整体推进"的工作思路，突破了以往单纯抗诉的局限性，促使民事行政检察工作多元化发展。为此，2001年10月最高人民检察院还专门出台了《关于加强民事行政检察工作若干问题的意见》。在此指导下，经过检察机关努力探索实践，民事行政检察监督结构逐步呈现出生效裁判监督（包括抗诉与再审检察建议）、执行活动监督、督促起诉、支持起诉、民事公诉、查处司法不公背后的司法人员职务犯罪、息诉等相结合的格局。要说明的是，关于查处司法不公背后的职务犯罪方面，2004年9月最高人民检察院下发《关于调整人民检察院直接受理案件侦查分工的通知》，各级民事行政检察部门因此获得了查处司法不公背后的职务犯罪的侦查权，并依法办理了一批审判人员和执行人员职务犯罪案件。2009年9月，最高人民检察院下发了《关于完善抗诉工作与职务犯罪侦查工作内部监督制约机制的规定》，规定人民检察院负责抗诉工作的部门不再承办职务犯罪侦查工作，而应将办案中发现的司法不公背后的职务犯罪线索，按照规定移送给职务犯罪侦查部门。

② 参见王鸿翼《民事行政检察工作的发展历程与展望》，《人民检察》2011年第12期。

③ 全国民事行政组织机构的建设看起来一直在发展，一些省级检察院甚至出现分设民事检察机构和行政检察机构的做法，呈现出民事检察与行政检察独立发展的趋势。参见王鸿翼《民事行政检察工作的发展历程与展望》。

次会议表决通过了《关于修改〈中华人民共和国民事诉讼法〉的决定》，修改与完善了民事抗诉事由和民事抗诉案再审程序（详见本书第四章），但是没有涉及理论界呼声甚高的民事公益诉讼、民事执行监督等民事检察内容。

2008年11月28日，中共中央政治局通过了《关于深化司法体制和工作机制改革若干问题的意见》，从发展社会主义民主政治、加快建设法治社会的战略高度，对司法体制和工作机制改革做出了重要部署。根据该《意见》，检察机关的职责是"专司法律监督"，改革的任务和目标：一是"完善检察机关对民事、行政诉讼实施法律监督的范围和程序"，二是"明确对民事执行工作实施法律监督的范围和程序"。该《意见》指导并促进了民事行政检察的改革发展与实践探索。为贯彻中央部署，2009年2月，最高人民检察院检察委员会审议通过了《关于进一步加强对诉讼活动法律监督工作的意见》（2009年12月印发），强调在加强民事行政抗诉工作的同时，要求研究检察机关对民事执行工作实施法律监督的范围和程序，并探索检察机关对适用特别程序等审判活动进行监督的范围、途径和措施。2010年1月，"两高"（最高人民检察院和最高人民法院）联合下发了《关于人民检察院检察长列席人民法院审判委员会会议的实施意见》，明确规定人民法院审判委员会讨论人民检察院提出抗诉的案件以及与检察工作有关的其他议题时，同级人民检察院检察长可以列席、发表意见。2010年6月，"两高"办公厅联合下发通知，对检察机关调阅人民法院诉讼卷宗的范围、期限、方式、程序等做了规定，基本解决了长期困扰民事行政检察工作的"调卷难"问题。2010年7月，最高人民检察院会同最高人民法院等部门会签下发《关于对司法工作人员在诉讼活动中的渎职行为加强法律监督的若干规定（试行）》，明确检察机关对司法工作人员在诉讼活动中的渎职行为可以采取调查核实、要求纠正违法、建议更换办案人等方式进行监督。这些举措在政策上与制度上大大强化了民事检察工作。

随着全国检察机关第二次民事行政检察工作会议的召开，民事检察工作步入了深化发展阶段。2010年7月21日至24日，最高人民检察院在江西井冈山召开了全国检察机关第二次民事行政检察工作会议。会议总结了民事行政检察工作开展以来的实践探索经验与理论研究成果，系统提出了民事行政检察工作的法律监督属性和职能定位[①]，并要求着力构建以抗诉为中心的多元化监督格局，加强改革探索和理论研究，不断完善民事行政检察体制和工作机制，为民事行政检察工作的深入发展提供了明确的行动方向与框架。作为对此次会议成果的重申与巩固，2010年9月最高人民检察院下发了《关于加强和改进民事行政检察工作的决定》。

作为落实中央提出的"完善检察机关对民事、行政诉讼实施法律监督的范围和程序"和"明确对民事执行工作实施法律监督的范围和程序"之司法改革任务的一部分，2011年3月，最高人民检察院会同

---

① "民事行政检察工作的基本职责是对民事审判、行政诉讼活动进行法律监督。民事行政检察工作在改革发展中必须立足并坚持法律监督属性。一是，民事行政检察监督作为检察机关法律监督的重要组成部分，在性质上是对公权力的监督，监督对象是民事审判、行政诉讼活动；二是，民事行政检察监督是居中监督，检察机关代表国家行使法律监督权，在当事人之间保持客观、中立、公正立场，不代表任何一方当事人；三是，在对民事审判、行政诉讼的多元化监督体系中，民事行政检察监督发挥着其他监督不可替代的作用，与其他监督相辅相成、分工制约；四是，民事行政检察监督的范围、方式和方法有待进一步探索完善，但其基本要求仍然是：在法律授权范围内对发生的违法情形或生效的错误裁判进行监督；五是，在现行法律框架下，民事行政检察监督的效力主要是依法启动相应的法律程序、提出相应的司法建议或意见，促使人民法院启动再审程序和纠正违法情形，既不代行审判权，也不代行行政权；六是，民事行政检察监督的基本目标是通过依法监督纠正诉讼违法和裁判不公问题，维护司法公正，维护社会主义法制统一、尊严、权威。与此同时，在开展民事行政检察监督过程中，检察机关还承担着维护人民权益、维护社会和谐稳定、服务经济社会发展的重大责任。"曹建明：《坚持法律监督属性，准确把握工作规律，努力实现民事行政检察工作跨越式发展》，《检察日报》2010年7月26日，第3版。

最高人民法院制定《关于对民事审判活动与行政诉讼实行法律监督的若干意见（试行）》，细化现行民事诉讼法和行政诉讼法的原则规定，明确检察机关对已经发生法律效力的判决、裁定、调解书向当事人或者案外人调查核实的具体情形，增加再审检察建议和检察建议两种监督方式及其适用范围，规范检察机关对民事调解、行政赔偿调解进行监督的程序，有效促进了民事行政检察监督的规范和加强。2011年3月，最高人民检察院与最高人民法院还联合下发《关于在部分地方开展民事执行活动法律监督试点工作的通知》，决定在12个省（自治区、直辖市）开展民事执行活动法律监督试点工作。这两大完善性与改革性文件的出台大大推进了民事检察工作的深入发展，同时为全面修改民事诉讼法奠定了基础。

2012年8月31日，第十一届全国人民代表大会常务委员会第二十八次会议审议通过了《关于修改〈中华人民共和国民事诉讼法〉的决定》；与2007年的局部修改不同，这是一次对民事诉讼法的全面修改。这一次修改有效吸收了《关于对民事审判活动与行政诉讼实行法律监督的若干意见（试行）》和《关于在部分地方开展民事执行活动法律监督试点工作的通知》文件内容，包括对民事调解书的检察监督、再审检察建议和检察建议两种监督方式、检察机关调查核实权、民事执行监督等，还修改了民事检察原则的规定，明文规定了当事人向检察机关申请监督的规则，进一步完善了民事抗诉事由和抗诉案再审程序等（详见本书第四章第一节），同时还为检察机关提起民事公益诉讼预留了制度空间，从而大大完善了民事检察制度，有力地促进了民事检察的革新性发展。

第二章
民事抗诉制度的合理性之争

民事抗诉制度试点乃至民事诉讼法正式规定之初,理论界和实务界对于民事抗诉制度的态度是相对平和的。但是,随着检察机关民事抗诉工作逐渐开展起来,全国民事抗诉案件的数量不断攀升,实务工作中检法之间的矛盾慢慢凸显出来。同时还有一个叠加背景,那就是20世纪90年代初期检法冲突开始出现以及理论界对检察权整体开始提出质疑。[①] 在前述背景叠加下,大约从20世纪90年代中期开始,一些对民事抗诉制度合理性的质疑文章开始陆续发表。可以说,因民事抗诉而引发的检法冲突以及对民事抗诉制度合理性的质疑,实际上是90年代初开始的整个检法冲突以及检察权质疑之思潮的一个组成部

---

① 新中国四十余年的司法实践中,尽管具体的司法制度屡经更迭,但整个司法组织间则一直保有一种高度一致的协调。然而,从1992年开始,中国两大司法机关——检察院和法院,在司法解释以及具体执法工作中却产生了一系列矛盾。1992年前后,一批学者(包括理论界和实务界的研究人员)陆续撰文,主张取消或者限制检察院的三项职权:一曰主张取消或者限制检察院的免诉权;二曰主张取消检察院的侦查权,或者减少检察机关自侦案件的数量;三曰主张取消最高人民检察院的司法解释权。法学界的这股思潮并非偶然。苏联及东欧社会主义国家解体后,按照列宁法律监督理论构筑的检察机关职权日渐萎缩;在国内,随着社会主义市场经济的建立和逐步完善,加强审判机关职能与地位的呼声日高。因此,法学界的上述思潮实际上带有一定的反思意味。参见尹伊君《检法冲突与司法制度改革》,《中外法学》1997年第4期。

分。针对质疑的声音，一些为民事抗诉制度辩护的文章也相继发表。可以说，从20世纪90年代中期开始，关于民事抗诉制度的争论日益激烈。进入2000年，甚至演变成检法两家之间的一场大论辩。① "这场论证，名为'两报'之争，实为'两院之争'。这场争论的意义不同寻常，涉及之广、论理之深、意义之大，远远胜过当年检察机关之免诉权存废论战"。② 检法两家关于民事行政检察制度的法理论战，表明了检法两家在这一问题上的立场差异与冲突。这一差异与冲突不仅仅体现在理论观点上，同时也现实性地体现在司法实务工作中，一个明显的例证就是多地法院经常以"驳回抗诉"这样生硬且不合法理的做法来处理其认为抗诉理由不能成立的民事抗诉案件，甚至最高人民法院还将这一做法的相关案例刊载在其权威审判指导刊物《民事审判指导与参考》上。③ 当然，最高人民法院很快认识到采用"驳回抗诉"

---

① 具体情况，先是2000年5月9日时任最高人民法院审判委员会委员、民庭庭长黄松有在《人民法院报》发表了《对现行民事检察监督的法理思考》一文，认为审判独立必然要求排斥任何权力、任何机关的干预和影响，检察院对生效民事裁判提出抗诉，要求法院纠正错误裁判，其实质就是检察权对法院审判权进行干预，主张改变现行的对错误裁判的监督，而将监督对象聚焦于法官的违法、违纪及其他不当行为，把对错误裁判的纠正归于法院自身的上诉、申请再审等救济程序来实现和完成。这实际上等于是主张彻底废除民事抗诉制度。对此，《检察日报》从2000年5月19日起，陆续发表了最高人民检察院民事行政检察厅署名为"高建民"的《论民行检察监督制度的法理基础》等文章，提出权力的行使需要进行监督是最基本的法理等观点，从而展开了针锋相对的辩论与反驳。之后，《人民法院报》和《检察日报》开辟专版论坛，就民行检察抗诉权的存废展开激烈论战。同时，在"两报"争论之外，黄松有还将其《对现行民事检察监督的法理思考》一文加以修改完善，以"检察监督与审判独立"为题发表于当年的《法学研究》（2000年第4期）杂志上，进一步扩大其影响。与此同时，时任最高人民检察院民事行政检察厅副厅长杨立新则以《民事行政诉讼检察监督与司法公正》一文发表在同期《法学研究》杂志上，正面阐述了民事抗诉制度的必要性与法理基础，并对黄文以及其他质疑民事抗诉制度的文章进行了系统反驳。
② 关今华：《检察权与审判权的冲突、监督、制约和权力配置》，载孙谦主编《检察论丛》第3卷，法律出版社，2001，第445页。
③ 参见唐德华主编《民事审判指导与参考》2000年第3卷，法律出版社，2000，第265页。这是最高人民法院首例公布的采用"驳回抗诉"方式否定检察机关抗诉理由的民事抗诉案。

方式欠妥，会进一步激化检法冲突，于是对此做法予以了纠正。①

2000年检法论战是关于民事抗诉制度合理性之争的集中爆发和高潮。但是，关于民事抗诉制度合理性与否以及由此必然所引申的存废与否的争论并未就此停息，自彼时起至今，有关论争仍然以相对缓和的态势在延续着。毋庸置疑，系统梳理这些论争观点，使其清晰而完整地呈现于我们面前，从而掌握民事抗诉制度合理性之争的要点与关键，是我们继续深入思考与探讨民事抗诉制度合理性问题的基础与前提。

第一节 民事抗诉制度质疑论

为数不少的文章对民事抗诉制度的合理性与正当性提出了种种理论上的质疑。这些质疑论论述角度多样，但归结起来大致有以下六个基本论点。

一 民事抗诉侵犯当事人处分权

关于民事抗诉侵犯当事人处分权的观点大致有三种形态：即强表述、弱表述和折中表述。具体阐述如下：

"强表述"，即简单认为民事抗诉侵犯当事人处分权。例如，有学者认为："民商行为属于私权行为，其秉承意思自治原则。作为解决私权争议的民事诉讼，就应当尊重当事人的处分权，实行当事人主义的诉讼模式。人民检察院参与、提起抑或是发动再审，均涉及当事人

---

① 2001年《全国审判监督工作座谈会关于当前审判监督工作若干问题的纪要》第21条明确规定："在制作检察机关抗诉理由不能成立的裁判文书中，一般不使用'驳回抗诉'的表述。"

的请求权,有侵犯当事人私权之虞。"①

"弱表述",即有条件的表述,其认为:当事人在放弃权利的情况下,检察院提出抗诉是对当事人处分权的不当干预。例如,有文章认为:"我国正在建立和发展市场经济体制,在这种体制下必须强调民事主体的意思自治和民事行为自由,减少和弱化国家在民事领域的干预,以便形成平等和自由的市场环境。苏联及东欧国家在计划经济体制下和在经济领域的高度政府集权的政治气氛中形成的检察院广泛干预民事诉讼的'经验'已不值得吸取。民事诉讼作为保护私法权利的司法形式,具有自身的特殊规律,对于法院作出的民事裁判,当事人如不认同,法院规定了救济手段和权利,如上诉、申请再审、执行中和解等。对这些权利当事人可以自由处分,任何人均不得随意干预。即使当事人不认同法院作出的裁判,可能因考虑到时间、精力、费用以及其他诉讼成本等因素,而放弃权利。在这样的情况下,检察院如果以'原判决、裁定确有错误'为理由提出抗诉,要求法院纠正错误裁判,无疑是对当事人权利的不当干预。"②

"折中表述"介于强表述与弱表述之间,其认为民事抗诉要么侵犯当事人处分权,要么没有必要。例如,有文章认为:"法院自身的监督和人民检察院的抗诉监督的合理性和必要性确实令人怀疑。首先,根据法的分类理论,民事诉讼属于私法的范畴。所谓私法,根据罗马法学家乌尔比安的学说,它是'关于个人利益的法律'。它所调整的对象是平等主体的个人之间的权利义务关系。对这一领域国家一般不干预或尽可能地少干预。在民事诉讼中应当充分尊重当事人的意思自治,充分保障当事人的处分权。处分权中最重要的内容之一就是

---

① 章武生:《论民事再审程序的改革》,《法律科学》2002 年第 1 期。
② 黄松有:《检察监督与审判独立》,《法学研究》2000 年第 4 期。

请求权。其实，人民法院自身监督提起再审程序和人民检察院抗诉提起再审程序，实质上均涉及当事人的请求权。如果发生法律效力的判决、裁定确有错误，侵害了当事人一方或双方的民事权利，受害的当事人申请再审自不待言，但如果受侵害的当事人出于种种考虑（如诉讼成本问题）放弃再审请求权，那么人民法院或人民检察院依据自己的职权，强行提起再审，岂不是对当事人处分权的侵犯……从理论上讲，由于法律设置了当事人申请再审这一重要途径，本级人民法院院长和上级人民法院以及人民检察院提起再审程序，则应当是通过当事人之外的其他途径'发现'发生法律效力的判决、裁定有错误。但实际上这种途径是没有的或者很少的。从审判实践来看，凡是由人民法院自身或人民检察院抗诉提起再审程序的，几乎百分之百地是因当事人向其申请或反映而引起的。反过来说，如果没有当事人向其反映，人民法院和人民检察院就失去了提起再审程序的前提条件。既然法律已经规定了当事人直接申请再审的途径，那么法院自身监督和人民检察院抗诉监督就没有必要了。"[1]

二　民事抗诉损害当事人诉讼地位平等原则

有学者提出："人民检察院参与一般民事案件，极易侵犯当事人的处分权，打破双方当事人平等对抗的格局。"[2]

还有文章从等腰三角形诉讼结构的角度提出了论述："因为在民事审判中，原、被告之间是完全平等的，法院居中裁判。法院与原、被告之间形成一个等腰三角形的结构模式，检察院参与诉讼，不管是

---

[1] 景汉朝、卢子娟：《论民事审判监督程序之重构》，《法学研究》1999年第1期。
[2] 章武生：《论民事再审程序的改革》，《法律科学》2002年第1期。据此，章武生教授在该文中提出，人民检察院参与涉及公共利益的民事案件不违背民事诉讼法理，且符合国际惯例。对涉及公共利益的民事案件，检察院应有发动再审的权力；对于一般民事案件，检察院不能发动再审，也不宜提起或参加诉讼。

支持原告一方，还是被告一方，都将打破原、被告之间完全平等的格局，破坏民事诉讼的公正性。……检察院抗诉的民事案件，必然有利于一方当事人。检察院抗诉的目的是，认为法院的裁判有错误，要求法院修改裁判，纠正错误。修改裁判的实质是重新配置当事人之间的权利义务关系，这就意味着一方当事人权利减少，而义务增加，另一方当事人则正好相反。权利减少而义务增加的一方当事人，必然会把主张和极力促成这一结果的抗诉人——检察院作为其对立面，尽可能地提出事实依据和法律理由，避免这一结果的出现。即要求保持原来的权利、义务关系，甚至增加其权利。众所周知，在民事诉讼中与一方当事人对立的只能是另一方当事人，因此检察院完全站在了对方当事人的立场上，这就完全违背了现代民事诉讼的基本规律——当事人平等抗辩原理。"[1]

另外也有文章从类似的诉讼结构的角度提出论述："在民事诉讼中，诉讼主体是构成民事诉讼法律关系的核心，而当事人平等控辩，法官居中裁判则为其本质特征。……他们在程序中形成一个平衡稳定的以法院为高端的等腰三角形关系。法院作为裁判者超然中立，原、被告双方相互对立平等抗辩，三者的互动制约推动着诉讼进程的发展。而在这个三角形的构造中，当事人之间的诉讼地位平等又极为重要。……但检察机关以法律监督机关身份，通过抗诉这一形式介入民事诉讼后，又会发生什么样的情形呢？首先原来稳定的等腰三角形主体结构将被打破，而代之以不等边的四角形结构，检察机关在四角关系中将处于一极地位。……检察机关通过抗诉介入民事诉讼后，当事人之间平等的诉讼地位也将被打破，检察机关自觉不自觉地成为一方当事人的'公请律师'。'原告—被告'的当事人结构演变成'原告

---

[1] 黄松有：《检察监督与审判独立》，《法学研究》2000 年第 4 期。

（或被告）—被告（或原告）+检察机关'结构。从理论上说，检察机关对于当事人之间的民事权益之争没有自己的利益，其作为国家法律监督机关不代表任何一方当事人提起公诉。但在具体的诉讼程序中，诉权的背后必然隐藏着一定的权利内容。我们可以说抗诉的目的是为了纠正错误裁判，实现司法公正，但在每一个具体的案件中，抗诉的提起都代表着某一方当事人的利益。司法实践中，几乎所有的抗诉案件都因一方当事人的申诉而提起即有力地说明了这一点。在这里，我们怎么也分不清检察机关基于当事人的申诉而提起抗诉与律师基于当事人的委托而申请再审在本质上有何区别。"[1]

也有文章从职权干预体制向当事人主义体制转型的角度提出论述："如果不是有侧重的在某些民事诉讼领域或阶段实施检察监督，而是全面介入（不分具体诉讼类型），则有可能导致国家对私权争议的过度干预。……在经济体制、政治体制转型，政府职能转换的大趋势下，民事诉讼体制也面临着相应的转型——从原来的职权干预体制向着强调当事人主义体制转型。这种转型的基本特征弱化国家干预——通过法院。在转型过程中作为司法机关的法院不能主动介入，干预当事人对自己诉讼权利的行使，以便维护民事诉讼当事人之间的平等。那么作为国家权力机关的检察院也应当注意维护民事诉讼中当事人的平等，避免以其他形式回归国家干预……没有必要通过检察监督对民事诉讼实行全面介入。这种全面介入极有可能打破当事人在诉讼中的平等，也有损民事诉讼原则和精神。……检察监督是国家的法律监督，首先应当将涉及国家利益、社会公共利益、人权利益的诉讼作为检察监督的重点。例如，涉及环境污染的案件、涉及众多消费者

---

[1] 陆永棣：《程序冲突映照下的制度困境——现行民事抗诉制度考察》，《中外法学》2003年第3期。

合法权益的案件、大规模侵权的案件、涉及国有资产流失的案件（非直接侵害国家财产利益）、涉及身份关系的案件以及其他具有社会性的案件。一般的民事案件，检察机关不宜介入，至少不应常态化介入。"①

三　民事抗诉有违案件裁判的不确定性

有文章提出了这样一个别出心裁的观点：案件事实认定和法律适用都具有不确定性，一个案件并非只有一个正确裁判，检察院基于自己对案件的认识而提起抗诉并要求法院纠错，不具有合理性。其认为："检察院提起抗诉，监督法院依法办案，纠正法院的错误裁判，是检察监督的基本理念……'错案'的命题在大众的观念中潜在地隐含着这样一种认识，即一个案件只能有一个唯一正确的裁判，否则就是错误的裁判。但事实并非如此，在许多情况下，不同的法官（同样包括检察官）、不同的法学家以及不同的律师对同一案件的正确裁判的理解显然不会完全一致，这是任何一个有法律实践经验的人都十分清楚的道理。事实上，如果法官审理案件如同小学生做算术题那样，只能得出一个唯一的正确答案，法院的工作也就大大简化了。在众多的案件中，就案件事实认定和法律适用都存在不同程度的模糊性或不确定性，只不过简单案件的不确定性相对弱些，疑难案件则相对强些。在法学界和实务界引起争议的疑难案件往往是在法律的适用和事实的认定上存在较大不确定性的案件。一般而言，对案件的判断主要有两个标准，一个是事实标准，一个是法律标准。这两个标准都存在不确定性，从而导致了案件的不确定性。……检察院基于自身对案件事实的认定或者对适用法律的理解，与法院持有不同看法，坚持主张法院裁

---

① 张卫平：《民事诉讼检察监督实施策略研究》，《政法论坛》2015年第1期。

判错误,从而提起抗诉(或者其他纠正方式),发动审判监督程序,要求法院纠正错误裁判,有悖于基本的诉讼法理,陷入了一个案件只有一个唯一正确裁判的错误理念。"①

四 民事抗诉损害审判独立

有文章认为:"通过对审判独立的内在价值和外在要求的分析,我们可以看到,审判独立除制约和防止政府集权专制以外,它是社会正义、司法公正的基本前提和重要保障。审判权作为审理和裁决诉讼案件的国家权力,其行使不应受到任何外在权力的任何干涉,一旦审判独立受到影响或威胁,其结果必然是损害社会正义和司法公正,就将影响这种权力的终局性和权威性。因此,审判独立必然要求排除任何权力、任何机关的干预和影响。审判权独立本身隐含着司法公正,审判权的独立行使也就是司法公正的重要外在表征。检察院对法院的民事审判活动实施法律监督,其实质就是以检察权(或监督权)对法院的审判权进行干预,目的是通过这种干预影响法院的裁判(要求法院撤销其原判,重新改判)。法院作为国家的审判机关,在国家权力的分配和设置中,能够行使(也只能行使)对诉讼案件的审理和裁决权,即审判权,不能也没有其他权力,这本身已经体现了权力的相互制约。如果审判权在运作过程当中,即在国家权力分工的范围之内行使其应有的权力,仍然受到某种外在权力的制约和监督,无疑是对法院独立行使审判权的不当干预。检察院对法院的监督,尽管没有代替法院作出裁判,但其要求法院修改已经作出的裁判的权力是非常强有力的,对法院审判权的影响是显而易见的。……试图通过检察监督来命令法院修改其裁判,当然是对审判权的干预。审判权和检察监督权

---

① 黄松有:《检察监督与审判独立》,《法学研究》2000 年第 4 期。

本身是一对矛盾,两者相互排斥。检察监督权的存在已经构成对审判权独立行使的影响,过分加强检察监督权,甚至在一定程度上试图取代审判权,必将严重损害审判权的独立行使。"①

也有文章认为民事抗诉影响司法中立性乃至造成检法冲突。这实际上是从另外角度论述了民事抗诉影响审判独立的观点。该文章认为:"民事诉讼结构的一个基本特点就是当事人对抗——请求、主张与抗辩(攻击和防御),法院作为中立的裁判机关居中裁判。法院的中立性是民事诉讼程序正义的基本要求。这种结构如果用几何图形比喻就是所谓'等腰三角形'的结构。检察监督作为法律监督虽然主要是针对法院的审判行为,但因为其权力介入,无论是在事实、证据的主张和提出,还是法律的适用方面总会对双方当事人的地位产生影响,客观上会对一方当事人带来益处,而对对方当事人不利。这样一来就可能导致原有的等腰三角形的中立平衡结构受到影响,形成一种对立的'平行四边形结构'。在检察监督介入之后,不利的一方当事人自然地与裁判机关的法院站在了同一战线。相反,有利的一方当事人与检察机关形成了'统一战线'。最终不仅是私权当事人之间的对抗,也导致公权力机关的对抗。我们当然可以理直气壮地说,我们不是站在哪一方当事人一边,我们只站在事实和法律的立场上。但我们不能否认我们的主要信息来自于一方当事人,人的是非判断容易受到先入为主的影响,检察机关也无法像裁判机关那样自然处于中立的位置,虽然检察监督的介入过程中也可以设置力争客观、防止偏听偏信的听证程序,但毕竟在机制上不是自然中立的,因为不是裁判者。正是因为检察监督对民事诉讼的介入存在着这种对诉讼对抗结构的改变,影响司法的中立性,也可能伤及司法权威——审判权威和检察权威。这

---

① 黄松有:《检察监督与审判独立》,《法学研究》2000年第4期。

也是司法权与司法监督权特殊构成所必然内涵的一种紧张关系。"①

五 民事抗诉损害司法裁判的终局性和司法权威

抗诉引起案件的再审，使判决、裁定失去既判力，而再审前必须中止原判决、裁定的执行，从而中止了判决、裁定的执行力。② 有学者认为，有错必究的理念忽视了裁判的稳定性、终极性。检察机关是法律监督机关，依法有权启动再审程序，过分偏重审判监督而忽视裁判的稳定性，是不可取的。在任何社会，只有法院才是通过诉讼最终解决纠纷的机关，绝不能在法院之外再创设另外一个司法机构与法院分享审判权，或有权否定法院的最终裁判，否则既不利于维护审判的独立，也不能实现裁判的公正，并将使法院毫无权威而言。司法越具有权威，法律才越具有权威。③ "如果法院裁判经常被改变，裁判效力不确定，法院裁判也难以有很大的权威。客观上，抗诉制度的存在，使得任何生效裁判的效力都处于待定状态，使得任何生效裁判都可能被中止执行，所谓法院判决的终局性难以体现。"④

也有学者认为："司法裁决的终局性是司法权威的本质要求和内涵。没有司法裁决的终局性就不可能有司法权威。司法裁决的终局性还基于对所裁判法律关系的安定性考虑。没有司法裁决的终局性，被裁决的法律关系就始终处于不稳定的状态，将会对人们之间的社会关系的发展和稳定产生消极影响。由于我国司法体制的特殊性，已经作出终局裁决的裁判还可以通过审判监督程序予以推翻，虽然相对于一

---

① 张卫平：《民事诉讼检察监督实施策略研究》，《政法论坛》2015年第1期。
② 最高人民法院民事诉讼法调研小组：《民事诉讼程序改革报告》，法律出版社，2003，第303~304页。
③ 高洪宾：《审判监督与司法权威》，《人民司法》2001年第1期。
④ 陆永棣：《程序冲突映照下的制度困境——现行民事抗诉制度考察》，《中外法学》2003年第3期。

般救济程序而言，再审的启动更加困难，但与国外的情形相比，我国的本案再审率要高得多。本案再审率高有多方面的原因，但不可否认检察监督是一个重要方面。高再审率对司法裁决的终局性和法律关系的稳定性有相当大的冲击。因此，从这个角度可以看出检察监督与司法裁决的终局性之间存在着一定的紧张关系。"①

  也有文章从反复抗诉角度提出司法终局性和司法权威问题。例如，有文章认为："依现行法律规定，检察机关监督或制约法院的方式是要求法院改正它认为存在错误的生效裁判。这样，当它与法院的认识不一致时，如何解决检、法之间的争议是目前法律面临的难题：如果以检察机关的意见为准，就与宪法规定的法院行使审判权和法院行使终审权的原则相悖；如果法院坚持自己的意见，检察机关就可以不断地抗诉。而无限次抗诉的提起就使法院判决不具既判力，起不到定分止争的作用。其结果是使社会经济关系处于不确定和不稳定状态，当事人的权利义务纠纷永远得不到最终解决，而且还变相增加了当事人的诉讼成本和法院不必要的工作负担。长此以往，不仅影响人民法院的威信，还会使公民、法人等不再利用诉讼解决其法律争议。"② 也有文章认为："对再审案件的处理结果，检察院和法院两家因认识不同时常也陷入难以缓解的冲突之中，检察院对维持原裁判的审理结果再次抗诉，法院又予以维持，直到最高检察院向最高法院提出抗诉。对这种冲突有人认为，不应当最终由法院来裁决。因为在这种情况下，法院已成为冲突的一方，因而主张'解决办法只有一个，就是引入一个中立的裁判。当最高法院驳回最高检察院的意见后，检察机关应当有权提交全国人大常委会裁决'，这就完全否定了法院的

---

① 张卫平：《民事诉讼检察监督实施策略研究》，《政法论坛》2015年第1期。
② 汪治平：《民事抗诉与刑事抗诉之比较》，《人民法院报》2000年8月1日，第3版。

独立审判权和终局裁决权。由于检察院的多次抗诉，一抗到底，原本是居间裁判的法院却演化成了冲突的一方主体，原、被告之间的私方民事权益争议，却最终变成检察院和法院两家的权力之争。之所以出现这种窘境，其根本原因是忽视、甚至否认了法院的独立审判权和最终裁决权。"[1] 还有文章认为："司法裁判的重要特征之一，就是终结性，它也是程序正义的基本要求。其基本含义在于裁判结论的形成必须使争端得到最终解决，即裁判者对同一案件的审判有一个最终确定的裁判结论，使诉讼双方、业已发生的争端有一个标志其得到最终和确定性解决的状态，使得在此之后对同一案件的审判受到严格的限制，避免随意或无限制性地启动法律程序。这也就是我们通常所说裁判具有的'定纷止争'的效力。司法裁判的终结性决定了检察机关对生效裁判不能无限制地提起抗诉。……如果检察院可以没有任何限制地对生效裁判提起抗诉，特别是对一个经抗诉做出再审裁判仍可由原抗诉机关再次抗诉，又会出现一个什么结果呢？首先，使已发生法律效力的判决、裁定处于不断受到质疑，不断被再次审查的境地，这势必会损害法院裁判的稳定性和权威性。……但问题确实在于，客观地说，我国现行民事诉讼法对检察机关就生效裁判提起抗诉的范围在法条上并无任何限制。也就是说只要符合民事诉讼法第185条规定情形的生效民事裁判，检察机关都有权提起抗诉，而对抗诉案件，法院不能拒绝，只能再审。"[2]

也有文章从民事抗诉对两审终审之现行民事诉讼审级制度造成实质冲击的角度来阐述民事抗诉对司法终局性的影响。"审级制度包括两层含义，一方面指法院组织体系层次设置，一方面指一件案件经过

---

[1] 黄松有：《检察监督与审判独立》，《法学研究》2000年第4期。
[2] 陆永棣：《程序冲突映照下的制度困境——现行民事抗诉制度考察》，《中外法学》2003年第3期。

几级法院审理方告终结。各国依据其历史传统和现实需要，审级制度不尽相同，主要有两审终审制和三审终审制。我国实行两审终审制。民事诉讼法第 147 条规定：'当事人不服地方人民法院第一审判决的，有权在判决书送达之日起十五日内向上一级人民法院提起上诉。当事人不服地方人民法院第一审裁定的，有权在裁定书送达之日起十日内向上一级人民法院提起上诉。'在两审终审制中，民事上诉审作为纠错防错的程序装置与过滤机制，其功能在于：第一，防止和约束原审审判者的偏私而为其设立审判者；第二，以后置法官（上诉审法官）通过法定程序来补救和纠正前置法官（原审法官）认识上的局限与不足，以保证审判者认识的往复性和尽可能的正确性；第三，通过纠错的程序装置来保障当事人的正当权利；第四，减轻原审法官的责任负荷。正是基于上诉审的上述功能，民事诉讼法对当事人的上诉几乎不加限制，从而'对当事人言，有利于最大限度地保证其正当权利的实现，于法院言，有利于其系统内部的自我检讨，自我监督，自我纠错与防错，最终达到减少司法擅断并保障司法公正'。因此，通过上诉获得救济是当事人正常的诉讼途径，也是民事诉讼法设置该制度的目的所在。但从民事抗诉再审实践看，当事人放弃上诉而直接向检察机关申请抗诉，检察机关受理后提出抗诉由法院进入再审程序的情况十分突出。……一方面当事人放弃上诉、直接申请抗诉不能说全系滥用诉讼权利，并规避上诉费用的承担风险，一部分案件确实存在一审裁判是在请示上一级法院后所作等情形；另一方面，只要一审裁判超过上诉期而生效，检察院按民事诉讼法规定对生效裁判自然可以提出抗诉，虽然某些检察院为开拓工作局面而鼓励当事人放弃上诉搞抗诉亦非个别。但无论如何，这一现象正构成对上诉制度的极大冲击，言其将会产生否定上诉制度的后果恐非杞人忧天。……同时，人民检察院的抗诉在诉讼制度上形成了事实上的三审制。从既判力而言，抗诉是对终局判决的否定；从审级制而言，由于人民法院并不能审查抗诉的理由何在，抗诉一旦提起法院即应再审，原判效力处于待定状态，故抗诉再审客观上已演变成三审。"①

六　民事抗诉不符合诉讼经济原则

有学者认为抗诉再审造成了诉讼成本的攀升，不符合诉讼效益原则。例如，有文章认为："人民检察院参与一般民事案件的诉讼，违背诉讼经济原则。……检、法两院和当事人对同一再审案件重复投入大量人力、物力和时间则有违诉讼经济原则，是不可取的。"② 还有文章认为："前些年诉讼成本的攀升已经成为我国审判实践的突出问题，其中最重要的原因是缺乏对效益原则的足够重视。效益原则必须成为我国审判方式改革所依据的价值目标，它是衡量具体改革措施得失成败的标尺。用经济分析法学主要代表人波斯纳的话说，就是任何一种法律制度都应以最小可能的资源花费来达到预期目标。……有些案件的抗诉效果很差，违背了检察机关本应作为'公益使者'的立场。我们撇开这些案件的处理结果不谈，检察机关主张抗诉监督制度必须加强的主要理由在其抗诉实践中并未得到照应，而其所造成的诉讼成本的攀升与司法资源的浪费不能不引起关注。……而我们的抗诉再审制度，由于检察院对申请抗诉的审查与法院对抗诉案件的审理均是免费的，在不需支出这类费用的情况下必然使当事人积极寻求抗诉，而检察院类似于为当事人讨说法的抗诉现状更刺激当事人的这一愿望（目前许多当事人舍弃上诉找抗诉的现象即印证了这一点）。但随之而来

---

① 陆永棣：《程序冲突映照下的制度困境——现行民事抗诉制度考察》，《中外法学》2003年第3期。
② 章武生：《论民事再审程序的改革》，《法律科学》2002年第1期。

的将是政府财政支出的攀升,现行检察系统民事行政检察机构与人员的增加与扩充及案件审查所需费用和法院系统审判监督机构案件审理的费用都将是惊人的,只可惜我们现在无法做这方面的统计。而相对于申请抗诉一方的对方当事人,其诉讼费用的支出也不容忽视。……实际上,在一个案件终审判决后,反复的抗诉与再审使案件长期处于不确定状态,对双方当事人而言其诉讼成本都是巨大的。这其中既包括实际支出,也包括不应忽略的机会成本。彻底解开'监督情结'还需要方方面面的努力,需要全社会对于法官独立审判的价值有新的认识,需要国家彻底整肃司法队伍,而在诉讼中并通过诉讼,做到尽量避免纠纷对收益的不利影响,尽量减少诉讼数量,实现降低和控制一案与社会总成本的作用,这应是我们追求的诉讼效益和价值。诚如波斯纳所言:我们绝不能无视诉讼制度的运行成本,如果错误成本低于消除错误成本所必需的成本时,我们应该容忍这样的错误存在。"[1]

综上所述,质疑论提出的基本论点包括:民事抗诉侵犯当事人处分权,民事抗诉损害当事人诉讼地位平等原则,民事抗诉有违案件裁判的不确定性,民事抗诉损害审判独立,民事抗诉损害司法裁判的终局性和司法权威,民事抗诉不符合诉讼经济原则等。根据对文献的概括比较与分析,其中最为突出的论点应当是民事抗诉侵犯当事人处分权、民事抗诉损害当事人诉讼地位平等原则和民事抗诉损害审判独立等三项。

第二节 民事抗诉制度维护论

面对民事抗诉制度质疑论,很多学者针锋相对,对质疑论进行了

---

[1] 陆永棣:《程序冲突映照下的制度困境——现行民事抗诉制度考察》,《中外法学》2003年第3期。

一一辩驳，阐述了坚定维护民事抗诉制度的立场与观点。从文章数量而言，民事抗诉制度维护论的文章数量明显超过了质疑论的文章数量。根据笔者对众多维护论文章的总结分析，维护论基本上从两个进路展开了对质疑论的论战：一是正面立论的进路，即从正面角度明确阐述民事抗诉制度的理论基础与制度依据；二是针对性反驳的进路，即针对质疑论的六个基本论点，一一加以辩驳。下文将就维护论的两个进路分别加以叙述。

一 正面立论

有来自立法机关的学者在讨论是否应当取消民事诉讼检察监督制度时，认为是否规定民事诉讼检察监督制度，应当考虑以下因素：一是必须以宪法为基础，把民事诉讼检察监督制度放到我国的政治制度、司法制度的总体框架中来研究和认识。宪法规定，我国实行人民代表大会制度，以人民代表大会为基础建立起的全部国家机构是人民代表大会制度的核心。根据宪法，人民代表大会及其常务委员会行使立法权，通过审判机关实施法律，并建立检察机关监督法律实施。二是要考虑我国民事诉讼模式。当事人主义和法官职权主义是两种不同的民事诉讼模式，我国的民事诉讼模式与法官职权主义诉讼模式更为贴近，对法官的权力的制约仅靠其自身素质和道德规范是不够的。三是考虑我国的国情。研究检察监督问题，虽可以借鉴国外有益做法，但必须根植于中国土壤，坚持从我国国情出发，以我为主、为我所用。近年，在民事审判活动中存在金钱案、人情案、关系案的现象，一些司法腐败、裁判不公的情况严重影响了司法权威，损害了司法形象，解决这些问题仅仅依靠审判机关自身的纠错程序是不够的，整个社会也强烈呼吁加强对审判机关的监督。借助检察机关的外部监督机制，给当事人多一种救济手段，可以在一定程度上遏制司法不公的现象。因此，无论从我国的政治制度、司法制度、民事诉讼模式考虑，还是从我国当前的司法环境考虑，现阶段取消民事诉讼检察监督制度都是不现实的，也是不可行的。[①] 笔者认为，这位学者所给出的衡量因素实际上构成了民事抗诉制度维护论正面立论的三大要素：宪法依据、理论基础和现实合理性。所谓"宪法依据"，即国家设置民事诉讼检察监督制度的基础是人民代表大会制度；所谓"理论基础"，即民事抗诉制度有助于维护司法公正；所谓"现实合理性"，即我国当前司法的现状决定了民事抗诉制度具有合理性。

（一）国家设置民事诉讼检察监督制度的宪法依据是人民代表大会制度

制度依据是维护论者所首要援引的维护民事抗诉制度的理由，其基本逻辑是人民代表大会下"一府两院"权力结构决定了人民检察院必然要对人民法院审判活动进行法律监督。对此，有学者这样阐述："人民代表大会制度，是中国的基本政治制度。这就是，人民代表大会是国家权力机关，代表人民行使国家权力，任何权力都不能超过人民代表大会的权力。在人民代表大会的监督下，设置人民政府和人民法院、人民检察院，就是通常所说的'一府两院'。在这样的权力结构下，人民代表大会专司国家权力和立法权；人民政府专司行政权；人民法院专司审判权，人民检察院专司法律监督权。这种权力结构不同于美国的三权分立的权力结构，立法、司法、行政不是平等的、相互对立的，法院的审判权不是平等于立法权，法院也不能与人民代表大会平起平坐，而是必须接受人民代表大会的监督。正是由于中国的人民代表大会制度作为中国的政体，中国的检察机关才具有法律监督

[①] 崑纪华：《关于民事诉讼中的检察监督问题》，《河南社会科学》2011年第1期。

的职能，有权对审判活动进行法律监督。民事行政诉讼检察监督制度设置的基础，正是这样的国家制度。"①

还有学者认为人民代表大会制度是民事诉讼监察监督最根本的依据。"在人民代表大会之下所设的检察机关，被设定为专门的法律监督机关，其行使的检察权就是法律监督权。这一设置的理论依据来源于列宁的法律监督理论。列宁认为，应该'使法律监督权从一般国家权力中分离出来，成为继立法权、行政权、司法权之外的第四种相对独立的国家权力'。因此行使国家法律监督权的检察机关，是在人民代表大会之下和行政机关、审判机关相平等的机关，其主要职责便是监督国家法律的实施和执行。应该说，我国检察机关实施法律监督的基础和法理依据，最根本的就在于我国人民代表大会的政体，民事审判的检察监督也不例外。"②

（二）民事抗诉有助于维护司法公正

维护论者正面立论的第二个理由是民事抗诉制度有助于维护司法公正，或者说民事抗诉制度是符合中国国情的、保障司法公正的一项重要的制度。③ 之所以将"有助于维护司法公正"称其为"理论基础"，是因为很多学者是从民事抗诉制度的价值论层面来阐述其"维护司法公正"的功能与作用的。例如，有学者认为，维护司法公正是民事检察制度最为核心的价值，也是我国社会现实对民事检察需求最为迫切的方面。这是民事检察制度得以存在和发展的最为根本的立足点。就检察院抗诉启动再审和法院裁定启动再审相比较而言，检察院的抗诉是一种系统外的监督，法院则是系统内的监督。后者更容易受

---

① 杨立新：《民事行政诉讼检察监督与司法公正》，《法学研究》2000 年第 4 期。
② 邵世星：《民事诉讼检察监督的法理基础再论——兼论我国民事诉讼检察制度的完善》，《国家检察官学院学报》2001 年第 2 期。
③ 王利明：《司法改革研究》，法律出版社，1999，第 495 页。

到来自系统内方方面面关系的影响,特别是现行审判大量实行的庭长、院长行政管理及重大、疑难案件审判委员会决定的体制,以及严厉的错案追究制,使得系统内再审发动的难度较大。前者则相对超脱,这种权力制衡结构更能确保判断的独立性和公正性。加之,由于法院现有的对申诉案件的受理、审查力量有限等种种因素的影响,使得大量申诉案件难以进入复查程序,进入再审程序的案件更是少而又少,导致申诉渠道不畅,群众对此反映强烈。民事检察监督的存在,则可作为法院启动再审的有益补充,使得"申诉难"问题得到一定程度的缓解。因此,在通过再审程序保障司法公正的过程中,民事检察监督发挥着独特而重要的作用。[①]

(三)民事抗诉制度的现实合理性

除了从价值论层面展开论述外,很多文章也从现实层面来论述民事抗诉制度对于维护司法公正的重要性与必要性。现实层面的论述主要是从"司法不公现象客观存在"这一角度切入的。[②] 例如,有学者认为:"从事实上讲,检察机关近几年对民事审判和行政诉讼活动进行监督,对认定事实、适用法律、程序违法以及审判人员徇私舞弊、枉法裁判的案件进行抗诉,并没有导致司法不公,相反,抗诉的结果是法院经过再审,纠正了原来错误的判决或裁定,恢复了法院公正审判、严肃执法的司法权威。应当承认,法院的司法改革是卓有成效的。但是不可否认,由于众所周知的原因,中国法官的政治、业务素质存在良莠不齐的问题,违法办案、徇情办案的事实是存在的;有的法官确实是想把案件办好,但是由于法律意识、法律修养上的问题,因而

[①] 高晓莹、杨明刚:《从制度价值层面审视民事检察制度的发展和完善》,《法学家》2006年第4期。

[②] 就此而言,某种意义上我们既可以将"有助于维护司法公正"理解为民事抗诉制度的理论基础,也可以将其理解为现实基础。

把案件办错。这样的情况并不少见。审判改革更强调法官在审判活动中的作用,在这种情况下不加以切实有效的监督是绝对不行的。"① 也有学者认为:"我们应当看到,在官本位思想仍普遍存在的当代中国,在司法独立状况与法官队伍整体素质均不容乐观的当代中国,由宪法赋予检察监督权的机关——检察院对法院行使司法监督权较单单由公民个人对自己的权利进行救济往往要有效得多。因此,我们有必要保留检察院的抗诉权,作为对当事人提起再审之诉失败后的一个再救济。"② 还有学者认为:"民事检察监督制度的存在也是现实需要。我曾听到法院的同志抱怨:法院的权力太小了;我也曾听到非法院的同志说:法院的权力太大了。愚意以为这两种截然相反的看法是源于两种视角得出的不同结论。从国家权力的架构看,法院的权力偏小;从当事人与法院的架构看,法院的权力偏大。而现时谈论民事检察监督是仅就后者而言。试看那种'上管天下管地,中间还要管空气'的法官在生活中绝无仅有吗?那种我即是法,我说了算的法官各地不是都有吗?至于违反程序、无视事实,动辄'勾兑'的现象则比比皆是。……我不厌其烦地列举这些数字的就在于证明,民事违法是一种不争的事实,民事检察监督有客观生成的土壤。从理论上说,有权力必须有制约权力的办法,不受限制的权力必然导致腐败。"③ 还有学者认为,民事检察监督也有利于排除或减少非司法权力对审判的干预。④

还有一部分现实层面的论述是从有助于为当事人提供司法救济的角度切入的。例如,有学者认为:"从法律规定看,当事人申请再审并不必然引起再审,决定是否再审的权力仍在法院;从实践情况看,

---

① 杨立新:《民事行政诉讼检察监督与司法公正》,《法学研究》2000年第4期。
② 江伟、徐继军:《论我国民事审判监督制度的改革》,《现代法学》2004年第2期。
③ 田平安、李浩:《中国民事检察监督制度的改革与完善》,《现代法学》2004年第1期。
④ 翁晓斌、方文晖:《论民事检察监督制度的现实合理性》,《人民检察》2001年第4期。

当事人向法院申请再审必须判决、裁定生效两年内提出，且大多数情况下是被通知驳回申请。如果废除民事检察监督，当事人就无其他途径诉请再审。保留检察院抗诉发动再审程序，既符合既判力原理，又能切实保护当事人的合法权益，应当予以保留。"①

二 对质疑论的反驳

针对质疑论者所提出的六个基本论点，维护论者针锋相对，展开了一一辩驳。详述如下。②

（一）民事抗诉与当事人处分权

有学者首先反驳了关于国家公权力不能干预民事诉讼的观点。例如，有学者如此论述："有人认为，民事审判不同于刑事审判和行政审判，民事审判体现的本质精神是私法精神，按照公权力不应介入私人事务的精神，对民事诉讼不应监督。我不完全赞同这样的看法，我认为这样的看法混淆了民事诉讼的诉讼标的的特点和民事诉讼活动自身精神区别。民事诉讼确实处理的是私人事务，诉讼标的是民事法律关系，但诉讼活动本身已经体现了公权力对私人事务的介入……民事诉讼的标的确实是私人事务，但民事诉讼是有国家参与的活动，目的是处理私人事务的。也就是说，从本质上讲，民事诉讼是以公权力为中心的活动。它和一般的民事活动根本不在一个范畴之内。认为民事诉讼的个性体现私法是不正确的。只能说其解决的对象即标的体现私

---

① 王景琦：《司法改革与民事检察监督刍议》，《法学家》2000年第5期。
② 下文叙述原则上按照反驳观点与质疑点一一对应的方式展开，唯有一点例外，即将质疑论的第五个论点"民事抗诉损害司法裁判的终局性和司法权威"拆分为"民事抗诉与司法裁判的终局性"和"民事抗诉与司法权威"两个部分，分别叙述维护论者的反驳观点。之所以这样处理，是因为考虑到：质疑论者习惯上将司法裁判的终局性和司法权威予以统合性的、概括性的论述，因而笔者将其视为一个基本论点；而维护论者则比较明显地对两者做了相对独立性的区分论述，因而笔者将其作为两个反驳点予以叙述。

法精神，而不能说其本身体现私法精神。既然民事诉讼在本质上是公权力的活动，当然也就不能把它排除在可监督的对象之外了。所以说到底，民事诉讼的检察监督实际上是公权力对公权力的监督，而不是公权力对私权利的监督。"① 还有学者认为："当事人之所以选择诉讼方式来解决纠纷，很重要的原因就是法院裁判以国家强制力为支撑。国家通过特定的机构——法院，以特定的手段——审判，在特定的活动——诉讼中，运用强制手段解决民事纠纷。这种强制性主要表现在民事诉讼的成立以及最后的裁判并不以当事人双方完全自愿或者合意为前提。因此，法院就当事人的纠纷进行裁判，这种行为本身就是国家对民事活动的干预，而不能将其归于私法上的行为。不可否认的是，法院在裁判过程中应当充分考虑当事人的各种需求，在法律设定的框架内寻求最令当事人满意的解决方法，但不能由此得出'民事诉讼是私法范畴'的结论。"②

还有学者以民事抗诉案源来源于当事人申诉为由，认为民事抗诉并没有侵犯当事人处分权。例如，有学者认为："从实际操作上看，检察机关对民事审判的抗诉，其案源多来自当事人的申诉和反映，正说明了检察机关的抗诉权对当事人来说不可或缺，和当事人的诉权很好地统一在了一起。检察机关的抗诉，很好地维护了当事人的利益。更值得关注的是，现在越来越多的当事人要求检察机关对法院的裁判结果进行监督和抗诉。这也反映了检察机关行使抗诉权不违背当事人的意愿，不违背民事诉讼当事人的主体意志。"③ 还有学者认为："实践中检察机关审查监督的案件一般都来自于当事人申诉，而当事人在

---

① 邵世星：《民事诉讼检察监督的法理基础再论——兼论我国民事诉讼检察制度的完善》，《国家检察官学院学报》2001年第2期。
② 王景琦：《司法改革与民事检察监督刍议》，《法学家》2000年第5期。
③ 邵世星：《民事诉讼检察监督的法理基础再论——兼论我国民事诉讼检察制度的完善》，《国家检察官学院学报》2001年第2期。

很多情形下都是在法院申请再审不获成功的情况下才到检察机关申诉……因此，民事行政抗诉机制并没有对当事人处分权和法院审判权构成不当的干预。"[1]

（二）民事抗诉与当事人诉讼地位平等原则

对于质疑论提出的民事抗诉损害了当事人诉讼地位平等原则的观点，维护论者有的从民事抗诉的目的和监督对象上展开反驳。例如，有学者认为："从理论上讲，检察机关对民事诉讼和行政诉讼的监督目的，是为了维护司法公正，保障国家法律的正确统一实施。不论是其参加诉讼还是提出抗诉发动再审，都不是为了使诉讼偏离司法公正的轨道。诚然，民事诉讼和行政诉讼在实质上，是地位平等的当事人之间为了权益争议通过法院的审判寻求公平地解决，不能使双方当事人之间的诉讼地位不平等。检察机关提出抗诉，是认为特定的已经发生法律效力的判决、裁定不正确；依法进行再审，是法院的权力，法院应当按照法律的规定，对抗诉的案件做出新的判决或裁定。如果认为检察机关发动再审本身就在程序上不公正，使当事人之间的诉讼地位发生不平等的变化，是没有道理的，如果是这样的话，那么，别的法治国家就不会让检察机关介入民事诉讼或行政诉讼，但是事实却恰恰相反，它们不仅规定检察机关监督的权力，而且规定检察机关可以提起诉讼或参加诉讼。"[2] 还有学者认为："当事人平等固然是民事诉讼的基石，然而当事人平等只是表明当事人双方的法律地位平等，在法律上权利义务平等，并不意味着拒绝任何公权力的介入，拒绝任何外在的力量。比如，法院的调查行为就是为当事人提供一种当事人自力所不及的帮助，其目的恰好在于实现公正。平等不是目的而是手段，

---

[1] 段厚省、陈佳琦：《民事行政检察监督改革涉及的三个基本理论问题》，《华东政法学院学报》2006年第1期。

[2] 杨立新：《民事行政诉讼检察监督与司法公正》，《法学研究》2000年第4期。

公正才是目的。同样的道理,检察机关参与民事诉讼并非当然违反当事人平等原则,检察监督的对象是法院的审判行为,而不是当事人的行为,检察机关可以在尊重当事人平等的前提下实行对民事审判活动的监督和制约。检察机关参与民事诉讼的重点在于涉及社会公共利益的案件,这类案件具有特殊性,有时检察院自身就是当事人。"[①]

也有一些维护论者则承认民事抗诉可能会在某种程度上影响当事人地位平等的格局,但认为这并不能成为取消民事抗诉制度的充分理由。"必须承认,当事人之间的民事诉讼地位应当是平等的,彼此的诉讼关系也应当是平衡的,这是民事法律关系在民事诉讼中的应有反映。检察院对生效民事裁判的抗诉,可能会在某种程度上改变当事人之间一定的平衡关系,但笔者认为这并不能成为取消抗诉制度的充分理论根据。首先,当事人之间的诉讼平等与平衡关系基本上是对正常的诉讼过程而言的,但不排除在特定情形下,法律有打破这种平衡关系的必要。……其次,抗诉制度可以成为适度打破当事人之间诉讼平等和平衡关系的必要理由。抗诉制度的立法意图之本意是对审判权的制约,而绝不是对当事人自治行为的干预。……立法设立了民事抗诉制度,其目的和作用绝不仅仅是为了个案当事人的权利保护,更重要的是为了制约审判权、实现诉讼公正和遏制司法腐败,其意义已远远超过对当事人个人权利的保障。所以,尽管抗诉的结果可能客观上影响当事人之间某种平等和平衡关系,但基于更大的价值目标和更重要的目的而确立的抗诉制度,如果对当事人之间的诉讼关系具有某种不当性的话,应当既是合理的,也有其必要性。再次,抗诉制度的存在,并没有打破正常诉讼中当事人之间的平等和平衡关系。抗诉制度属于事后监督机制,其对于常态下的民事诉讼没有任何干预,对其间当事

---

① 陈桂明:《民事检察监督之存废、定位与方式》,《法学家》2006年第4期。

人之间的相互关系也没有任何负面影响。只有在抗诉引起再审的情况下，才会波及当事人之间的平衡关系。但实践中的抗诉占法院审结的全部民事案件的比例极小，因而抗诉对当事人之间的诉讼关系不可能存在普遍的危害和不良的影响。"①

还有维护论者则认为民事抗诉恰恰是为了重新平衡原先被破坏掉的当事人地位平等的架构。"在常规程序（两审终审）结束之后，对于攻守失衡的后果，单靠当事人自己是很难引起再审程序发生的。法院的内部监督也难逃'自家人难揭自家短'的规律。赋予检察机关监督的权力，正是为了弥补私权力量的不足和内部监督的缺陷，从而维持民事诉讼双方当事人的攻守平衡，并进而维持裁决的公正性。这可以看作当事人的诉权和检察机关监督权力的统一。所以，从功能上讲，检察监督的目的，正是为了维护民事诉讼中当事人地位平等的架构，而不是破坏这种架构。检察监督是从外部对诉讼架构失衡的后果产生的助推力，使其回归本位。这和当事人在诉讼程序中所追求的公正以及民事诉讼的程序价值，都是吻合的。"②

（三）民事抗诉与案件裁判的不确定性

针对质疑论者提出民事抗诉有违民事案件裁判的不确定性的观点，维护论者着重反驳了案件裁判存在不确定性的观点。有学者这样阐述："在否定民事行政诉讼检察监督制度的人看来，民事行政诉讼检察监督之所以没有必要，还有一个重要的理由，就是人民法院对民事诉讼案件的审判，没有错案可言，因为判断案件的事实标准和法律标准，都具有不确定性，从而导致了案件的不确定性，因而，一个案

---

① 张晋红：《对取消与弱化民事抗诉制度的几点质疑》，《国家检察官学院学报》2004 年第 3 期。
② 邵世星：《民事诉讼检察监督的法理基础再论——兼论我国民事诉讼检察制度的完善》，《国家检察官学院学报》2001 年第 2 期。

件不能只有一个唯一的正确判决。……按照这样的说法，使人们对审
判活动和审判结果是否正确陷入了'不可知论'，将审判工作神秘化，
从而法院的审判活动只有法官才能够理解，其他任何人不能讨问和监
督。我们同意一个案件不能只有一种唯一的正确判决的意见，但是，
我们反对因为如此而否认民事案件在事实认定上和法律适用上法官不
会判错案，法院不会有错案的论断。因为任何判决都只能依据法律进
行，凡是违背法律的判决和裁定，就是错误的判决和裁定。在认定事
实上，无论案件怎样疑难、复杂，都有认定事实的基本证据规则，符
合证据规则的要求认定案件事实，就使案件的事实得到确定；违背证
据规则认定案件事实，就是错判。在适用民事、行政法律上，强制性
的法律规范必须遵守，违反强制性的法律规定的裁判，就是错判；任
意性的法律规范，当事人可以协商一致进行变更，不必完全按照这样
的示范性的规范确定自己的权利义务，但是在当事人发生争议的情况
下，法院只能按照任意性的规定进行裁判，不能任意所为，违背任意
性法规范所做的裁判，同样是错判。民事诉讼法第185条规定的法院
错误裁判的四种情形，就是确认错误判决、裁定的法律依据。对于错
判的案件必须依法纠正，在这方面，检察机关所担负的任务是十分艰
巨的。尤其是在今天司法腐败已经是影响社会进步的一种重要因素，
必须进行坚决斗争的情况下，维护司法公正是检察院义不容辞的职
责。"① 另有学者认为："应该说，裁判的'错'与'对'确实是一种
主观评价，确实往往会因人而异，但却并不因为如此而没有可依赖的
评价标准。首先，凡有经验的法官、检察官对一个案件中的主要证据
和非主要证据都能够有一个基本一致的判断，这在理论上和实践上都
不是太困难的事情。……其次，虽然不同的法官基于个人的理论、社

---

① 杨立新：《民事行政诉讼检察监督与司法公正》，《法学研究》2000年第4期。

会阅历、司法经验以及对法律规范的不同理解，可能在一定程度上产生适用法律的差异，并由此做出不同的裁判结果。但是，在一个成文法的国家里，适用法律的合理差异与适用法律错误不仅是两个概念，而且是完全能够在理论上和实践上加以分辨的。如果面对既定的成文法，任何人都无法界定什么才是适用法律，或者说，根本就无所谓适用法律错误，法律本身岂不成了神灵？抑或法官都是神灵？然而，神灵是不存在的。只要有既定的法律，任何时候都会存在适用法律错误的可能性。"[1] 还有学者认为："民事诉讼事实和法律的不确定性以及判决的模糊性也是诉讼的个性的观点。我不同意这样的观点。民事诉讼确实存在在认定事实和适用法律上不像刑事诉讼那样确凿无疑的特点，由此也确实导致其判决结果的变数更大，但不能据以得出不确定性和模糊性的结论。民事诉讼也是以事实为根据，以法律为准绳的，严格的民事诉讼程序也会保证大部分民事诉讼认定的事实和判决的结果都是正确或基本正确的。所以，我认为在民事诉讼中，事实、法律和判决结果都是基本确定的，或相对确定的。否则，衡量法院审判活动的优劣，将变得没有了标准。这是非常危险的。"[2]

此外，还有一些维护论者认为，案件裁判具有一定程度的不确定性，并不能成为反对检察监督的理由。有学者这样论述："毋庸讳言，民事案件的裁判有其自身的特殊规律，由于案件判断的事实标准和法律标准确实存在一定程度的不确定性，导致案件的结果往往不具有唯一的确定性。但是，并不能因此完全否认存在确有再审必要的民事裁判，以裁判的不确定性来否定民事检察存在的必要，是对这种不确定

---

[1] 张晋红：《对取消与弱化民事抗诉制度的几点质疑》，《国家检察官学院学报》2004 年第 3 期。
[2] 邵世星：《民事诉讼检察监督的法理基础再论——兼论我国民事诉讼检察制度的完善》，《国家检察官学院学报》2001 年第 2 期。

性的片面、机械的理解，明显以偏概全，陷入了不可知论的泥潭。实际上，具体案件中事实标准和法律标准的不确定性往往具有相对性，并非任何案件中都存在这种不确定性。并且，特定案件中适用的证据规则、法律法规及程序规定等都是确定的，审理案件的法官存在贪污受贿、徇私舞弊、枉法裁判行为一经查实也是完全确定的。换言之，除了一些纯粹认识上可见仁见智的疑难案件的裁判结果具有相当的不确定性外，大多数案件在证据认定、法律、法规适用及程序规定等方面往往都是可以确定的，检察院对此进行监督并不存在违背诉讼规律的问题，更谈不上对程序正义的破坏。"[①] 还有学者认为："法院的司法审判具有很强的主观性，认定事实和适用法律都具有一定的弹性，因此裁判具有非唯一性，这一点是没有疑义的。问题是这并不能说明法院的裁判行为无须监督和制约，甚至可以说，正是因为裁判具有非唯一性，具有一定的弹性，对裁判的监督和制约才显得更加重要，监督和制约可以保证具有弹性空间的裁判限定在适当的范围以内。"[②]

（四）民事抗诉与审判独立

针对质疑论者提出的民事抗诉损害审判独立的观点，维护论者认为任何权力都需要监督，这是最基本的法理，监督不能理解为干预。"权力的行使需要进行监督，是最基本的法理，也是国家权力制衡的原因所在。……人民法院依法独立行使审判权，是我国宪法规定的原则。人民检察院依法独立行使检察权，也是我国宪法规定的原则。国家权力这样配置的基本原理，就是通过对审判权和检察权的相互制约，防止审判机关和检察机关滥用权力，以更好地保护公民、法人的合法权益。对此，没有任何怀疑。但是，强调法院的审判独立，而排

[①] 高晓莹、杨明刚：《从制度价值层面审视民事检察制度的发展和完善》，《法学家》2006年第4期。

[②] 陈桂明：《民事检察监督之存废、定位与方式》，《法学家》2006年第4期。

斥对法院的监督，则是违背法理的。……审判独立并不意味着不能甚至于不得对审判权进行监督。有人一方面引证杰弗逊'绝对的权力导致绝对的腐败'这一至理名言，另一方面却公然宣称'审判权的独立行使排斥外在的监督和干预'，'如果审判权在运作过程当中，即在国家权力分工的范围之内行使其应有的权力，仍然受到某种外在权力的制约和监督，无疑是对法院独立行使审判权的不当干预'。我们对此不仅不能说这就是'法理'，而且也不能说这在逻辑上不是混乱的，这里涉及的三个概念：'监督'、'制约'和'干预'，并不是同一的概念。我们认为，人民法院独立行使审判权，不受任何行政机关、任何团体的干预是对的；但是宣称不受任何机关、团体的监督，以及不能进行制约，则是完全违背法律规定和法理的。……在国家的政体和基本政治制度没有出现根本性的改变的情况下，人民法院独立行使审判权就永远要在人民代表大会的监督之下进行，这是一个不争的事实。同样在现行国家体制的基础上，人民检察院作为法律监督机关，不能不对审判机关的审判活动进行监督。说到底，对审判权的监督，与权力机关、法律监督机关对审判权的干预完全是两回事。……认为'检察院对法院的民事审判活动实施法律监督，其实质就是以检察权（或监督权）对法院的审判活动进行干预，目的是通过这种干预影响法院的裁判'。这样的说法是没有事实根据的，也违背宪法规定中国检察机关为法律监督机关的基本含义，违背《民事诉讼法》和《行政诉讼法》规定民事行政诉讼检察监督的本来目的，歪曲了我国宪法和法律设立法律监督机关的本来意图。"[①]

还有一些学者认为，审判独立（司法独立）并不排斥监督与制约。我国《宪法》第 126 条规定："人民法院依照法律规定独立行使

---

① 杨立新：《民事行政诉讼检察监督与司法公正》，《法学研究》2000 年第 4 期。

审判权，不受行政机关、社会团体和个人的干涉。"这是我国司法独立原则在宪法上的体现，但从宪法的这一条规定，可以看出法院独立行使审判权必须"依照法律规定"，并不是没有限制的。另外，本条并没有排除政党、权力机关、检察机关、新闻媒体、人民群众的监督，因为监督并不等同于干预，也就是说，宪法对司法独立原则的规定，保护的是合法的审判权，并不排斥检察监督，检察监督同样具有宪法依据。①"按照我国司法独立的含义，如果检察机关代行审判权或把自己的意志强加于审判人员从而影响到判决活动和审判结果，那确实导致了审判权力异化，破坏了审判权力的独立，是对审判活动的不当干涉。但检察监督的内涵并不是这样的，它是为了使审判机关正确运用好权力而从外部给予的必要制约，并没有从内部实质上来异化审判活动和审判人员，因而认为它干涉了审判独立理由不足。另外，我国向来实行审判公开制度。审判公开的本来含义，也是接受社会的外部监督，促进司法公正。可见，审判独立是不排斥外部监督的。和社会监督相比，检察监督更直接、更有效。审判活动实在没有理由反对检察监督。"②

还有一些维护论者则认为，我国政体下的审判独立是相对独立，不同于西方三权分立下的司法独立。"我国的政体是人民代表大会制度，人大领导下的'一府两院'的宪政体制决定了审判独立的有限性。我国的审判独立与奉行'三权分立'的西方国家应有所不同，人民法院由人大选举，受人大监督。且我国的司法机关不仅包括法院，还包括检察院，二者相互制约，相互配合。因此，在我国，审判独立

---

① 张智辉：《检察权研究》，中国检察出版社，2007。
② 邵世星：《民事诉讼检察监督的法理基础再论——兼论我国民事诉讼检察制度的完善》，《国家检察官学院学报》2001年第2期。

是在现行宪政体制下的相对独立,而非不受任何监督和制约的绝对独立。"① "审判独立在西方一般表述为司法独立,其理论基础是三权分立,而三权分立的核心内涵正在于权力制衡,防止绝对的权力导致绝对的腐败。我国不实行三权分立,但是权力制衡的精神也是适用的,只是制衡的内容和方式不同而已,审判独立不是绝对的,不能排除外在的制约,检察机关作为专门的法律监督机关,监督和制约法院是合理的制度安排。我们所说的审判独立,排除的是外在的非法干预,不能排斥合法的、体制内的监督与制约。需要特别说明的是即使在相比中国检察权相对较小的西方国家,检察官对法官的裁判同样有权制约。"②

还有一些学者认为,司法独立并不是无条件的,它是以理性的法院、清廉公正的法官、完善的诉讼程序为独立的前提条件的。"诚如考夫曼所言'司法独立原则只有在法官们通过他们的模范行为和业务上的自我克制,继续不断地争得它而无愧于它的时候,这一原则才会坚持下去。'我国当前司法独立的前提条件是否已完全具备呢?答案似乎是不言自明的。我国正处于社会主义的初级阶段,我国社会的法治化还处在起步阶段,在这一时期,尽管国家对法院和法官队伍的建设是相当重视的,但我国法官的总体素质还不能适应社会法治化的要求,少数法官违反职业道德,用审判权寻租,司法不公的现象还时有发生。因此,当前及今后相当长的一段时期内,不仅不能弱化对法院审判活动的监督,而且应当强化这一监督。检察监督是民事诉讼法规定的一种制度化监督。这一监督无疑应当加强。强化监督正是为了促

---

① 高晓莹、杨明刚:《从制度价值层面审视民事检察制度的发展和完善》,《法学家》2006年第4期。

② 陈桂明:《民事检察监督之存废、定位与方式》。

成司法独立前提条件的形成,有利于在我国早日实现司法独立。"①

另外还有一些学者则提出,民事抗诉某种程度上会影响到独立审判,但是审判不独立主要是其他多种因素造成的,保证审判独立的重点在于努力摒弃非制度化不当干预,而非取消检察监督。"不可否认,检察院对法院生效裁判进行监督,对本已终局的诉讼启动再审,并出庭支持抗诉,无疑会或多或少地影响到法院的独立审判。但是,当前,我国存在的大量审判不独立的现象,主要是因审判系统不独立和法官不独立导致的。在审判系统方面,法院机构设置、级层管理、组织人事和经费财政上不独立,受到政党的、行政的诸多因素的制约。在此意义上,法院难以形成真正的独立。在法官层面上,我国现阶段法官的选任、职业保障均不独立,其在审判中常常受到行政的、个人的种种干预,这种干预往往是非制度层面的。恰恰是这些潜在的、非程序性的外在干预,而非正式的制度规定,支配着现实的法院裁判,这是目前我国审判不独立的关键所在。检察院的监督对法院裁判的影响是公开地按正当程序进行的,而抗诉也仅仅起到启动再审程序的功效,法院如何审理和判决,检察院一般都不予干预,也难以干预,检察监督对审判独立的影响是极其有限的,不能将法院难以独立审判引发的诸多不良后果过多强加给检察监督。而且检察院对法院的监督,在一定程度上还可起到补强审判权力的效果,通过这种制度化的、程序化的监督,可以共同抵制或削弱那些不具程序性的外在干预。当务之急,保证审判独立的重点在于努力摒弃非制度化不当干预,而非急于放弃按法定程序公开规范进行的同时也是必要的检察监督。"②

---

① 李浩:《民事再审程序改造论》,《法学研究》2000年第5期。
② 高晓莹、杨明刚:《从制度价值层面审视民事检察制度的发展和完善》。

（五）民事抗诉与司法裁判的终局性

针对质疑论者提出的民事抗诉影响司法的终局性的观点，维护论者提出司法的终局性并不是绝对的，而是相对的，再审制度即是对司法终局性的一种限制。"按照既判力理论，一方面强调判决的稳定性，另一方面也应当承认判决并非绝对不能变更或者撤销的。'在终局判决有错误的情况下，既判力禁止人们随意宣告终局判决无效或擅自加以改动，只能按照法定的程序撤销该判决，并以新判决加以取代。'"① "如果说抗诉制度本身就是对司法权威的冲击，那么，确立当事人的再审之诉制度本身也同样是对司法权威的冲击。既然当事人的再审之诉与检察院的抗诉具有异曲同工的结果，是不是也应当成为取消或弱化当事人申请再审制度的理由呢？然而，学界和实务界并没有因此而主张取消当事人申请再审的规定，反而力主完善当事人的再审之诉制度。由此可见，法院裁判的终局性受到挑战并不能成为取消抗诉制度的正当理由，更不能成为损害司法权威的正当理由。否则，消减司法权威的就不仅仅是抗诉的问题，而应当是再审制度的问题。事实上，只要立法还认为再审制度是公正的诉讼程序所必有的内容，法院裁判的终局性就势必受到威胁，或者说，设置再审制度本来就是为了使生效裁判的终局性受到某种程度的威胁，唯此，才能对法院独立的审判权有所制约。在这个前提下，由谁引起再审已不是最重要的，至少，抗诉制度本身不应当为我国处于低迷状态的司法权威无辜地承担责任。"②

（六）民事抗诉与司法权威

针对质疑论者提出的民事抗诉损害司法权威问题，维护论者提出

---

① 王景琦：《司法改革与民事检察监督刍议》，《法学家》2000 年第 5 期。
② 张晋红：《对取消与弱化民事抗诉制度的几点质疑》，《国家检察官学院学报》2004 年第 3 期。

司法权威丧失的根源是司法公信力的丧失，而不是民事抗诉制度的存在。"在中国现有的司法环境下，抗诉制度本身绝不是影响或损害司法权威的祸根。权威的存在源于人们的笃信，而笃信根植于人们心理上的安全感和满足感或崇拜。作为司法关系构成因素的权威主体与权威对象之间，并不必然具有支配与信服的关系。司法权威的生成，除了以法律的名义赋予法院和法官以崇高的地位和裁判的最终效力外，能够让司法权威的对象自愿信任和服从司法权威的一个更为重要的因素，应当是司法的公信力，即法院和法官的裁判活动和裁判结果具有使人们信服的力量。'从这个意义上讲，公信力的丧失就意味着司法权威的丧失。'导致司法公信力丧失的原因可能是多方面的，但就我国的现象而言，主要的原因应当来自于权威主体自身，而非民事抗诉制度。我们如果能够客观地回顾近二十年中国的民事司法状况和民事抗诉制度产生的背景，就应当能够得出相对公正的结论。1982年的《民事诉讼法（试行）》并没有确立民事抗诉制度，到现行《民事诉讼法》修改之前，民事司法的状况已经恶化，司法腐败、司法不公的现象日益凸显，民众的呼声已高。正是在这种司法背景下，1991年的《民事诉讼法》才确立了民事抗诉制度。可见，民事抗诉制度是在我国特有的司法背景下产生的，目的是消减司法腐败和司法不公，重树民事司法的权威。"[①]

还有学者提出，民事抗诉通过纠正不公的司法裁判，恰恰有助于重塑司法公信力与司法权威。法院裁判的权威性来源于其公正性，而不是强求或者命令就能产生的。一个不公正的裁判带给人们的只能是伤害与绝望，而没有任何权威性可言。检察机关对错误的裁判提出抗诉，法院通过再审予以纠正，既重新树立了法院裁决的权威，也重新

---

① 张晋红：《对取消与弱化民事抗诉制度的几点质疑》。

塑造公众对法律权威的认可,此所谓"不破不立"。①检察机关开展民事行政诉讼监督,对于人民法院依法独立行使审判权来说,既是监督,也是支持。只有站在法制建设的全局看问题,才能准确理解设置民事行政检察制度的重要意义。司法公正和司法权威之间是辩证统一的有机整体,只有公正的司法,才能使司法程序和司法结果得到人民群众的认同和信赖,才能使法律及实施法律的司法机关在人民群众中产生公信力。法院权威只有在真正公正司法中才能树立起来,法院权威主要依赖于有公信力的法院审判,司法不公才是动摇、破坏法院权威的元凶,而非系统外的必要监督。民事检察以法院的生效裁判为监督对象,表面上看对法院权威有所影响,但实质上,民事检察以维护司法公正为目标,其建立、完善和有效运行,旨在尽可能减少、消除司法不公,最终对法院权威非但无损,只会有利。②

另外还有一些学者提出,司法权威由审判机关的审判权威和检察机关的法律监督权威共同构成,只有审判权威和法律监督权威共同得到维护和保障,国家的司法权威才能够得到维护和保障。"国家司法机关是审判机关和检察机关。国家的司法权威,就是由审判机关的审判权威和检察机关的法律监督权威共同构成的。这样两个权威,紧密相关,缺一不可。缺少其中任何一个,都不会有健全的国家司法权威,同样也就不会有健全的国家法制权威。只有审判权威和法律监督权威共同得到维护和保障,国家的司法权威才能够得到维护和保障。审判权威与法律监督权威的关系,正是这样一个既相互对立又相互统一的一个相辅相成的矛盾体。……检察机关对民事审判活动和行政诉讼活动实行监督,其目的不是要削弱乃至损害审判权威,而正是要维护和

---

① 王景琦:《司法改革与民事检察监督刍议》。
② 高晓莹、杨明刚:《从制度价值层面审视民事检察制度的发展和完善》。

保障审判权威。这就是，检察机关通过自己的监督活动，促使审判机关纠正自己在审判活动中存在的某些司法不公的问题，将影响审判权威的因素予以纠正或者改进，恢复或者增强审判权威。检察机关不是通过削弱乃至损害审判权威的办法，提高、增强自己的法律监督权威，而是通过自己的有效的法律监督活动，在维护、提高审判权威的同时，提高自己的法律监督权威，最终提高和保障国家的司法权威。任何想通过削弱乃至损害人民法院审判权威的方法提高检察机关的法律监督权威的意图和做法，都会最终损害国家司法权威。"①

（七）民事抗诉与诉讼经济原则

针对质疑论者提出的民事抗诉不符合诉讼经济原则问题，维护论者认为公平价值应当优先于效益价值，效率问题是追求司法公正而必须付出的必要代价，效益问题是一个完全可以解决的问题。"这些观点都是经济性的观点。但我们知道，在司法活动追求的公平和效益两大价值目标中，公平永远是第一位，效益则是第二位的。……在民事审判检察监督中，正确处理好公平和效益的关系则是必要的。为此，需要研究的是如何规制民事审判检察监督的运作，以既维护司法公正，又不盲目地浪费资源。这是一个完全可以解决的问题。"②"民事检察监督的进行需要投入相当的司法成本，在司法效率方面确实存在许多问题。……但是，并不能仅仅因为民事检察一定程度上妨害了效率发挥就否定其存在的价值。一方面，当前民事检察效率低下的问题可以通过严格制度规定的完善和遵循，最大限度地加以改进和提高。另一方面，在两审终审制的审级框架下，特别是在当前的司法环境下，司法不公问题还较为突出，仍需给当事人的权利保障予以再审的救济

---

① 杨立新：《民事行政诉讼检察监督与司法公正》，《法学研究》2000年第4期。
② 邵世星：《民事诉讼检察监督的法理基础再论——兼论我国民事诉讼检察制度的完善》，《国家检察官学院学报》2001年第2期。

途径。尽管审判监督的程序在维护司法公正的同时，也使得诉讼费用提高和时间延长，但由此出现的效率问题是追求司法公正而必须付出的必要代价。"[1]

第三节　对合理性之争的简要评析

上文基于民事抗诉制度的研究文献提炼出了关于民事抗诉制度合理性之争的基本框架，这一基本框架总体上体现为六个基本论点：民事抗诉是否侵犯当事人处分权，民事抗诉是否损害当事人诉讼地位平等原则，民事抗诉是否有违案件裁判的不确定性，民事抗诉是否损害审判独立，民事抗诉是否损害司法裁判的终局性和司法权威，民事抗诉是否符合诉讼经济原则。为了尽可能客观、确切地展示争论双方的逻辑细节，上文尽可能地援引了有代表性的论述原文。这样处理的目的是为了兼顾对民事抗诉制度理论争议进行叙述的"概括性"与"具体性"，以便大家尽可能确切地了解论争的真实情况。同时，在这样的基础上，也使得我们对其进行评析成为可能。

对上文所梳理的民事抗诉制度合理性之争进行简要评析是非常必要的。评析的目的是为了通过检视理论争议的双方观点来确定围绕民事抗诉制度的争议性问题哪些已经解决，哪些还没有解决，以及其中突出的争议性问题是什么。这些还没有解决的争议性问题，尤其是那些突出的问题，即为本书研究的出发点，也是本书研究所要解决的问题所在。换言之，通过检视与评析既有的关于民事抗诉制度的合理性之争，我们将确定本书研究的基本任务。

有必要指出的是，上文所描述的民事抗诉制度合理性之争大体上

---

[1] 高晓莹、杨明刚：《从制度价值层面审视民事检察制度的发展和完善》。

是基于1991年民事诉讼法的背景下，这是一个必须注意的问题。换言之，我们对上述理论争议的理解必须放到1991年民事诉讼法的框架下，而不能跳跃到新修改的2012年民事诉讼法的框架下（两者的区别，本书后面章节将会讨论）。在此前提下，笔者关于上述民事抗诉制度合理性之争简要评析如下：

第一，关于民事抗诉是否侵犯当事人处分权问题。这是争议中最为主要的问题。笔者认为，质疑论者是从制度逻辑的层面来展开论述，因为民事抗诉的目的是监督法院审判权公权力，以维护国家法律统一正确实施，检察机关可以依职权提起抗诉，而无须以当事人申诉为前提，因而理论上、制度逻辑上检察机关是可以在没有当事人申诉的情况下，直接依职权提起抗诉的。在这样的情况下，自然存在民事抗诉权与当事人处分权的紧张关系。而维护论者则是从实然层面来展开论述的，其认为司法实务中绝大多数民事抗诉案件来源于当事人申诉，因而不存在或总体上不存在民事抗诉权违背当事人意志、侵犯当事人处分权的情况。但是，笔者认为维护论者并没有从理论上或制度逻辑上完全释解民事抗诉权与当事人处分权的内在紧张关系，因为理论上完全不能排除检察机关依职权提起抗诉的可能性以及实际情况的存在。事实上，也没有学者敢宣称民事抗诉绝对百分之百来源于当事人申诉。

第二，关于民事抗诉是否损害当事人诉讼地位平等原则问题。这也是理论争议中非常突出的问题。质疑论者认为，民事抗诉是基于一方当事人申诉而提起，往往成为帮助一方当事人诉讼的力量，甚至成为申诉一方当事人的"公请律师"。维护论者则从民事抗诉制度的价值目的以及监督对象上着手，认为民事抗诉监督的对象是法院审判权，目的是为了维护司法公正，民事抗诉并不当然影响当事人之间平等地位。但是，我们可以发现，维护论者并没有对此展开具体的或进一步的论述，其结论并没有足够的说服力。因为尽管民事抗诉监督的对象是法院审判权，但是现实层面上检察机关是基于一方当事人的申诉或申请而参与了民事诉讼，并事实上形成了四方主体（双方当事人、法院和检察院）的诉讼关系。到底如何理解这四方诉讼法律关系及其与当事人双方地位平等格局的关系，维护论者并没有予以具体阐释清楚，仅仅停留于价值目的和监督对象之抽象层面上予以论述，显然是远远不够的。此外，另外一些维护论者则是明确承认民事抗诉某种程度上影响了当事人地位平等的格局，只是认为实践中民事抗诉占全部民事案件比例极小，因而抗诉对当事人之间的诉讼关系不可能存在普遍的危害和不良的影响。还有维护论者认为民事抗诉恰恰是为了重新平衡原先被破坏掉的当事人地位平等的架构。这其实也无异于变相承认了检察机关成为帮助一方当事人诉讼力量的指责。总而言之，维护论者对于民事抗诉损害当事人诉讼地位平等原则的质疑，不但没有给予妥当、有效的反驳，甚至是有意无意地承认了。

第三，关于民事抗诉是否有违案件裁判的不确定性问题。质疑论者认为民事案件在事实认定和法律适用理解上均存在不确定性，因而不存在唯一正确的裁判，检察院基于自己对案件的认识而提起抗诉并要求法院纠错，不具有合理性。维护论者则认为，民事诉讼事实认定和法律适用理解上尽管存在一定的模糊性与弹性，但是在绝大多数案件中事实、法律和判决结果都是相对确定的，不确定性是有限度的，不能因此而否认民事案件在事实认定上和法律适用上法官不会判错案，更不能因此而反对检察监督。笔者认为，质疑论者无限放大了案件的不确定性，导致了荒谬的"不可知论"，而维护论者的论述是符合法理，符合司法实务实际，也符合绝大多数人的通常认知。因此，在关于民事抗诉是否有违案件裁判的不确定性问题上，维护论者无疑取得了论证上的成功。

第四，关于民事抗诉是否损害审判独立问题。质疑论者以西方三权分立下的司法独立为原型，认为民事抗诉损害了审判独立，是对法院审判权独立行使的干预。维护论者则认为，任何权力都需要监督，这是最基本的法理，审判独立（司法独立）并不排斥监督与制约，监督不能理解为干预。同时，我国政体不同于西方三权分立，审判独立是相对独立的，必须依法接受检察监督。还有，司法独立并不是无条件的，是以理性的法院、清廉公正的法官、完善的诉讼程序为独立的前提条件，我国当前司法独立的前提条件还不具备。笔者认为，质疑论者将审判独立抽象化、绝对化，脱离了其具体语境，而维护论者的这些观点则紧密结合具体语境，并遵循一般法理，非常有说服力。但是，质疑论者在审判独立论点下还隐含了另外一个重要议题，即司法的中立性问题。具体而言，质疑论者认为民事诉讼是两造当事人平等对抗、法院居中裁判的"等腰三角形"结构，而检察机关通过民事抗诉而介入民事诉讼后，将会形成"四边形"结构，这将实质上改变原有的诉讼结构，造成检法冲突，进而影响到司法的中立性。关于这一个议题，笔者认为，维护论者没有予以足够重视，并予以很好地释解。当然，维护论者事实上谈到了检察机关"介入深度"问题，其认为"如果检察机关代行审判权或把自己的意志强加于审判人员从而影响到判决活动和审判结果，那确实导致了审判权力异化，破坏了审判权力的独立，是对审判活动的不当干涉。但检察监督的内涵并不是这样的，它是为了使审判机关正确运用好权力而从外部给予的必要制约，并没有从内部实质上来异化审判活动和审判人员，因而认为它干涉了审判独立理由不足。"（见前文）笔者认为，维护论者的这一论述对于原则性地阐述检察监督与独立审判的关系与界限具有重要指导意义，但是对于民事抗诉所带来的具体诉讼结构的变化及其对司法的中立性影响，显然没有予以直接、正面的解答。总之，笔者认为，维护论者在原则层面上较好地处理好了民事抗诉与审判独立的关系问题，但是在具体层面上对于民事抗诉所带来的诉讼结构的变化及其对司法中立性的影响，却并没有给出令人满意的答案。

第五，民事抗诉是否损害司法裁判的终局性和司法权威问题。质疑论者认为，抗诉引起案件的再审，使判决、裁定失去既判力，损害了司法裁判的终局性与稳定性，进而损害了司法权威。尤其是反复抗诉，其对司法裁判的终局性和司法权威损害更是严重。维护论者认为，裁判的既判力或者说司法的终局性并不是绝对的，而是相对的，再审制度即是对司法终局性的一种限制，世界各国都有再审制度。如果因此而质疑民事抗诉制度，那么就应当质疑整个再审制度。但是，质疑论者并没有质疑再审制度。笔者认为，显然维护论者的观点是成立的，而质疑论者的观点是不能自圆其说的。[①] 至于司法权威问题，维护论者提出司法权威丧失的根源是司法公信力的丧失，而不是民事抗诉制度的存在。民事抗诉制度是在我国民事司法腐败、司法不公的现象日益凸显的背景下产生的，目的是消减司法腐败和司法不公，重树民事司法的权威。民事抗诉通过纠正不公的司法裁判，恰恰有助于重塑司法公信力与司法权威。笔者认为，维护论者的观点显然更在理。权威是一种内心自觉的认同与服从，司法不公是导致司法权威流失的根源，企图单纯靠司法裁判的终局性来树立司法权威是不现实的。就像民事再审制度是为了纠正司法不公、重塑司法公信力一样，民事抗诉

---

① 应该说，反复抗诉问题例外，因为反复抗诉超出了再审作为特殊、例外、有限救济制度的性质与范围。关于抗诉的次数问题这不是一个原则性问题，而是具体性问题，可以考虑予以限制与规范，但不能作为否定抗诉制度的原则性理由。

制度也同样如此，其同样有助于维护、增强司法公信力与司法权威，而不是相反。

第六，民事抗诉是否符合诉讼经济原则问题。质疑论者认为抗诉再审造成了诉讼成本的攀升，不符合诉讼效益原则。尤其在一个案件终审判决后，反复的抗诉与再审使案件长期处于不确定状态，对双方当事人而言其诉讼成本都是巨大的。维护论者认为公平价值应当优先于效益价值，效率问题是追求司法公正而必须付出的必要代价，如何完善、改进民事审判检察监督的运作，以既维护司法公正，又不盲目地浪费资源，这是一个完全可以解决的问题。笔者赞同维护论者的观点。任何制度都是要有成本代价的，世界各国的再审制度同样如此。民事抗诉作为我国特有的启动再审的制度，同样需要付出成本代价。关键是如何平衡好公平价值与效率价值，而不是简单地否定民事抗诉制度本身。

综上所述，围绕民事抗诉制度合理性问题的理论争议中，笔者认为，民事抗诉是否有违案件裁判的不确定性、民事抗诉是否损害司法裁判的终局性和司法权威以及民事抗诉是否符合诉讼经济原则等三个问题，维护论者给出了较有说服力的解答。至于民事抗诉是否损害审判独立问题，维护论者在原则层面上也给出了较好的解答，但是关于民事抗诉是否影响司法的中立性问题或者说因民事抗诉而引发的四方主体（双方当事人、法院和检察院）的诉讼关系问题等具体层面，则尚没有给出清晰而有说服力的解答[①]，事实上这也是理论争议中比较突出的问题。而民事抗诉是否侵犯当事人处分权以及民事抗诉是否损害当事人诉讼地位平等原则，这两大突出的理论争议问题，维护论者

[①] 一些维护论者曾专门针对民事抗诉监督而引发的四方主体诉讼关系问题进行了研究和解答，但似乎未能取得预期的效果。详见本书第五章。

显然也没有给予很好的解答。鉴于上述，笔者概括言之，关于民事抗诉是否侵犯当事人处分权、民事抗诉是否损害当事人诉讼地位平等原则以及如何界定因民事抗诉而引发的四方主体（双方当事人、法院和检察院）的诉讼关系三大问题，是目前维护论者尚未能予以有效解答的突出理论问题，亦即关涉民事抗诉制度合理性与否的突出理论问题。这些突出的理论问题，将是本书研究所要努力解决的基本问题。解决这些基本问题，进而证立民事抗诉制度的合理性，是本书研究的基本任务与初衷。

第三章
检察监督的基础理论

民事抗诉属于检察机关的一项法定职权，其在性质上从属于宪法关于检察机关是国家的法律监督机关之基本定位。为了清晰而系统地说明民事抗诉的相关理论问题，显然无法跳脱"法律监督"的相关理论背景。必须清晰地认识到，在我国制度语境下，"法律监督"或检察监督的相关原理天然地构成了理解包括民事抗诉在内的诸多检察职权的基础。因此，让我们首先从关于"法律监督"基本概念的研究开始。我们的目的是希望通过研究"法律监督"的基本概念，使得大家能够清晰地理解民事抗诉在检察权整体架构中的地位及其性质，以及为后文将要阐述的民事抗诉制度构造与功能的嬗变提供一个必要的理论参照系。

第一节 "法律监督" 概念考察[①]

一 "法律监督"的含义分歧

我国宪法规定人民检察院是"国家的法律监督机关"。这一规定

[①] 本节内容系在拙文《法律监督考》（载《浙江学刊》2014 年第 3 期）基础上修改而成。

是我国检察制度的根基。但是，关于"法律监督"的含义，宪法和法律没有予以专门规定释义。多年以来，一些学者对检察机关的宪法定位提出了诸多质疑，其中重要一点便是对法律监督机关定位的"准确性"——即"法律监督"能否涵盖所有检察职权的性质——提出质疑。[1] 我国目前检察机关的职能主要包括检察侦查权、公诉权、批准和决定逮捕权、诉讼监督权。诉讼监督权被界定为法律监督权几无争议，但是关于侦查、批准和决定逮捕以及公诉职能，有学者认为属于检察机关自身的办案活动，不能理解为法律监督，因为只有监督别人的活动才能称为监督。[2] 还有学者质疑，如果检察机关侦查与公诉是法律监督，"为什么公安机关对违法犯罪行为的发现、证明、检举即侦查、追诉就不是法律监督呢？为什么同样是负责发现、证明和检举违法犯罪行为、提交法庭裁判的西方国家检察机关的活动就不是法律监督呢？"其认为，侦查权、公诉权及诉讼监督权都是一个公诉机关所必须拥有的最基本的诉讼程序上的权力，与法律监督权实际上并没有必然的联系。[3]

为了应对上述质疑，检察学者对于"法律监督"概念主要有三种阐释进路：第一种进路是从监督法律统一实施或遵守的角度来阐释，认为对国家机关工作人员的职务犯罪以及与执行职务有关的犯罪进行侦查，属于对国家机关工作人员执法公正性与准确性的法律监督，公

---

[1] 另外一个方面的重要质疑是对法律监督机关定位的"合理性"的质疑，认为这一定位不符合相关制度设计的原理与规律，如检察机关在刑事诉讼中作为公诉人又作为法律监督者出庭支持公诉，违背基本诉讼规律等。参见郝银钟《检察权质疑》，《中国人民大学学报》，1999 年第 3 期；夏邦《中国检察院体制应予取消》，《法学》1999 年第 7 期；崔敏《论司法权的合理配置》，载《依法治国与司法改革》，中国法制出版社，1999；陈卫东《我国检察权的反思与重构——以公诉权为核心的分析》，《法学研究》2002 年第 2 期。
[2] 王松苗：《厉行法治：法律监督应如何定位——"依法治国与法律监督研讨会"综述》，《人民检察》1998 年第 9 期。
[3] 陈卫东：《我国检察权的反思与重构——以公诉权为核心的分析》，《法学研究》2002 年第 2 期。

诉是对违反刑事法律的犯罪行为实施的法律监督，诉讼监督职责是对诉讼活动是否合法实行的法律监督。① 第二种进路是从权力制衡的角度来阐释，认为检察官"作为法律之守护人，既要保护被告免于法官之擅断，亦要保护其免于警察之恣意"，检察官这一"国家权力之双重控制"角色决定了其具有法律监督的职能，公诉权正好体现了"国家权力之双重控制"角色②；职务犯罪侦查权则体现了检察机关对公权力的监督，对公安机关侦查终结案件的补充侦查权则体现了对警察侦查权的制约和监督；批准和决定逮捕权则体现了对公安侦查权的监督。③ 还有学者则直接提出"法律监督是一种特殊形式的权力制衡"④。第三种进路则是辩证式的阐释，承认侦查权、公诉权与法律监督权的相对分离，但同时认为侦查权与公诉权是法律监督权得以实现的手段、形式或载体，归根结底它们具有法律监督的性质。例如，有学者认为，"在社会主义国家，对刑事案件进行侦查、起诉和出庭支持控诉，仅是检察人员一个方面的职权，而且从根本上来说，它们是实现检察机关法律监督职责的一种手段"。⑤ "世界各国的公诉都具有两个功能：控诉功能和监督功能，即一方面，将犯罪嫌疑人诉至法院，要求法院判处刑罚；另一方面，通过审查起诉、决定起诉或不起诉、变更起诉、出庭公诉、抗诉等活动，监督警察侦查权与法官审判权。这两个功能不可分割，统一于公诉之中，是一个事物的两个方面，就像一枚硬币的两个面一样。"⑥ "检察机关法律监督职能的有效行使是不

---

① 周士敏：《论我国检察制度的法律定位》，《人民检察》1999年第1期；徐益初：《析检察权性质及其运用》，《人民检察》1999年第4期。
② 万毅：《法律监督的内涵》，《人民检察》2008年第11期。
③ 朱孝清、张智辉主编《检察学》，中国检察出版社，2010，第338页、362页。
④ 樊崇义主编《检察制度原理》，法律出版社，2009，第171页以下。
⑤ 张穹、谭世贵：《检察制度比较研究》，中国检察出版社，1990，第89~90页。
⑥ 朱孝清：《检察的内涵及其启示》，《法学研究》2010年第2期。

能脱离开具体的诉讼职能的，监督是内容，是目的，诉讼是形式，是载体。监督职能必须以诉讼职能为基础，为条件，诉讼职能是监督职能借以发挥的必要途径和手段。"① 这些观点并不直接强调检察侦查权、公诉权和法律监督权的完全等同性，而是承认其概念的相对分离的基础上对其作辩证性的统合。

综上所述，检察学界关于"法律监督"概念的阐释存在分歧。那么到底应该如何理解我国宪法上"人民检察院是国家的法律监督机关"之条文中"法律监督"的概念呢？笔者体会，关于"法律监督"概念以及法律监督机关定位的理解上的分歧，绝非无聊的"文字游戏"，而是直接关系到对我国检察制度的深层认识，必须认真对待。下文将对"法律监督"的含义进行系统考察与研究，并在此基础上对我国检察权与法律监督的关系问题进行回答。

二　法理学解释的局限性

法学研究中遇到难以厘清的难题时，求助于作为"法的一般理论"的法理学通常是我们的首选。因为法理学"担负着探讨法的普遍原理或最高原理，为各个部门法学和法学史提供理论根据和思想指导的任务"②。从情况看，我国法理学教科书确实将"法律监督"作为法学的一般概念纳入其中，而且一般会将"法律监督"作为"法律实施"的一个基本环节予以阐述。但是关于"法律监督"的定义，法理学教科书的一般解释普遍有广义与狭义之分，而且彼此之间的具体说法又不尽相同，从而形成了相当多样与宽泛的法理解释。

首先关于法律监督的主体，主要有三种观点：一是认为法律监督

---

① 沈丙友：《公诉职能与法律监督职能关系之检讨》，《人民检察》2000 年第 2 期。
② 张文显主编《法理学》，法律出版社，2007 年第 3 版，第 11 页。

主体只限于检察机关。① 这是最为狭义的法律监督主体观。二是认为法律监督的主体是有关国家机关，不限于检察机关。大多数对狭义法律监督概念的界定，是持此种观点。② 三是认为法律监督的主体包括国家机关、社会组织和社会公众在内的广泛主体。这是广义法律监督概念关于法律监督主体的一致表述。③

其次关于法律监督的内涵，也有四种观点：

第一种观点认为，法律监督是对法律实施的合法性所进行的监察和督促。"狭义上的法律监督，是专指国家检察机关依法定程序和法定权限对法的实施的合法性所进行的监察和督促。"④ "狭义的法律监督是指法定的国家机关依照法定职权和程序对法律实施所进行的监督。"⑤ 这里"法律实施"应当包括守法、执法和司法三部分内容，这是法理学关于"法律实施"的基本共识。

第二种观点认为，法律监督是对立法、执法和司法活动的合法性所进行的监察和督促。"狭义的法律监督是指有关国家机关依照法定职权和程序，对立法、执法和司法活动的合法性所进行的监察和督促。"⑥ "狭义的法律监督是指法定的国家机关依法对立法、执法和司

---

① 乔克裕主编《法学基本理论教程》，法律出版社，1997，第316页。
② 参见孙国华主编《法理学教程》，中国人民大学出版社，1994，第523页；马新福主编《法理学》，吉林大学出版社，1995，第369页；张文显主编《法理学》，法律出版社，2007年第3版，第244页；沈宗灵主编《法理学》（第二版），2009，第452页；舒国滢主编《法理学导论》，北京大学出版社，2012年第2版，第204页。
③ 可参见孙国华主编《法理学教程》，中国人民大学出版社，1994，第523页；马新福主编《法理学》，吉林大学出版社，1995，第369页；乔克裕主编《法学基本理论教程》，法律出版社，1997，第316页；张文显主编《法理学》，法律出版社，2007年第3版，第244页；沈宗灵主编《法理学》（第二版），2009，第452页；舒国滢主编《法理学导论》，北京大学出版社，2012年第2版，第204页。
④ 乔克裕主编《法学基本理论教程》，法律出版社，1997，第316页。
⑤ 舒国滢主编《法理学导论》，北京大学出版社，2012年第2版，第204页。
⑥ 马新福主编《法理学》，吉林大学出版社，1995，第369页。

法活动的具体情况进行的监察和督促。"① "狭义的法律监督专指有关国家机关依照法定职权和程序,对立法、执法和司法活动的合法性所进行的监察和督促。"② 与第一种观点相比,这种观点认为立法活动也是法律监督的内容,同时认为法律监督的内容并不包括对守法行为的监督。

第三种观点认为,法律监督是对立法和法律实施活动的合法性的监察和督促。"狭义的法律监督专指有关国家机关依照法定权限和法定程序,对法的创制和实施的合法性所进行的检查、监察、督促和指导以及由此而形成的法律制度。"③ 与前两种观点相比,这种观点将立法和法律实施活动均作为法律监督的对象,范围较广。

第四种观点认为,法律监督是对各种法律活动的合法性情况进行监察和督导。"广义上的法律监督,泛指所有国家机关、社会组织和公民对各种法律活动的合法性情况进行监察和督导。"④ 这是各种法理学教材关于广义法律监督概念所持的一致观点。⑤ 与上述三种观点相比,这种观点将各种法律活动均作为法律监督的对象,范围最广。

总之,上述有关法律监督主体与法律监督内容的不同组合,便构成了法理学上关于法律监督概念的极具宽泛性的解释。最广义说为:法律监督是由一切国家机关、社会组织和公民对各种法律活动的合法性情况所进行的监察和督促。最狭义说则为:法律监督专指国家检察机关依法定程序和法定权限对法律实施的合法性所进行的监察和督

---

① 沈宗灵主编《法理学》(第二版),2009,第452页。
② 张文显主编《法理学》,法律出版社,2007年第3版,第244页。
③ 孙国华主编《法理学教程》,中国人民大学出版社,1994,第523页。
④ 沈宗灵主编《法理学》(第二版),2009,第452页。
⑤ 参见孙国华主编《法理学教程》,中国人民大学出版社,1994,第523页;马新福主编《法理学》,吉林大学出版社,1995,第369页;乔克裕主编《法学基本理论教程》,法律出版社,1997,第316页;张文显主编《法理学》,法律出版社,2007年第3版,第244页;舒国滢主编《法理学导论》,北京大学出版社,2012年第2版,第204页。

促。而其他观点则介于最广义说与最狭义说之间，不妨概称其为中义说。① 除了上述学说外，有些法理学教科书还明确提到："法律监督实质上是一种权力制约制度。无论是立法、执法和司法，都是一定的国家机关依法运用国家权力进行的法律活动，对这些法律活动的情况进行监视和督导的法律监督，无疑是一种权力对另一种权力的制约。"② 这种观点便是从权力制衡的角度来阐释法律监督概念。

法理学上如此多样与宽泛的解释，令我们困惑，其复杂性甚至远远超过检察学领域的三种阐释进路。因为显然，我们的目的仅仅限于探讨我国宪法上"人民检察院是国家的法律监督机关"之条文中"法律监督"的概念③，但是法理学的一般解释则是面向抽象的"法律监督"概念，从而远远超出了宪法条文的规定范畴，导致解释结论的异常宽泛。看来，就我们的目的而言，法理学上的一般解释难以为我们提供关于"法律监督"概念的现成答案。

三 "法律监督"的语源考察

法理学上的考察表明，站在一般法学理论或一般语用学角度对

---

① 例如，认为法律监督是指有关国家机关依照法定职权和程序对立法、执法和司法活动的合法性所进行的监察和督促；认为法律监督是指有关国家机关依照法定职权和程序对法的实施所进行的监察和督促等等，概属中义说。

② 沈宗灵主编《法理学》（第二版），2009，第451页。

③ 有学者认为只有检察机关对法律实施的监督才叫"法律监督"，其他主体对法律实施的监督不能称之为"法律监督"。这其实也就是"法律监督"最狭义说。笔者认为，从语用现象来看，"法律监督"指称较为广泛，并不限于检察监督，广义、中义、狭义的各种理解都有其根据和视角。例如，党的十八大报告关于"健全权力运行制约和监督体系"部分，讲到"加强党内监督、民主监督、法律监督、舆论监督，让人民监督权力，让权力在阳光下运行"。这里的"法律监督"应该是统指法律制度层面的监督，包括了权力机关的监督、检察机关的监督和行政机关的监察与审计，而且监督对象为"权力"，立法权自然也属于受监督的范围。从制度现实看，其他国家机关（如人大）无疑也享有监督法律实施之权力的事实。实际上，原来由检察机关行使的"对国家机关的决议、命令和措施是否合法实行监督"的职权，1982年宪法即规定改由国家权力机关行使。为此之故，必须明确：本书所考察对象限为宪法第129条规定之"法律监督"概念。

"法律监督"概念进行抽象的、开放的解读,是难着要点的。我们必须对"法律监督"概念进行语源考察,然后在其具体语境中寻求其真切含义。易言之,我们要通过还本复原的方法发现"法律监督"概念的本来含义。

根据目前了解,在西方法律中并不存在"法律监督"的概念;苏联法律中曾大量使用"监督"的概念,但没有把"法律"与"监督"连用,没有直接使用法律监督的。中国古代和近代法律制度中也没有"法律监督"概念。"法律监督"的术语是新中国法制史上的一个创造,是新中国法律中的一个专门术语。① 但是,"法律监督"作为我国法律上的一个专门术语,并非凭空产生,而是有着先期学理渊源。

据考,"法律监督"和"法律监督机关"在我国首先是作为学理概念出现的。有学者认为:"法律监督词语由毛泽东首次提出。"② 其依据是,根据北京市人民检察院档案记载,1951年1月3日在北京市人民检察院成立大会上,罗瑞卿检察长讲话时说:"检察机关根据苏联的经验,毛主席曾经说过这就是法律监督机关。"③ 但是,对此并不可考,在毛泽东的文稿与著作中无迹可寻。④ 可以考证的较早源头是,"新中国检察工作主要奠基人之一"李六如(时任最高人民检察署副检察长),于1950年1月所著《检察制度纲要》(系1949年以后中国的第一本检察专著⑤)以及1950年6月所著《各国检察制度纲要》两部著作中首次相继提出了"法律监督"和"法律监督机关"概念。李

---

① 张智辉:《法律监督三辨析》,《中国法学》2003年第5期。
② 宋军:《法律监督理论的来龙去脉》,《首都检察官》创刊号(北京市人民检察院、北京市检察官协会主办)2004年7月。
③ 转引自甄贞等著《法律监督原论》,法律出版社,2007,第6页。
④ 参见甄贞等著《法律监督原论》,法律出版社,2007,第6~7页。
⑤ 参见闵钐《新中国第一本检察著作〈检察制度纲要〉述评》,《中国检察官》2008年第5期。

六如先生将苏联的检察机关定性为"法律监督机关",认为苏联检察的主要任务是"法律监督"[①]。且不论到底是谁最早提出了"法律监督"概念,但有一点是确定无疑的:中华人民共和国成立初期提出"法律监督"概念系对苏联检察机关职能的概括,"法律监督机关"系对苏联检察机关的定性。

继续往前回溯,我们会发现李六如先生提出的"法律监督机关"概念的学理渊源。苏联检察制度的理论基础是列宁关于检察的思想。列宁在《论"双重"领导和法制》中提出:"检察长的责任是使任何地方政权机关的任何一项决定都不同法律抵触,所以检察长有义务仅仅从这一观点出发,对一切不合法律的决定提出异议,但是检察长无权停止决定的执行,而只是必须采取措施,使整个共和国对法制的理解绝对一致。"[②]苏维埃司法制度的奠基人克雷连科曾根据列宁的上述思想,将检察机关的定位表述为"监督法制的机关,是法律的维护者"[③]。此处,克雷连科的"监督法制的机关"概念与李六如先生提出的"法律监督机关"是非常接近的一个概念,考虑到翻译表述上的细微差异这一因素,我们几乎可以将两者等同。从这个角度看,"法律监督机关"概念首先源于苏联的学理概括。[④]

[①] 参见田夫《什么是法律监督机关》,《政法论坛》2012年第3期;闵钐编《中国检察史资料选编》,中国检察出版社,2008,第829~836页。

[②] 〔苏联〕列宁:《列宁选集》(第4卷),人民出版社,1995,第703页。

[③] 〔苏联〕诺维科夫:《苏联检察系统》,中国人民大学苏联东欧研究所译,群众出版社,1980,第10页。

[④] 当然,纯粹从语词现象上讲,"法律监督"一词的使用可能比上文所描述的"线性轨迹"要复杂一些。据考,德语 Rechtsaufsicht 一词是 Recht 与 Aufsicht 两个词的复合,直译就是"法律监督",指对行政行为的合法性的监督,多用于指行政法上的行政监督或管理监督。而我国台湾地区学者也往往用"法律监督"(德语 Ueberwachung des Gesetzes)形容检察对警察乃至其他司法人员的法律控制之职能(参见王志坤《"法律监督"探源》,《国家检察官学院学报》2010年第3期)。但是,这些语用现象与我国学理乃至立法上"法律监督"概念并不存在明显的渊源关系。因此,笔者并不作为语源考察的范围。

应当说，李六如先生提出的"法律监督机关"这一学理观点很快成为通说，并得到了中央的认同。1950年9月4日，中共中央发布的《关于建立检察机构问题的指示》明确指出："苏联的检察机关是法律监督机关，对于保障各项法律、法令、政策、决议等贯彻实行，是起了重大作用的。我们则自中华人民共和国成立以后，才开始建立这种检察制度……必须加以重视。"① 根据该文件精神，显然我国检察制度是以苏联检察为榜样的，同样具有法律监督性质。尽管早已形成了法理共识与制度事实，但"法律监督机关"定性首次写入立法是1979年《人民检察院组织法》。"法律监督"概念首次进入我国立法是1979年《人民检察院组织法》，该法第一条规定："中华人民共和国人民检察院是国家的法律监督机关。"之后，该条规定内容又正式写入了1982年宪法第一百二十九条。需要强调的是，我国法理上和制度上对检察机关是法律监督机关的定性是始终一贯的，绝不意味着直至1979年《人民检察院组织法》才正式承认这一点。之所以1979年《人民检察院组织法》和1982年宪法予以专门法条规定，乃是鉴于检察机关被错误对待甚至取消的惨痛历史教训，从而要拨乱反正、更加旗帜鲜明地肯定检察机关的法律监督机关性质。②

四　"法律监督"的本义

那么"法律监督"究竟是什么含义呢？上述简要的语源学考察已经揭示了"法律监督"一词的意义脉络。我们首先从列宁的思想开始考察。

列宁在《论"双重"领导和法制》一文中指出，"检察机关和任

---

① 参见闵钐、薛伟宏编著《共和国检察历史片断》，中国检察出版社，2009，第36页。
② 见1979年2月16日最高人民检察院报送全国人大常委会的《关于〈中华人民共和国人民检察院组织法修改草案〉的说明（修改稿）》。参见孙谦主编《人民检察制度的历史变迁》，中国检察出版社，2009，第330~331页。

何行政机关不同，它丝毫没有行政权，对任何行政问题都没有表决权。检察长的唯一职权和必须做的事情只是一件：监视整个共和国对法制有真正一致的了解，不管任何地方的差别，不受任何地方的影响"，"检察长的责任是使任何地方政权机关的任何一项决定都不同法律抵触，所以检察长有义务仅仅从这一观点出发，对一切不合法律的决定提出异议，但是检察长无权停止决定的执行，而只是必须采取措施，使整个共和国对法制的理解绝对一致"。按照列宁的思想，"检察机关应该建设成为这样的机关：它在整个俄罗斯联邦境内对准确执行法律实行国家监督"。① 据此，"法律监督"的基本含义应为"监督法律的准确执行"，以我们较为常见的说法是"监督法律的统一实施"。当然，列宁关于检察的思想还包含了其他相关的重要论点，例如，检察权不是行政权、检察机关实行中央自上而下的垂直领导、检察权的行使方式是对不合法的行为提出异议等。② 笔者认为，这些论点是对检察制度设置的展开性构想，并不属于后来学理上所概括的"法律监督"的基本含义。基本含义是不变的质的规定性，而展开性构想则是可讨论、可发展变化的具体细节。

列宁的思想塑造了苏联检察制度。1936年《苏维埃社会主义共和国联盟宪法》规定了检察机关在国家体制中的地位、职能和作用，其第113条规定，"对于各部及其所属机关，个别公务员以及苏联公民是否严守法律之最高检察权，均由苏联总检察长行使之"。③ 这一规定体现了苏联检察机关的一般监督权（所谓最高检察权也就是最高监督权，只是用语上的具体区别）。据此，我们可以看出，"法律监督"的

---

① 〔苏联〕诺维科夫：《苏联检察系统》，中国人民大学苏联东欧研究所译，群众出版社，1980，第9页。
② 对此的详细分析可参见田夫《什么是法律监督机关》，《政法论坛》2012年第3期。
③ 转引自朱孝清、张智辉主编《检察学》，中国检察出版社，2010，第76页。

基本含义是"对广泛主体（国家机关、公务员以及公民）是否遵守法律的监督"。显然，这里的"遵守法律"是广义概念，包括了国家机关及其公务员执法行为的合法性和公民的守法行为，这也就相当于"法律实施"的概念。例如，1918年全俄苏维埃第六次代表大会即通过《关于准确遵守法律》的决议，号召共和国全体公民、苏维埃政权所有机关和所有公职人员最严格地遵守法律和中央政权颁发的其他决议、条例和命令。①这里的"准确遵守"与上文所说的"准确执行"就是完全一样的意思。因此，从苏联1936年宪法的规定可以看出，"法律监督"的基本含义仍然为：监督法律的统一实施或遵守（此"法律遵守"为广义上的概念，下同）。

"法律监督"的这一基本含义在我国得到了承继。1949年12月20日，新中国《中央人民政府最高人民检察署试行组织条例》规定：最高人民检察署"对政府机关，公务人员和全国国民之严格遵守法律，负最高的检察责任"。这是关于一般监督的规定，与苏联1936年宪法的规定基本相同。1954年《中华人民共和国人民检察院组织法》第3条规定，"最高人民检察院对于国务院所属各部门、地方各级国家机关、国家机关工作人员和公民是否遵守宪法和法律，行使检察权"。第4条第1项规定，地方各级人民检察院"对于地方国家机关的决议、命令和措施是否合法，国家机关工作人员和公民是否遵守法律，实行监督"。1978年宪法第43条第1款规定："最高人民检察院对于国务院所属各部门、地方各级国家机关、国家机关工作人员和公民是否遵守宪法和法律，行使检察权。地方各级人民检察院和专门人民检察院，依照法律规定的范围行使检察权。"上述所引条款均是关于检察机关一

---

① 〔苏联〕诺维科夫：《苏联检察系统》，中国人民大学苏联东欧研究所译，群众出版社，1980，第7页。

般监督的规定,且可以看出,所谓"法律监督"是指"监督法律的统一实施或遵守"这一基本含义。同时还可以看出,在立法用语上,对于检察机关对国家机关及其工作人员和公民是否遵守法律,有时是使用"负检察责任",有时是使用"行使检察权",有时是使用"实行监督"之词,而其基本意思完全是一样的,都是指"监督法律的统一遵守"这一基本含义。因此,在我国检察制度领域,立法用语上"检察"和"监督"并用或疏离①只是措辞的具体差异,其基本含义是一样的,并非表明在"检察"之外还有"监督",或者在"监督"之外还有"检察"。

1979年《中华人民共和国人民检察院组织法》明文规定人民检察院是国家法律监督机关,但与此同时取消了一般监督,而将检察机关职权调整为现行有限的四大方面职能:检察侦查权、公诉权、批准和决定逮捕权、诉讼监督权。一些学者将这些职能称为"司法监督职能",并将其与"一般监督"相并列。其实,这是误解。"一般监督职能与司法监督职能是种与属的关系,一般监督是上位概念,司法监督是下位概念,一般监督包括司法监督。"②③ 因此,严格而言,1979年组织法并不是"取消"了一般监督,而毋宁说是将一般监督"限缩"为目前有限的若干监督职能。例如,原来一般监督模式下是对国家机关及其工作人员是否遵守法律的全面监督,但是1979年《人民检察院组织法》去除了"对国家机关的决议、命令和措施是否合法实行监督"的职权(1982年宪法规定这部分职权改由国家权力机

---

① 有学者认为人民检察院的国家检察权之"性质"和法律监督机关之"定位"存在"疏离"。陈云生:《检察权与法律监督机关"疏离"的宪法安排及其寓意解析》,《法治研究》2010年第11期。
② 朱孝清、张智辉主编《检察学》,中国检察出版社,2010,第77页。
③ 当然,对此学界并非没有争议。苏联学者自己就认为一般监督与司法监督是并列的(参见〔苏〕В.Г.列别金斯基《苏维埃检察及其一般监督方面的活动》,陈华星、张学进译,法律出版社,1957)。但是,这些争议不影响检察机关法律监督对象的统一性——法律的统一实施或遵守。

关行使），并将对国家机关及其工作人员的监督"只限于违反刑法，需要追究刑事责任的案件"①。换言之，这只是一种监督范围的限缩，而不涉及监督性质的变化。实际上，无论一般监督与司法监督是否存在并列关系，"一系列监督对象的存在，没有改变检察长监督的基本性质，没有取消检察对象的统一性"，即法律的准确执行或遵守。② 因此，现行检察职能在性质上仍然承袭了列宁关于检察的核心思想——"监督法律的统一实施或遵守"这一基本含义。对此，彭真的立法草案说明有着非常清晰的阐述。1979年《人民检察院组织法》制定时，彭真作草案说明时明确讲到：确定检察院的性质是国家的法律监督机关，列宁在十月革命后，曾坚持检察机关的职权是维护国家法制的统一，我们的检察院组织法运用列宁这一指导思想，结合我们的情况规定。③

综上所述，在苏联及我国检察制度建构的语境中，所谓"法律监督"其基本含义为"监督法律的统一实施或遵守"。彭真曾同样简明地表述过这一基本含义："检察署是法律监督机关，它检察所有国民包括国家工作人员的违法犯罪案件。"④

五 检察权的法律监督性质

如果"法律监督"的基本含义为"监督法律的统一实施或遵守"，那么它是否准确地概括了我国检察机关所享有的各项检察职权的性

---

① 彭真：《关于七个法律草案的说明》，载《彭真文选》，人民出版社，1991，第378页。
② 〔苏联〕诺维科夫：《苏联检察系统》，中国人民大学苏联东欧研究所译，群众出版社，1980，第64页。
③ 彭真：《关于七个法律草案的说明》，载《彭真文选》，人民出版社，1991，第377页。
④ 1953年11月，由彭真主持工作的中央政法党组在向党中央的建议中认为：检察署是法律监督机关，它检察所有国民包括国家工作人员的违法犯罪案件。党中央批准了这个建议。参见王桂五《王桂五论检察》，中国检察出版社，2008，第389页。

质？换言之，"法律监督机关"定位是否准确？笔者认为，"法律监督"能够准确概括现行各项检察职能。分析如下：

首先，关于公诉权，它是在发现、确证行为人（包括普通公民、国家机关工作人员以及法人组织）触犯刑事法律的情况下，将其检举、提交法庭裁判的职权，体现了对社会大众遵守刑事法律的监督或者说对刑法实施的监督。那么"为什么同样是负责发现、证明和检举违法犯罪行为、提交法庭裁判的西方国家检察机关的活动就不是法律监督呢？"笔者认为，这应该属于认知习惯和语言范式问题。西方国家以"公诉"来指称检察机关追诉犯罪的活动，是相对于历史上"私诉"传统这一特定视角而作出的认知与表述；而我国以"法律监督"来定性检察机关追诉犯罪的活动，是从法的创制、法的实施和法的监督这一"法的运行"之宏观分类视角作出的认知与表述。两者之间视角不同，但互不影响对方指称的意义有效性。

其次，关于批准和决定逮捕权，如果公安机关等侦查机关的提请逮捕申请符合法律规定，即予以批准，否则就不予批准；如果发现应当逮捕而侦查机关未提请逮捕犯罪嫌疑人的，检察机关可以要求公安机关提请批准逮捕，如果公安机关拒不提请逮捕且其理由不能成立的，检察机关可以直接作出逮捕决定，交侦查机关执行。因此，批准和决定逮捕权是对侦查机关使用逮捕这一强制措施之是否合法的监督。正因为如此，学理上往往会将批准和决定逮捕权划归为"诉讼监督权"。

还有，关于诉讼监督权（包括侦查监督权、审判监督权和执行监督权[①]），则属于显而易见的法律监督权，即监督侦查、审判和执行行

---

① 1979年检察院组织法仅仅规定了刑罚执行监督权，但是2012年新修改的民事诉讼法第二百三十五条规定了检察机关对民事执行活动的法律监督权。

为是否合法，对此基本上没什么争议。

最后，关于检察侦查权（包括职务犯罪侦查权和审查起诉时的补充侦查权）。常识告诉我们，"查明真相"是检察机关进行法律监督的前提和条件。[①] 检察侦查权的任务就是为了查清是否存在相关的犯罪事实，以为公诉做必要的准备。因此，公诉是侦查的目的，侦查职能一般被认为是控诉职能的一部分，检察侦查权是包含在公诉权的范畴之内的，其性质附属于公诉权。[②] 换言之，检察侦查权的性质并不独立地由其自身而得以确定，而是作为控诉职能的构成部分由公诉权的整体性质决定。在此意义上，我们说检察侦查权因附属于公诉权而具有法律监督的性质。也正因为如此，公安机关的侦查活动不能单独地被解释为法律监督行为，其必须在附属于检察机关控诉活动之整体前提下才能被理解为法律监督的一部分。

至于一些学者所说的，属于检察机关自身的办案活动（如公诉、批准逮捕等）不能理解为法律监督，只有监督别人的活动（如诉讼监督）才能称为监督。笔者认为，这其实是"认知参照系"不同所造成的问题表象。从刑事诉讼程序流程与分工角度来看，批准逮捕和公诉都是完整的刑事诉讼程序的构成环节，属于检察机关应承担的办案职责——即自身的办案活动；但是从办案所指向的对象角度看，批准逮捕权是侦查机关使用逮捕这一强制措施之是否合法的监督，而公诉权是行为人遵守刑事法律的监督。同样的道理，如果将检察机关不服一审刑事裁判的抗诉视为完整的刑事诉讼程序的构成环节和应承担的职责分工，那么刑事抗诉也可以理解为检察机关的自身办案活动，而非

---

① 〔苏联〕诺维科夫：《苏联检察系统》，中国人民大学苏联东欧研究所译，群众出版社，1980，第17页。

② 万春：《论我国检察机关的性质——兼评当前理论和实践中的几种观点》，《政法论坛》1994年第1期；张穹主编《公诉问题研究》，中国人民公安大学出版社，2000，第118~119页；张智辉：《法律监督三辨析》，《中国法学》2003年第5期。

"监督别人的活动"。总之，检察机关的基本职责就是法律监督，其"自身办案活动"和"监督别人的活动"两者本质上是一回事，所谓"区分"只是因视角不同而造成的具体职能表述上的差异。换言之，笔者赞同法律监督一元论，即检察机关的各项权能都应当统一于法律监督。①

很显然，笔者秉持上文所述第一种阐释进路，即从监督法律统一实施或遵守的角度来阐释"法律监督"的概念，而其他两种阐释进路难以成立。理由是：

"法律监督"不是仅仅指向对公权力的监督，实际上也指向对普通公民的监督，它关注的焦点是法律统一实施或遵守。正如彭真所言，法律监督机关检察所有国民包括国家工作人员的违法犯罪案件。因此，上文所述第二种阐释进路，即用权力制约监督的进路来阐释"法律监督"概念不符合制度建构的原意（尽管可能更有吸引力）。至于上文所述第三种阐释进路，即承认侦查权、公诉权与法律监督权的相对分离而又辩证统一的阐释进路，也是难以成立。因为已如上文所述，法律监督机关也就是检察机关，在我国检察领域，"法律监督"就是"检察"的同义语，而检察又可以分为更为具体的检察权能——如公诉权、侦查权、批准逮捕权等，这些权能性质上都属于"法律监督"，立法用语上有时使用"监督"，有时使用"检察"，有时直接使用公诉、侦查、批准和决定逮捕等更为具体的权能名称，都不过是根据语境和语用习惯而作的具体用词选择，只是具体措辞上的区别，并不表明检察机关"监督"职能与"检察"职能的不同质。② 一言之，各项

---

① 石少侠：《检察权要论》，中国检察出版社，2006，第 66 页。
② 因此，一些学者根据立法用语上同时并用"监督"和"检察""公诉""侦查"等词这一现象，来推断检察职能不等同于监督职能（例如陈卫东《我国检察权的反思与重构——以公诉权为核心的分析》，《法学研究》2002 年第 2 期），这是无法成立的。

具体检察权能在性质上均属于法律监督，谈不上检察权能与法律监督的相对分离。因此，上文所述第三种阐释进路，也难以成立。

总之，语源考察表明，我国宪法规定"人民检察院是国家的法律监督机关"，其"法律监督"的基本含义为"监督法律的统一实施或遵守"，我国检察机关的各项检察职权在性质上均符合该含义，检察权即为法律监督权。

第二节 "法律监督"的概括性意指[①]

上文系统考察了"法律监督"的概念，明确了其基本含义。但是，应当说，这还只是初步。明确了法律监督的基本含义，并不等于已经穷尽了关于法律监督概念的全部理解。而且明确了法律监督的基本含义——"监督法律的统一实施或遵守"，也并不等于可以完全消除理论界关于检察权性质的争论。尽管上文已经阐述了检察权的各项职能均属于法律监督权性质的观点，但是恐怕学界关于"法律监督权与检察权的关系""法律监督机关的定位是否合理"等问题的疑惑仍然会存在。对此，笔者认为，我们还需要深入研究另一个基本问题，即"法律监督"的具体意指问题。该问题目前尚未被学界所充分注意，下文将对此展开论述。

一 一个有待思考的问题："法律监督"的意指

已如上文所述，关于我国检察机关之法律监督机关的定位，一些学者提出诸多质疑。例如，侦查、批准和决定逮捕以及公诉职能，属

[①] 本节内容系在拙文《论"法律监督"的概括性意指》（载《浙江社会科学》2014 年第 2 期）基础上修改而成。

于检察机关自身的办案活动，不能理解为法律监督，因为只有监督别人的活动才能称为监督；如果检察机关侦查与公诉是法律监督，为什么公安机关对违法犯罪行为的发现、证明、检举即侦查、追诉就不是法律监督呢？等等。为了回应上述种种质疑，万毅教授曾经提出一个观点："法律监督实际上是一个功能性概念，它指的是检察机关通过法定职权的行使来发挥其对公安机关和人民法院的法律监督功能，而不是指这些法定的职权本身在属性上就是法律监督权。法律监督是对检察机关行使权力所要达到的功能和目的的一种整体描述和定义。它解决的是检察权的功能问题，不解决检察权的构成和内容问题，因此，不能将检察机关的法定职权分解成一项一项的权力，然后去质问，某一项权力究竟是不是法律监督权。"[①] 这一观点颇有启发性，但也引发了一个值得思考的问题："法律监督"到底是意指检察职权本身，还是意指检察职权行使所要达到的功能？或者说，它到底是职权概念还是功能性概念？这便是"法律监督的意指"问题。这个问题还可以进一步延伸。按照万毅教授的观点，法律监督是对检察职权行使所要达到的功能的"整体"描述和定义。我们的问题则是："法律监督"到底是对检察职权本身或其功能的"整体"意指，还是可以具体分指其构成部分？

"法律监督的意指"问题初看起来以一种相当抽象的方式提出，它与当下的理论争议有什么实质性的关联吗？对于检察制度的理解有什么实益吗？笔者的回答是完全肯定的。如果"法律监督"果真如万毅教授所言属于功能性概念——即对检察职权行使所要达到的"功能"的整体描述和定义，而非对于检察职权本身的性质描述，那么显然我们不能质问哪些检察职权属于或不属于法律监督权，甚至根本不

[①] 万毅：《法律监督的内涵》，《人民检察》2008年第11期。

能提问"法律监督权与检察权的关系"。又或者，如果"法律监督"是属于对检察职权之"整体"的性质描述，而非具体分指一项一项的检察职权，那么显然我们也不能质问哪些检察职权属于或不属于法律监督权。再者，如果"法律监督"仅仅是关于检察职权或其功能的"整体"描述，诚如万毅教授所言"不解决检察权的构成和内容问题"，那么这一项一项的具体检察职权又是如何构造起来的呢？显然，"法律监督的意指"问题密切关系到当前的检察理论争议，也关系到我们对检察制度的深入认识，是检察学领域非常值得深入思考的一个重要理论问题。

"法律监督的意指"问题实际上是对"法律监督的含义"这一论题的深化。目前学界讨论"法律监督的含义"，偏重于研究其基本内涵，而研究"法律监督的意指"则是要进一步准确化法律监督的具体对象所指，如此可以深化我们对人民检察院之法律监督机关定位的理解。

二 "法律监督"系职权概念

"法律监督"到底是职权概念还是功能性概念？对此，我们应当从"法律监督"的基本含义着手来分析。

一如上文所述，"法律监督"的基本含义为"监督法律的统一实施或遵守"，其中法律的统一实施和法律的统一遵守是等值的广义概念，包括国家机关及其工作人员执法的合法性与普通公民守法。据此，在显明的意义上，"法律监督"属于一种"工作"——"法律监督是指人民检察院保障国家法律在全国范围内统一正确实施的专门工作"；[1] 属于一

---

[1] 张智辉：《"法律监督"辨析》，《人民检察》2000年第5期。

种"活动"——"法律监督本身是一项法律活动";[①] 或一种"行为"——"在制度学意义上所称法律监督,是一种国家制度和国家行为,即能够产生特定法律后果的行为"。[②] 工作、活动或行为都具有过程性与行为性特征,"法律监督"的"行为性"特征,决定了"法律监督"属于某种职权而不是功能。因为按照公法基本原理,"法不授权即禁止",检察机关的监督工作、活动或行为,必须具有法律授权,亦即必须具有相应的职权。换言之,监督工作、活动或行为在法律层面上即表现为监督职权。总之,"法律监督"属于职务工作、职务活动或职务行为——即具有"行为性",该"行为性"在法律层面上即属于职权,因而"法律监督"系职权概念。

我国检察机关之法律监督机关的定位源于苏联。苏联学界即认为检察机关的法律监督属于一种国家活动形式且具有国家权力的性质。"对准确执行法律的最高监督是一种独立的国家活动形式","检察长在对准确执行法律实行最高监督的过程中,当然要运用权力,因为作为国家机关的检察机关的活动,无论就内容,还是就形式来说,都具有国家权力的性质。"[③] 而新中国检察历史上相对较早提出"法律监督"和"法律监督机关"概念的李六如先生,其于1950年8月6日在全国司法会议上的报告《人民检察院任务及工作报告大纲》中明确提出:"社会主义苏联的检察机关的职权是法律监督。"[④] 可见,在我国"法律监督"最初就是被视为"职权"概念。

"法律监督"具有"行为性"和"职权性",充分体现在我国检

[①] 朱孝清、张智辉主编《检察学》,中国检察出版社,2010,第187页。
[②] 龙宗智:《检察制度教程》,法律出版社,2002,第106页。
[③] 〔苏联〕诺维科夫:《苏联检察系统》,中国人民大学苏联东欧研究所译,群众出版社,1980,第49页、第51页。
[④] 闵钐编《中国检察史资料选编》,中国检察出版社,2008,第506页。

察立法中。《人民检察院组织法》第五条规定："各级人民检察院行使下列职权：……（三）……对于公安机关的侦查活动是否合法，实行监督。（四）……对于人民法院的审判活动是否合法，实行监督。（五）对于刑事案件判决、裁定的执行和监狱、看守所、劳动改造机关的活动是否合法，实行监督。"据此立法规定，显然侦查监督、审判监督与执行监督等诉讼监督都属于"职权"，而诉讼监督属于法律监督的重要构成，两者具有同质性，亦即"法律监督"属于"职权"。现行《民事诉讼法》第十四条规定："人民检察院有权对民事诉讼实行法律监督。"此之"实行法律监督"表明"法律监督"具有行为性，同时"有权……实行法律监督"表明"法律监督"是一种"职权"。现行《刑事诉讼法》第八条规定："人民检察院依法对刑事诉讼实行法律监督。"此之"实行法律监督"也表明"法律监督"具有行为性，因而具有"职权性"。总之，在我国检察立法中，"法律监督"也是以"职权"概念出现的，因此学理上往往直接冠之以"法律监督权"称谓。[①]

万毅教授认为"法律监督"是功能性概念，是对检察机关行使权力所要达到的功能和目的的一种整体描述和定义，而不是指这些法定的职权本身在属性上就是法律监督权。这其实就是说：检察职权是手段，而法律监督是目的。对此，另有学者也持相同观点："检察权是手段和依据，法律监督或守护法律是功能描述和目的。"[②] 笔者认为，在我国人民检察院作为国家法律监督机关的整体定位下，"检察"与"法律监督"（或"监督"）只是具体措辞的不同，其实质内涵是一样的，"行使检察权"就是指"实行法律监督"，整体上检察权与法律

[①] 石少侠：《检察权要论》，中国检察出版社，2006，第60页以下。
[②] 王志坤：《"法律监督"探源》，《国家检察官学院学报》2010年第3期。

监督并不存在手段与目的的关系。例如，1954 年《中华人民共和国人民检察院组织法》第 3 条、第 4 条规定，"最高人民检察院对于国务院所属各部门、地方各级国家机关、国家机关工作人员和公民是否遵守宪法和法律，行使检察权"。地方各级人民检察院"对于地方国家机关的决议、命令和措施是否合法，国家机关工作人员和公民是否遵守法律，实行监督"。从这里可以看出，对于"国家机关工作人员和公民是否遵守法律，""行使检察权"或"实行监督"是表述可以互换但意思完全一样的措辞。

当然，作为一种宽泛的表述，说"法律监督是检察机关的职权"、"法律监督是检察机关的职能"或者"法律监督是检察机关的功能"，都是可以成立的。[①] 应当说，社会语言中"职权"与"职能""权力"与"权能"，是意思相近且会混用的概念，而"职能"和"权能"也都包含有"功能"的意思成分。据此，笔者并不反对在宽泛意义上将"法律监督"称为检察机关的"职权"或"职能"的同时，也称为检察机关的"功能"。但是，在严格意义上，检察职权或职能是与检察功能不同的概念，检察功能是检察职权或职能行使所要达到的功用和效能[②]，而"法律监督"则是意指检察职权或职能而非检察功能。

三 检察权的结构

"法律监督"意指检察职权，随之而来的另一个问题是："法律监督"到底是对检察职权的"整体"意指，还是具体分指其构成部分？对这个问题无法简单回答。我们需要预先对检察权的内容构成进行

[①] 例如，有学者称公诉权是检察机关的"功能性权能"（张智辉：《论检察权的构造》，《国家检察官学院学报》2007 年第 4 期），这是把"职权"视为某种"功能"的一个例子。

[②] 一般认为，检察机关的基本功能包括维护功能、保障功能、惩治和预防功能。详见朱孝清、张智辉主编《检察学》，中国检察出版社，2010，第八章。

分析。

　　检察职权或者说检察权是检察机关依法所拥有的权力的总称。[①]这是一个形式性的定义,至于检察权的具体内容需"依法"确定,即依据宪法、检察院组织法、各类诉讼法以及其他法律中对检察权限的规定而确定。根据通行观点,检察权的主要内容概括起来有四项:一、检察侦查权;二、批准和决定逮捕权;三、公诉权;四、诉讼监督权。[②] 笔者称为检察权的"四项构成论"[③]。在"四项构成论"框架下,检察权的这四项内容是以"平面图"形式平行展现的,不存在逻辑位阶差序。"四项构成论"只是描述了检察权的简要构成,实际上检察权是一个庞大"权力群"。例如,检察机关在从事公诉活动过程中,享有审查起诉的权力、决定起诉的权力、决定不起诉的权力、出席法庭支持公诉的权力、变更起诉(包括撤回起诉)的权力,而出庭支持公诉时又享有控诉犯罪的权力、进行证据调查的权力以及进行法庭辩论的权力等。诉讼监督权则包括侦查监督权、审判监督权和执行监督权。而审判监督权又包括刑事审判监督权、民事审判监督权、行政诉讼监督权,执行监督权又包括刑事执行监督权和民事执行监督权;[④] 等等。我们应当怎样认识这个权力群呢?这个"群"中的权力是完全散漫的个别化存在,还是其间具有某种逻辑联系从而呈现出某种结构性?答案显然是后者。笔者认为,围绕法律监督这一基本定性看,检察权这一"权力群"存在某种结构性,我们称为"检察权的结

---

① 龙宗智:《检察制度教程》,法律出版社,2002,第83页。
② 参见朱孝清、张智辉主编《检察学》,中国检察出版社,2010,第326页;龙宗智《检察制度教程》,法律出版社,2002,第86页。后者称"诉讼监督权"为"司法监督权"。
③ 除此四项职权外,最高人民检察院还享有司法解释权。司法解释权不属于具体业务性的职权,且并非为各级检察机关所共同享有,因此从整体着眼可以说检察权的主要内容为上述四项。
④ 1979年检察院组织法仅仅规定了刑罚执行监督权,但是2012年新修改的民事诉讼法第二百三十五条规定了检察机关对民事执行活动的法律监督权。

构"。相较于"四项构成论",在"检察权的结构"视角下,检察权有着完全不同的权力构成及其逻辑位阶。阐述如下:

法律监督之实现系针对各具体的监督对象来实施,监督对象的不同决定了法律监督权或检察权的基本划分。所谓"法律监督"也就是监督各有关主体严格遵守法律,因此法律监督的对象是由两个要素构成——受监督主体+守法。[①] 据此,如果受监督主体不同,那么监督对象即为不同;如果受监督主体相同,但其需遵守的法律不同,那么在逻辑上亦应视为监督对象存在不同。例如,同样是对法院的检察监督,但刑事审判监督和民事审判监督有着完全不同的监督对象,因为刑事审判监督是监督法院刑事审判行为是否符合刑事诉讼法和刑法,而民事审判则是监督法院民事审判行为是否符合民事诉讼法和民商事法律。按照这样的法律监督对象划分理念,检察权应当分为公诉权、侦查监督权、刑事审判监督权、民事审判监督权、行政诉讼监督权、刑事执行监督权和民事执行监督权。这些检察职权其法律监督对象是完全不同的。概要分析如下:

公诉权,是在发现、确证行为人(包括普通公民、国家机关工作人员以及法人组织)触犯刑事法律的情况下,将其检举、提交法庭裁判的职权,体现了对社会大众遵守刑事法律的监督。侦查监督权,是检察机关对公安机关等侦查部门之侦查行为是否符合刑事诉讼法和刑法而进行监督的职权。刑事审判监督权,是对法院刑事审判行为是否

[①] 对此可能有争议,苏联一些学者认为国家机关、社会团体、公职人员和公民是检察监督的对象,另一些学者认为在国家机关、社会团体、公职人员和公民的活动中准确执行法律是检察监督的对象。(参见〔苏联〕诺维科夫《苏联检察系统》,中国人民大学苏联东欧研究所译,群众出版社,1980,第63页以下。)从我国语用习惯来看,也往往将受监督的主体作为监督的对象,而将受监督主体的某种法律活动作为监督的客体,将受监督主体的行为是否符合法律作为监督的内容(例如参见石少侠《检察权要论》,中国检察出版社)。但是无论如何,有一点是明确的,检察机关法律监督不是针对受监督主体的人身或别的方面,而是针对其守法行为,而这将成为划分检察监督不同领域的依据。

符合刑事诉讼法和刑法而进行监督的职权。民事审判监督权，是对法院民事审判行为是否符合民事诉讼法和民商事等私法而进行监督的职权。行政诉讼监督权，是对法院行政审判行为是否符合行政诉讼法和行政法而进行监督的职权。刑事执行监督权，是对刑罚执行机关执行法院已经生效的刑事裁判是否符合刑事诉讼法而进行监督的职权。民事执行监督权，是对法院民事执行行为是否符合民事诉讼法而进行监督的职权。

上述七种法定检察职权是检察权的基本构成部分，笔者称为"基本检察权"[①]。至于其他检察职权（如检察侦查权、批准和决定逮捕权等等），究其本质乃是为了贯彻、落实、实现上述"基本检察权"而设置，笔者称为"具体检察权"。两者存在手段和目的的关系，"具体检察权"为手段，"基本检察权"为目的。从范畴关系上来讲，"基本检察权"属于概括性的权力，"具体检察权"属于具体性的权力，这些"具体检察权"在性质上从属于相应的"基本检察权"范畴。简述如下：

关于检察侦查权（包括职务犯罪侦查权和审查起诉时的补充侦查权），其应从属于公诉权范畴。由于"查明真相"是检察机关进行法律监督的前提和条件[②]，侦查权行使的任务就是为了查清是否存在相关的犯罪事实，以为公诉做必要的准备。因此，公诉是侦查的目的，侦查职能一般被认为是控诉职能的一部分，检察侦查权是包含在公诉

[①] 在目前法律框架下，基本检察权限于七种，但不排除随着法律的发展，基本检察权的种类会有所变化。例如，如果行政诉讼法明文规定了检察机关对法院行政执行行为的监督职权，那么行政执行监督权即新增为基本检察权的范畴。

[②] 〔苏〕诺维科夫：《苏联检察系统》，中国人民大学苏联东欧研究所译，群众出版社，1980，第17页。

权的范畴之内的，其性质附属于公诉权。① 这一点，在大陆法系德国、法国等国，作为公诉准备的刑事侦查权也是被视为公诉权的范围。②

关于批准和决定逮捕权。如果公安机关等侦查机关的提请逮捕申请符合法律规定，即予以批准，否则就不予批准；如果发现应当逮捕而侦查机关未提请逮捕犯罪嫌疑人的，检察机关可以要求公安机关提请批准逮捕，如果公安机关拒不提请逮捕且其理由不能成立的，检察机关可以直接作出逮捕决定，交侦查机关执行。批准和决定逮捕权体现了检察机关对侦查机关使用逮捕这一强制措施之是否合法的监督，属于侦查监督的具体方式之一，因此，学理认知上批准逮捕权应归入"侦查监督权"范畴。③ 当然，决定逮捕权还在另外情形下适用，即在检察机关直接受理的刑事案件的侦查过程中以及在审查起诉过程中（经审查认为需要逮捕犯罪嫌疑人的）适用。前一种情形本质上属于自主采取逮捕强制措施，目的是确保检察侦查活动有序进行，因而在性质上应归入检察侦查权的范畴，进而最终归入公诉权范畴；而后一种情形则属于审查起诉的职权范围，目的是确保起诉和后续审判工作的正常进行，性质上应归入公诉权范畴。④ 总之，面向公安机关等侦查机关的审查和批准逮捕权，性质上属于侦查监督权，而检察机关在自侦过程中以及审查起诉过程中行使的决定逮捕权，性质上则归属于

---

① 万春：《论我国检察机关的性质——兼评当前理论和实践中的几种观点》，《政法论坛》1994年第1期；张穹主编《公诉问题研究》，中国人民公安大学出版社，2000，第118~119页；张智辉：《法律监督三辨析》，《中国法学》2003年第5期。
② 龙宗智：《检察制度教程》，法律出版社，2002，第83~84页。
③ 参见石少侠《检察权要论》，中国检察出版社，第149~150页。另，要注意的是，批准逮捕权是属于对侦查活动的"事先监督"——只有事先经过检察机关批准，侦查机关才能实施逮捕措施。而其余侦查监督则往往带有事后性。
④ 当然，检察机关内部对于侦查、起诉和逮捕是有分工有制约的，逮捕权由侦查监督部门专门行使，特别是职务犯罪案件逮捕权上提一级——由上级人民检察院行使。因而从内部视角看，检察机关的决定逮捕权也可以看作（内部）诉讼监督权。

公诉权范畴。

关于审查起诉的权力、决定起诉的权力、决定不起诉的权力、出席法庭支持公诉的权力、变更起诉（包括撤回起诉）的权力，这些同样属于具体检察权，它们是公诉权的构成内容[1]，是公诉权的具体落实与实现。而这些具体检察权往往还有更为具体的检察权来予以落实与实现。例如，控诉犯罪的权力、进行证据调查的权力、进行法庭辩论的权力等具体职权是为了落实与实现"出席法庭支持公诉的权力"。同样，侦查监督权和审判监督权也都通过一些具体检察权得以落实与实现。例如，通知立案侦查的职权、通知纠正违法行为的职权系为了落实与实现侦查监督权；对刑事裁判的抗诉权和对审判违法行为提出纠正意见或建议的权力系为了落实与实现刑事审判监督权；对生效民事裁判提出抗诉的职权（民事抗诉权）以及对审判违法行为提出纠正建议的职权系为了落实与实现民事审判监督权；对生效行政裁判提出抗诉的职权（民事抗诉权）以及对审判违法行为提出纠正建议的职权系为了落实与实现行政诉讼监督权；等等。

综上所述，围绕法律监督这一基本定性，通过法律监督对象的区分，可以将检察权之整体划分为公诉权、侦查监督权、刑事审判监督权、民事审判监督权、行政诉讼监督权、刑事执行监督权和民事执行监督权等"基本检察权"，而"基本检察权"又派生出"具体检察权"，这些"具体检察权"系为了落实与实现"基本检察权"，如此层层派生、有机关联，形成了"检察权的结构"。

---

[1] 关于公诉权的内容构成，有的学者认为还包括上诉的权力（即对一审未生效裁判提出抗诉）、申请再审的权力（即对生效裁判提出抗诉）和监督刑罚执行的权力（参见张智辉《公诉权论》，《中国法学》2006年第6期）。这是从公诉目的的完整实现角度而做出的分析，有其逻辑自洽性。但在我国检察体制下，抗诉权往往被视为审判监督权范畴，而监督刑罚执行的权力则被视为执行监督权范畴。

四 "法律监督"的概括意指

在我国检察体制下,"法律监督"意指检察职权,检察权也就是法律监督权。这首先是在整体上理解,即检察权之整体属于法律监督权。那么,"法律监督"是否可以具体分指检察权的构成部分?笔者的观点是:"法律监督"能够具体分指检察权的构成部分,但仅能分指"检察权结构"中的"基本检察权",而不能分指"具体检察权"。这一点要从检察权的结构关系上加以体会。

已如上文所述,法律监督之实现系针对各具体的监督对象来实施,基于监督对象不同而形成的检察权的基本划分——公诉权、侦查监督权、刑事审判监督权、民事审判监督权、行政诉讼监督权、刑事执行监督权和民事执行监督权等基本检察权,直接体现了法律监督的性质。每项基本检察权所体现的具体法律监督内容,上文都已经做了简明阐述。因此,基本检察权均属于法律监督权,亦即"法律监督"可以分指基本检察权。

至于具体检察权,同样已如上文所述,它们是为了落实与实现基本检察权而设置的,属于基本检察权实现的手段与方式,在性质上从属于基本检察权的范畴。换言之,具体检察权主要是服务于基本检察权的落实与实现,其本身并不必然直接体现为法律监督属性。这些具体检察权从属于基本检察权范畴,其法律监督属性须经由基本检察权而获得体现。因此,法律监督并不直接分指这些具体检察权。例如,公诉权体现为对行为人触犯刑事法律的监督,但是作为公诉权构成内容的决定不起诉的权力、撤回起诉的权力等具体检察权,其并不直接体现为对刑事不法的监督,而是为了正确地行使公诉权而设置的。再例如,民事抗诉权的构成内容调卷权、调查权和决定不抗诉权,我们不能说这些具体检察权都直接体现了对民事审判的法律监督，而只能说是为了正确履行民事抗诉权而设置的。

当然，有些具体检察权看上去是直接体现了法律监督的性质，例如，公诉权中决定起诉的权力直接体现了对刑事不法的监督，通知纠正违法侦查行为的职权直接体现了对侦查行为的监督，刑事抗诉权直接体现了对刑事审判的监督，而民事抗诉权则直接体现了对民事审判的监督，等等。笔者认为，这些具体检察权因属于相应基本检察权的核心实现手段，在性质特征上非常"接近"基本检察权，因而看上去能够直接体现法律监督的属性。但是，这只是一种"机缘"，它并不改变这些具体检察权服务于基本检察权的实现而基本检察权直接体现法律监督属性的事实。

总之，"法律监督"意指检察权之整体，也具体分指检察权结构中的基本检察权，但并不分指具体检察权。换言之，"法律监督"并不意指"全部的"检察职权。那么，这是否会影响法律监督机关的定位？笔者认为，由于作为整体的检察权是由诸基本检察权所构成，而众多的具体检察权在结构上又是归属于相应的基本检察权范畴下，因而"法律监督"分指基本检察权，也就是意味着意指检察权之整体，所以根本不影响法律监督机关的整体定位。

同时，我们也可以看到，无论是作为整体的检察权还是检察权结构中的基本检察权，都是一种概括性的权力，因为作为整体的检察权由基本检察权所构成，而基本检察权又由众多具体检察权所构成。在这个意义上，"法律监督"无论是意指检察权之整体还是分指检察权结构中的基本检察权，其意指都具有"概括性"。"法律监督"并非事无巨细地指向一项一项具体的检察职权，其只是概括性地意指基本检察权及作为整体的检察权。我们称之为"法律监督意指的概括性"。

"法律监督意指的概括性"提示我们,应当从相对整体上理解法律监督机关的定性,不能机械地认为检察机关的每一项职权或活动都直接等同于法律监督。如果因为宪法规定人民检察院是国家的法律监督机关,便认为检察机关的每一项职权或活动都是法律监督,那么这就会迈向"绝对论"这一极端。[①]

更为重要的是,"法律监督意指的概括性"还提示我们,"法律监督"的定位与具体检察权的构造是相对分离的。"法律监督"并不意指具体检察权,具体检察权无须直接按照法律监督的属性来设置或者处处体现"监督"的色彩。具体检察权只是基本检察权实现的手段与方式,其主要目的是服务于基本检察权的实现,因此为了能够妥当实现以及更好地实现基本检察权,具体检察权到底应当如何设置,是完全可以讨论、可以变通、可以完善的。一言之,在法律监督机关的整体定位下,具体检察权的构造仍然有着较大的自为空间和较丰富的可能样态。这一点对于正确认识与理解我国检察制度非常重要。

最后,为了避免误解,在上述论证基础上笔者想着重作出两点提示性的说明:

第一点,上文关于检察权的结构以及法律监督的概括性意指的论述是基于严谨的逻辑,是一种规范的理论分析,意在为检察权和法律监督的关系提供一个合理的逻辑解释框架。这种严谨的逻辑和规范的理论分析丝毫不影响学界和实务业界已然形成的语用习惯,也不影响对该等习惯性用语的清晰理解。例如,我们习惯性地将检察机关职务犯罪侦查称为法律监督,将检察机关民事抗诉称为法律监督,等等。尽管按照上文的论述,检察机关职务犯罪侦查和民事抗诉等职权均属于具体检察权,

---

[①] 例如说人民法院是国家的"审判机关",我们不能认为人民法院的任何职权或活动都是"审判",即便是法庭审判场合,法庭上的有些活动(例如对当事人回避申请的处理)也并非都直接是"审判"性质。

而不属于基本检察权,在严格意义上它们本身并不直接属于法律监督权,但是作为类似于约定俗成的习惯用语和众所周知的理解,尤其是针对那些作为基本检察权的核心实现手段的具体检察权(例如民事抗诉权、刑事抗诉权等),在日常语用和行文场合将它们也简便地称之为"法律监督",不但不会带来理论上和逻辑上的困扰,而且会带来交流与理解的便利。而与此相反,如果机械地拘泥于检察权的逻辑结构,刻意抵抗业已形成的语用习惯,那么势必会带来交流方式的明显不适与困难。基于这样的便利性考虑,笔者在本书中仍然会经常简便地将民事抗诉直接称为或表述为"法律监督"或类似用语。

第二点,与上述第一点说明直接相关,从严格逻辑角度而言,检察权之整体划分为公诉权、侦查监督权、刑事审判监督权、民事审判监督权、行政诉讼监督权、刑事执行监督权和民事执行监督权等"基本检察权"。但是,出于约定俗成的语用习惯与交流便利,我们往往以作为这些基本检察权之核心实现手段的具体检察权的名称来简约地替代指称相关的基本检察权。当然,并非简单以该等具体检察权的名称来指称,而是以"制度化命名"的方式来概括性指称。例如,民事抗诉权是民事审判监督权的核心实现手段,它和调卷权、调查核实权、听证权、决定不抗诉权、出庭支持抗诉权等具体职权共同来落实与实现民事审判监督权这一基本检察权。[①] 为了简便起见,我们往往以"民事抗诉制度"来概括性地替代指称民事审判监督权。这种情况下,实际上"民事抗诉制度"并非仅仅指提出民事抗诉这一项具体职权,而是包括了调卷权、调查核实权、听证权、决定不抗诉权、出庭支持抗诉权等一系列相互关联的具体检察权(详见本书第五章第二节之分析)。这一点提请大家务必注意。

---

① 参见最高人民检察院《人民检察院民事诉讼监督规则(试行)》。

第四章
民事抗诉制度的构造与功能

民事抗诉制度是我国整体民事诉讼制度的构成部分。学界对民事抗诉的性质有着无争议的共识，即民事抗诉是检察机关对人民法院民事审判活动进行法律监督的体现。[①] 同时，学界对民事抗诉制度的合理性却有着基本分歧，即作为公权力的检察机关是否应当介入作为解决私权纠纷的民事诉讼领域。[②] 通过梳理文献可以发现，一直以来关于民事抗诉性质的共识以及关于民事抗诉制度合理性的基本分歧（见本书第二章），几乎构成了关于民事抗诉制度基本理论研究的全部。[③] 可以说，民事抗诉的性质以及民事抗诉制度的合理性问题成为学界的强关注点，从而遮蔽了对民事抗诉制度其他基本理论问题的研究，而这些其他基本理论问题的研究对于深化我们对民事抗诉制度的认识，乃至于对民事抗诉的性质以及民事抗诉制度的合理性问题的讨论，都是有着重要"作用力"的，甚至是先决性的问题。下文我们即将讨论

[①] 潘剑锋主编《民事诉讼法》，浙江大学出版社，2008，第282页。
[②] 张卫平：《民事诉讼法》，法律出版社，2004，第322页。
[③] 关于民事抗诉制度的研究当然还包括民事抗诉的法定条件和程序等，但这些属于"具体操作"性质的研究，不属于基本理论研究。

的民事抗诉制度的构造及其功能问题就是属于这样的基本理论问题。

应当说,目前学界甚少注意到民事抗诉制度的构造及其功能问题,尤其是尚未充分而清晰地认识到我国民事抗诉制度构造及其功能已经发生了重大嬗变这一事实。1991年民事诉讼法分别于2007年和2012年经过了两次立法修改,两次立法修改均涉及民事检察制度。目前,学界只是从"量变"的角度来看待民事检察制度的变化,认为经过两次立法修改,民事检察监督的职能大大强化,并普遍以"全面监督"来描述修改后的民事检察监督职能。[①] 但是,笔者认为,实际上更应引人注意而被学界所忽略的是民事检察制度的"质变"部分,即经由2007年和2012年两次立法修改,民事抗诉制度的构造及其功能已经悄然但显而易见地发生了重大嬗变。这一重大嬗变在深层次上关系到对民事抗诉制度合理性的认识,也关系到对民事抗诉的性质的进一步认识。

第一节 民事抗诉制度的构造

我国宪法将检察机关定位为法律监督机关,同时民事诉讼法总则中又明文规定了对法院审判活动(民事诉讼活动)的检察监督原则。自然而然,民事抗诉在性质上即被视为检察机关对法院审判活动的公权力监督。这样的理解会带来一个直观图像效果,即将民事抗诉直观地理解为系"检—法"之间点对点的线性关系。这种点对点线性关系

[①] 参见扈纪华《民事诉讼中的检察监督张弛有度》,载《检察日报》2012年9月14日,第3版;汤维建《民事诉讼法律监督基本原则的新发展》,载《检察日报》2012年9月18日,第3版;刘荣军《从民事诉讼法律关系看检察监督》,载《检察日报》2012年10月18日,第3版;王建《角色与定位:民事检察制度修改的法理审视》,载《检察日报》2012年9月26日,第3版;李浩《论民事再审程序启动的诉权化改造——兼析〈关于修改《民事诉讼法》的决定〉第49条》,《法律科学》2012年第6期。

的图像直观,一方面简洁地反映了民事抗诉的本质属性,另一方面也容易遮蔽民事抗诉制度本身具有的立体性构造或结构,使我们关于民事抗诉制度的分析与理解停留于简单表面。学界熟稔于分析再审之诉的程序构造,[1] 事实上,民事抗诉制度也具有相应的构造,只是一直以来被我们忽视了。

一 构造概念及其应用

所谓构造,也就是"结构",是指作为事物整体的构成要素以及各要素之间的有机联系。按照著名学者皮亚杰的观点,一个结构是由若干个成分所组成的,但是这些成分是服从于能说明体系之成为体系特点的一些规律的。[2] 皮亚杰认为,一个结构包括了三个特性:整体性、转换性和自身调整性。所谓整体性,是指一个结构是由若干个成分所组成的,但是这些成分并不是简单相加,而是服从于能说明体系之所以成为体系的一些规律的,这些规律把不同于各种成分所有的种种性质的整体性质赋予全体。这些规律也就是我们常说的"内在有机联系的作用机制"。所谓转换性,也就是运算性或规律性,是指一个结构其内在存在着特定的有机联系,这些有机联系使得一个结构作为整体成为可能。所谓自身调整性,也就是指决定结构成为一个整体的那些规律(有机联系)的机制作用。换言之,自身调整性是一个结构的规律机制的作用与功能的展现。[3] 显然,结构的三个特性其实是完全包含在结构概念之中的。

结构主义是一种研究方法,"如果说科学的结构主义的历史是由

---

[1] 再审之诉的程序构造,理论界有"一阶构说""二阶构说"和"三阶构说"之分。参见李浩《构建再审之诉的三个程序设计》,《法商研究》2006年第4期。
[2] 〔瑞士〕皮亚杰:《结构主义》,倪连生、王琳译,商务印书馆,1984,第4页。
[3] 详见〔瑞士〕皮亚杰《结构主义》,倪连生、王琳译,商务印书馆,1984,第1~12页。

来已久的,那么从中应该引出的教训就是在谈到结构主义这个题目时,不能把它作为一种学说或哲学看待,否则它早就被别的学说超越了。结构主义主要地乃是一种方法"。① 自 20 世纪初以来,结构主义广泛运用于各类学科研究领域,包括人文社会科学。"在一切人文科学的先锋运动中,最普遍的倾向之一是结构主义。"②

引人注意的是,皮亚杰本人在其要著《结构主义》中,深入研究了结构主义在数学、逻辑学、物理学、生物学、心理学、语言学、社会学(包括人类学)以及哲学等领域的状况,而并没有专门研究法学领域结构主义的状况。这是否说明法学领域无法或没有适用结构主义研究方法呢?笔者认为,显然不是的,法学领域也不例外。法学领域应用结构主义方法的现象比比皆是。例如,凯尔森就其所提出的"纯粹法理论"公开表明,该理论"旨在从结构上去分析实在法,而不是从心理上或经济上去解释它的条件,或从道德上或政治上对它的目的进行评价"③。可见,凯尔森的"纯粹法理论"其实就是运用结构分析或结构主义方法而大致的结果。按照凯尔森自己的说法,这一结构主义方法完全有别于心理学、经济学、伦理学或政治学的方法。同时,也正是运用了结构主义方法(效力规范的层层回溯),凯尔森提炼出了著名的"基础规范"概念。④ 再例如,哈特在其名著《法律的概念》中提出了著名的命题:法即第一性规则和第二性规则的结合。第一性规则规定人们去做或不做某种行为,而不管他们愿意与否;第二性规则规定人们可以通过做某种事情或表达某种意思,引入新的第一性规则,废除或修改旧规则,或者以各种方式决定它们的作用范围或控制

---

① 〔瑞士〕皮亚杰:《结构主义》,倪连生、王琳译,商务印书馆,1984,第 117 页。
② 〔瑞士〕皮亚杰:《人文科学认识论》,郑文彬译,中央编译出版社,2002,第 170 页。
③ 〔奥〕凯尔森:《法与国家的一般理论》,沈宗灵译,中国大百科全书出版社,1996,"作者序"第Ⅱ页。
④ 〔奥〕凯尔森:《法与国家的一般理论》,沈宗灵译,1996,第 130~131 页。

它们的运作。① 哈特认为，"如果这两类规则及其相互作用得以了解的话，法律的大部分特征就能得到最好的澄清"。② 哈特将法律规则区分为逻辑上、作用机制上相互关联的两类规则，这显然也是运用了结构主义的方法。结构主义不仅仅在法理学领域得到了运用，在部门法学领域也同样如此。

在法学研究领域运用结构主义方法到底有什么意义或价值呢？笔者认为，在法学研究领域运用结构主义方法有如下意义。

一是运用结构主义研究方法可以产生新的理论。不同的研究方法有着不同的价值，结构主义方法是从事物结构角度来观察、理解、解释研究对象，这一方法明显区别于价值分析、经济学分析、语义学分析、规范性分析、社会学分析等等其他各种方法。任何一个事物整体都有其独特的结构，对一个事物的结构的观察与阐释，是其他视角、方面或进路的研究所不能替代的。同时，笔者认为，从全面认识事物而言，对一个事物的结构主义视角的研究，也是不可或缺的。所以，运用结构主义方法来研究法学中的问题，既是全面研究所必需的，同时也可以提供新的视角，产生新的理论认识，甚至形成全新的系统性的理论。比如凯尔森的纯粹法理论以及哈特的法律规则说。

二是运用结构主义研究方法，在特定情形下是把握法学问题核心与实质的根本方法。结构主义方法尽管只是众多法学研究视角或方法中的一种，但是在特定情境下，基于研究对象的特点和研究的特定目的，结构主义方法会成为把握对象问题核心与实质的根本方法。例如，在诉讼法学领域，诉讼构造问题被认为是诉讼的"纲"，所谓纲举目

---

① 〔英〕哈特：《法律的概念》，张文显等译，中国大百科全书出版社，1996，第五章。
② 〔英〕哈特：《法律的概念》，张文显等译，1996，第83页。

张，诉讼构造搞清楚了，其他的问题就迎刃而解了。[1] 为什么呢？因为民事诉讼程序的本质与核心是诉权与司法权的角色安排及其互动。这样就导致诉讼构造问题成为诉讼法学研究的"纲"了。所以，结构主义方法自然而然就成为诉讼法学研究的根本方法。

鉴于上述，笔者认为，运用结构主义方法研究民事抗诉制度，剖析民事抗诉制度的构造及其功能，既是研究民事抗诉制度不可或缺的视角，同时也能够产生对民事抗诉制度新的理论认识，最后应该说也是研究民事抗诉制度之合理性问题的必由之路。

二 民事抗诉制度构造的概念

在诉讼法学领域，对诉讼结构或构造的关注由来已久。[2] 我国民事诉讼法学大约自20世纪90年代初以来开始讨论、研究诉讼构造问题。[3] 那么，何谓"诉讼构造"？日本学者井户田侃在其要著《刑事程序构造论的展开》中阐述，诉讼主体为了达到各自的诉讼目的，必须以基本的诉讼法律关系为基础进行诉讼，而这种基本的诉讼法律关系就是诉讼构造。[4] 此即以诉讼主体之基本诉讼法律关系来界定诉讼构造的内涵，笔者称其为"关系构造"观。这一"关系构造"观也代表了我国诉讼法学界的主流观点。学界主流观点认为，刑事诉讼构造，

---

[1] 王锡三：《民事诉讼法研究》，重庆大学出版社，1996，第1页。
[2] 我国诉讼法学界使用较多的概念是诉讼模式、诉讼形式等概念，其实质与诉讼结构、诉讼构造概念近似，也有学者认为是等同的概念。参见江伟主编、傅郁林副主编《民事诉讼法学》，北京大学出版社，2012，第40页以下；毕玉谦《证据法程序功能模式》，法律出版社，1997，第242页。
[3] 据刘荣军教授梳理，张卫平教授在1992年"全国诉讼法理论研讨会暨诉讼法研究会年会"上提交的《论我国民事诉讼基本模式与社会主义市场经济体制的整合》一文，是较早在"民事诉讼（基本）模式"命题下对民事诉讼结构展开讨论的标志性文章。参见刘荣军《程序保障的理论视角》，法律出版社，1999，第168页。
[4] 转引自李心鉴《刑事诉讼构造论》，中国政法大学出版社，1997，第3页。

是指诉讼主要参与者的组成、诉讼地位和诉讼的基本形式①；民事诉讼构造，是指由一定的诉讼目的所决定的操作程式，体现了诉讼主体法律地位及相互关系。② 这些概念界定无疑都体现了"关系构造"观。更进一步而言，在民事诉讼法学领域，学者们一般直接将民事诉讼构造界定为法院与当事人之间的诉讼法律关系，认为它是民事诉讼中的基本主线，是民事诉讼构造的实质。③ 王锡三教授将民事诉讼构造界定为审判权与诉权的关系④，以及王亚新教授所提炼的民事诉讼的根本性结构——"对抗与判定"，⑤ 其实质均是指法院与当事人之间的诉讼法律关系。

尽管学界主流持"关系构造"观，但这并不是关于诉讼构造唯一的视角和观点。因为"不同具体个人可能会发现不同的结构……理性通过确立特定视角来比较元素的差别性和相同性，进而使特定结构建立起来"⑥。事实上，关于诉讼构造的内涵，学界除了"关系构造"观外，还有其他多重分析视角，如从诉讼程序历时展开的角度，从程序多元价值目标关系的角度，从程序运行线索构成的角度，从程序功能构成的角度等。诉讼程序历时展开的角度，即将诉讼程序历时展开的不同阶段作为结构的基本要素加以分析，如将刑事诉讼程序分为侦查阶段、审查起诉阶段和审判阶段，而将民事诉讼程序分为审前阶段和

---

① 陈光中：《外国刑事诉讼程序比较研究》，法律出版社，1988，第5~6页。
② 毕玉谦：《证据法程序功能模式》，法律出版社，1997，第242页。
③ 陈桂明：《诉讼公正与程序保障》，法律出版社，1999，第158页、第161页；江平：《民事审判方式改革与发展》，中国法制出版社，1998，第183页；蔡虹：《民事诉讼结构的调整及其基本构造的选择》，《法商研究》1998年第5期；彭世忠：《民事诉讼构造的理性认知》，《现代法学》1999年第3期。
④ 王锡三：《民事诉讼法研究》，重庆大学出版社，1996，第1页。
⑤ 王亚新：《关于民事诉讼基本结构的一个理论模型》，http://www.doc88.com/p-178435806541.html，最后访问日期2016年11月7日。
⑥ 高鹏程：《试论结构的概念》，《学术交流》2010年第2期。

审理阶段。① 笔者称之为"阶段构造"观。学界关于民事再审之诉程序构造的分析即是从"阶段构造"观着手的。程序多元价值目标关系的角度，如美国刑事法学家赫伯特·帕卡根据刑事司法目标优先顺序的不同，将强调犯罪控制和强调正当程序区分开来，形成了"犯罪控制模式与正当程序模式"的两种诉讼构造理论。程序运行线索的角度，如德国法学家萨维尔在其1919年出版的《诉讼法基础理论》一书中，根据诉讼行为理论，把诉讼的发展过程区分为实体形成、追诉（即民事诉讼中的攻击防御）和程序三条线索，从而提出了其特有的诉讼结构分析总体框架。② 程序功能构成的角度，如将刑事诉讼的功能析分为审判功能、控诉功能、辩护功能、侦查功能、监督功能等，这些诉讼功能之间的整体关系构成刑事诉讼的功能性结构。③ 也有学者综合前述若干视角而提出复合型的诉讼结构。④

鉴于诉讼构造视角的多元性，本书所谓"民事抗诉制度的构造"又是指什么呢？本书所述"民事抗诉制度的构造"是基于诉讼程序历时展开的角度，即基于"阶段构造"观。"作为诉讼程序的结构，考虑到程序是在时间上按一定顺序继起性地逐渐展开发生的现象这一特点，把不同的程序阶段理解为构成诉讼结构的主要因素，考察这些阶段之间的前后照应关系及相互影响规定的机制大概可属一种最为直接的结构分析。"⑤ 民事抗诉作为民事诉讼程序的一部分，其最自然而直

---

① 如赵钢教授《略论民事诉讼简易程序之结构》一文（载《法商研究》1998年第1期），即是从诉讼程序历时展开的角度而着手的。
② 转引自章恒筑《关于民事诉讼结构理论的考察和反思》，《现代法学》2005年第6期。
③ 宋振武：《刑事诉讼的功能性结构及其法理学分析》，《现代法学》2006年第1期。
④ 如龙宗智教授《刑事诉讼的两重结构辨析》一文（载《现代法学》1991年第3期）提出了刑事诉讼的"三角结构"和"线形结构"相结合的两重结构理论，即是兼顾了诉讼主体关系视角和诉讼程序历时展开的视角。
⑤ 王亚新：《关于民事诉讼基本结构的一个理论模型》，http://www.doc88.com/p-178435806541.html，最后访问日期2016年11月7日。

观的结构是其程序阶段的构成，即从时间上依次展开的"流程"这一角度分析民事抗诉具体包括哪几个程序阶段。总之，本章所谓民事抗诉制度的构造系指民事抗诉制度的阶段构造。"阶段构造"可以理解为诉讼程序在时间维度上的构造，而"关系构造"则可以理解为诉讼程序在空间维度上的构造。① 笔者认为，分析民事抗诉制度的关系构造，可以细致观察程序中各主体（法院、当事人以及检察院）的角色（详见本书第五章分析）；而分析民事抗诉制度的阶段构造，则可以探求民事抗诉制度的整体功能定位。

三 民事抗诉制度构造的历史演变

让我们首先来回顾一下我国民事诉讼法修改之前——即1991年民事诉讼法框架下民事抗诉制度的原先构造。1982年民事诉讼法（试行）在总则部分规定人民检察院有权对人民法院的民事审判活动实行法律监督，但是在分则部分并没有规定具体的制度和程序。1991年民事诉讼法则在审判监督程序部分首次明确规定了民事抗诉制度。1991年民事诉讼法共以4个条文（第185条至188条）规定了民事抗诉制度。笔者认为，这4个条文内容经过逻辑整合后，可概括为前后相衔接的两部分程序规定：即抗诉程序和抗诉案再审程序。具体而言，"抗诉程序"规定内容包括：最高人民检察院对各级人民法院已经发生法律效力的判决、裁定，上级人民检察院对下级人民法院已经发生法律效力的判决、裁定，发现有法定四种情形之一的②，应当按照审

---

① 所谓"等腰三角形结构"即是对"关系构造"的描述，体现了"关系构造"的空间几何直观。
② 法定四种情形即：原判决、裁定认定事实的主要证据不足的；原判决、裁定适用法律确有错误的；人民法院违反法定程序，可能影响案件正确判决、裁定的；审判人员在审理该案件时有贪污受贿，徇私舞弊，枉法裁判行为的。

判监督程序提出抗诉（第 185 条第 1 款）[①]；人民检察院决定对人民法院的判决、裁定提出抗诉的，应当制作抗诉书（第 187 条）。"抗诉案再审程序"规定内容包括：人民检察院提出抗诉的案件，人民法院应当再审（第 186 条）；人民检察院提出抗诉的案件，人民法院再审时，应当通知人民检察院派员出席法庭（第 188 条）。

前述抗诉程序和抗诉案再审程序是两个相对独立的程序阶段，两者任务不同、程序运行的时间也不同。从程序任务而言，抗诉程序是为了解决提出抗诉的主体、条件和形式等问题，而抗诉案再审程序则是为了明确被检察机关提出抗诉的案件（抗诉案）之再审事项。从程序运行时间而言，抗诉程序在前，抗诉案再审程序在后。同时，从程序运行时序来看，抗诉程序和抗诉案再审程序又是前后紧密相续的两阶程序，抗诉程序逻辑性地、必然地引发抗诉案再审程序。据此，我们可以说 1991 年民事诉讼法框架下民事抗诉制度的构造由两阶构成，即抗诉程序和抗诉案再审程序，属于"两阶构造"，我们不妨称之为"1991 年两阶构造"。

"1991 年两阶构造"是相对简单的一个构造。但是，随着 2007 年和 2012 年两次民事诉讼法修改，民事抗诉制度的构造发生了重大变化，其构造变得复杂起来。我们先来简要回顾一下 2007 年和 2012 年关于民事抗诉制度的立法修改情况。这两次关于民事抗诉制度的立法修改主要体现在以下五个方面[②]：

一是新增规定了当事人向人民检察院申请抗诉的程序。2012 年民

[①] 第 185 条第 2 款还规定了下级人民检察院提请上级人民检察院抗诉程序。笔者认为，提请抗诉程序属于检察机关的内部程序，附属于提出抗诉程序，故不作为独立程序内容予以阐述。

[②] 两次立法修改涉及民事检察制度多方面内容，本书此处回顾仅仅限于民事抗诉制度方面的修改情况。

事诉讼法修改时新增规定了当事人向人民检察院申请检察建议或抗诉的程序，确立了向人民法院申请再审先行、向人民检察院申请监督在后以及检察监督一次申请规则（见 2012 年民事诉讼法第 209 条）。这一修订明确了当事人向人民检察院申请抗诉的权利，以实现司法救济。

二是调整并统一了抗诉事由和当事人申请再审的事由。2007 年立法修改时将当事人对生效判决、裁定申请再审的原五项事由予以细化，并将生效判决、裁定的抗诉法定事由与当事人申请再审事由相统一，从而将"有新的证据，足以推翻原判决、裁定"这一原属当事人申请再审的事由也纳入抗诉的法定事由。2012 年立法修改继续细化再审事由，但保持了当事人申请再审事由和抗诉事由之间的统一性（见 2012 年民事诉讼法第 200 条、第 208 条）。[①]

三是设定了人民检察院对当事人抗诉申请的审查义务。2012 年民事诉讼法修改时新增规定："人民检察院对当事人的申请应当在三个月内进行审查，作出提出或者不予提出检察建议或者抗诉的决定。"（见 2012 年民事诉讼法第 209 条第 2 款）这一规定实际上就是设定了人民检察院对当事人监督申请的审查义务，同时审查期限的设定表明检察机关要及时回应当事人的监督申请。

四是规定了人民检察院调查核实权。2012 年民事诉讼法修改时新增规定："人民检察院因履行法律监督职责提出检察建议或者抗诉的需要，可以向当事人或者案外人调查核实有关情况。"（见 2012 年民事诉讼法第 210 条）此规定是考虑到检察权是一项严肃的国家权力，应当在坚持实事求是的基础上行使。依照本条行使调查核实权，其范

[①] 应当说明的是，当事人申请再审事由与抗诉法定事由的统一限于判决和裁定，对调解书的申请再审事由和抗诉法定事由则是不同的。见 2012 年民事诉讼法第 201 条、第 208 条。

围限于了解与生效判决、裁定、调解书有关的特定信息，是为了决定是否提出检察建议或者抗诉。①

五是完善了抗诉案的再审程序。此包括两点具体修改内容。其一，设定了人民法院接受人民检察院抗诉后应当裁定再审的期限。2007年民事诉讼法修改时专门新增规定："人民检察院提出抗诉的案件，接受抗诉的人民法院应当自收到抗诉书之日起三十日内作出再审的裁定。"2012年民事诉讼法修改时予以保留（见2012年民事诉讼法第211条）。其二，明确规定了抗诉案再审的审级。2007年民事诉讼法修改时专门规范了抗诉案再审的审级，其规定涉及案件事实问题之五种情形之一的，可以交下一级人民法院再审。亦即除此之外，其余抗诉案件必须由接受抗诉的同级人民法院再审。2012年民事诉讼法修改时，对此予以继续完善，规定涉及案件事实问题之五种情形之一的，可以交下一级人民法院再审，但经该下一级人民法院再审的除外（见2012年民事诉讼法第211条）。上述两点修改显然是为了规范人民检察院提出抗诉后人民法院的再审程序，避免法院对检察机关的抗诉案件久拖不决以及损害检察监督的严肃性。

根据上述立法修改情况，并进行相应的逻辑整合，我们可以发现：与"1991年两阶构造"相对照，2012年民事诉讼法框架下完整的民事抗诉制度的构造除了包含抗诉程序和抗诉案再审程序之外，还新增了当事人申请程序和检察机关审查程序。当事人申请程序即当事人向人民检察院申请抗诉程序（见上文所述第一点修改内容）。检察机关审查程序则包括检察机关对于当事人的抗诉申请的形式审查程序和实质审查程序。所谓形式审查程序是指检察机关对于当事人的抗诉申请

---

① 全国人大常委会法制工作委员会民法室：《中华人民共和国民事诉讼法条文说明、立法理由及相关规定》，北京大学出版社，2012，第343页。

进行形式合法性审查，如是否符合 2012 年民事诉讼法第 209 条规定的先行向法院申请再审以及检察监督一次申请原则等（见上文所述第一点修改内容），以决定是否受理。① 可见，形式审查程序实际上也就是立案受理程序。实质审查程序是指检察机关在决定受理当事人申请后对案件是否存在法定抗诉事由进行实质性审查，以决定是否提出抗诉。可见，实质审查程序实际上就是抗诉事由审查程序。2012 年民事诉讼法新规定的人民检察院对当事人抗诉申请的审查义务和人民检察院调查核实权（见上文所述第三点、第四点修改内容）均属于检察机关审查程序范畴。② 当然，除了新增加的当事人申请程序和检察机关审查程序之外，2012 年民事诉讼法框架下的民事抗诉制度构造仍然保留了抗诉程序以及抗诉案再审程序，其内容基本同于"1991 年两阶构造"内容，但获得了相应的完善（见上文所述第二点、第五点修改内容）。

综上所述，2012 年民事诉讼法框架下完整的民事抗诉制度的构造包括五个阶段，即"申请程序—立案受理（申请的形式合法性审查）程序—抗诉事由审查程序（申请的实质性审查）—抗诉程序—抗诉案

---

① 完整的形式合法性审查的要点包括：申请抗诉的文书材料是否齐备，申请再审的主体是否合格，是否符合管辖规定，是否已经先行向法院申请再审而不获支持，是否符合一次申请原则等。可参见《人民检察院民事诉讼监督规则（试行）》第四章"受理"部分的规定。

② 2012 年民事诉讼法第 209 条第二款规定："人民检察院对当事人的申请应当在三个月内进行审查，作出提出或者不予提出检察建议或者抗诉的决定。"这三个月的审查期限应该仅仅适用于实质审查程序，而不包括形式审查程序。换言之，三个月的审查期限的起算点应该是当事人的监督申请（经人民检察院形式审查合格）被受理之日起。理由：一是前述法条表述是"三个月内进行审查，作出提出或者不予提出检察建议或者抗诉的决定"，即所作决定不包括"受理或不受理"，那么显然该三个月期限是受理之后的审查期限。二是《人民检察院民事诉讼监督规则（试行）》（2013 年）第 56 条规定："人民检察院受理当事人申请对人民法院已经发生法律效力的民事判决、裁定、调解书监督的案件，应当在三个月内审查终结并作出决定。"本条规定明确将三个月审查期限确定为案件受理之后的期限。

再审程序"。换言之，1991年民事诉讼法经过2007年和2012年立法修改后，民事抗诉制度得到了发展与完善，其构造由原来的"两阶构造"嬗变为"五阶构造"。比照"1991年两阶构造"称谓，我们不妨将2012年民事诉讼法框架下民事抗诉制度的"五阶构造"称之为"2012年五阶构造"。值得我们注意的是，民事抗诉制度由"两阶构造"嬗变为"五阶构造"，这不是一个简单的程序变化，构造嬗变的背后实际上隐含着民事抗诉制度功能定位的变化。

第二节 民事抗诉制度的功能

一 制度功能的概念

功能是指一个事物所具有的作用与效能。制度功能是指一个制度作为整体所具有的作用与效能。但是，严格而言，并非所有制度所实际产生的作用与效果都可以称之为制度功能。制度功能应该与制度目的进行相关联性的理解。所谓制度目的，也就是制度制定者（如立法者）在制定该制度时理性期望该制度所应该或能够起到的功能与作用。换言之，制度目的就是制度制定者主观上赋予制度的预期功能与作用。从立法角度而言，立法者往往会在制定法中以专门条款明确表述整部立法的目的。这一得到明确表述的立法目的，就是制度目的。从这个角度而言，制度目的与制度功能是内在一致的。制度目的是从主观角度表述制度功能，而制度功能则是从客观角度表述制度目的。两者是一体两面。但是，从制度的实际实施而言，制度最终在客观上产生的作用与效果往往会超出预定的制度目的范围，有时甚至会背离预定的制度目的。这些超出或背离预定制度目的范围的"效果"，不能称为制度功能或制度目的，只能称为制度的副作用或者制度的实际效果。而且，这些副作用或者实际效果往往是消极性的。①

需要说明的是，并非所有的制度都像立法一样，都有明确的制定者。制度包括正式制度和非正式制度，正式制度是指有意识地制定的、以成文形式规定下来的行为规范，如法律、法规、规章等；而非正式制度则是指非以成文形式正式规定的行为规范，如社会习俗、伦理道德、商业惯例、群体习惯，等等。②罗斯科·庞德所谓"书本中的法"和"行动中的法"，或者卡尔·卢爱林所谓"书本规则"和"实际规则"，又或者埃里克·A.波斯纳所谓"法律"和"社会规范"等等，大体上前者可以称为正式制度，后者可称为非正式制度。按照埃里克·A.波斯纳的说法，在国家法律之外，"还存在不计其数的秩序渊源"。③ 这些法律之外的不计其数的秩序渊源，大体上可以称为非正式制度。这些非正式制度，一般而言并没有明确的、特定的制度制定者，而往往是在社会生活或者特定实践活动中逐步形成的。最典型的就是社会习俗。如果一定要说谁是这些习俗的制定者，或许我们只能说是一代一代的人们。非正式制度尽管没有明确的、特定的制定者，但是其仍然具有相应的制度目的或者说制度功能。因为这些非正式制度是

---

① 例如，《最高人民法院关于适用〈中华人民共和国婚姻法〉若干问题的解释（二）》第24条规定，原本该项规定的目的是为了防止"假离婚、真逃债"，保护债权人的合法利益。但是，现实中该第24条规定在离婚诉讼中却经常被夫妻一方（通过与第三人串通，虚构债权债务）利用来损害另一方合法权益，实现自己利益多占的非法目的，甚至使夫妻非举债一方当事人在完全不知情的情况下背上了不合理的沉重债务负担。这些都是超出甚至背离了原先的规定目的。有人称该第24条规定为"一级法律错误"。为此，最高人民法院于2017年2月28日专门针对该第24条规定，下发了《最高人民法院关于适用〈中华人民共和国婚姻法〉若干问题的解释（二）的补充规定》和《最高人民法院关于依法妥善审理涉及夫妻债务案件有关问题的通知》，以弥补其不足。

② 关于正式制度与非正式制度的区分与联系，可参见马智胜、马勇《试论正式制度和非正式制度的关系》，《江西社会科学》2004年第7期；吉嘉伍《新制度政治学中的正式和非正式制度》，《社会科学研究》2007年第5期。

③〔美〕埃里克·A.波斯纳：《法律与社会规范》，沈明译，中国政法大学出版社，2004，第4页。

人们基于特定历史情境与自然环境下为适应环境并实现自身的群体目的而逐步形成的，内在机理上其具有确定的制度目的。当然，有时候非正式制度的历史过于遥远，现时的人们很难予以确切辨识。但这绝不意味着这些非正式制度本身并不具有特定的制度目的或功能。

社会科学对制度的研究是非常广泛的，制度主义学派以不同形式贯穿于经济学、政治学、社会学中，而法律作为正式制度的典型，我们可以说法学本身就是关于制度的研究。其中，关于制度功能的研究则占据着非常显要的地位。例如，新制度经济学的很大一部分是围绕制度功能而产生的。著名经济学家科斯从交易成本概念出发，论证了交易成本的存在是导致企业制度产生的原因。在新制度经济学看来，制度的功能就是为人们的合作创造条件，降低交易成本，提供激励，促进经济绩效。[①]

法学自然也不例外。法理学中"法的价值"范畴，其实就是关于法律制度功能的概念。这一点应该属于没有疑义的一般性共识。只是本书的阐述将会略微特殊而具体一些，即将从制度结构（构造）与制度功能关联的角度加以考察。正如前文所述，结构的概念本身已经蕴含着功能的概念。一个真正的结构必然具备某种功能。例如，社会学理论流派结构功能主义正好体现了这样的结构理论。结构功能主义理论认为：社会是具有一定结构或组织化形式的系统；构成社会的各个组成部分，以其有序的方式相互关联，并对社会整体发挥相应的功能；社会整体以平衡的状态存在着，其组成部分虽然会发生变化，但经过

[①] "新制度经济学是应用现代微观经济分析去研究制度和制度变迁的产物。它源自这样一种命题，即理性选择（在具体的约束条件下）将创造和改变诸如产权结构、法律、契约、政府形式和管制这样一些制度。它们帮助创造的这些制度和组织将提供激励或建立成本与收益，这些激励或成本与收益在一定时期内将支配经济活动和经济增长。"〔美〕小罗伯特·B.埃克伦德、〔美〕罗伯特·F.赫伯特：《经济理论和方法史》，杨玉生等译，中国人民大学出版社，2001，第361页。

自我调节整合，仍会趋于新的平衡。[①] 具体到法律中的民事抗诉制度而言，其同样如此，民事抗诉制度的特定构造必然蕴含着特定的功能。

二 关于民事抗诉制度功能的各种观点

民事抗诉是检察机关对人民法院民事审判活动进行法律监督的体现。这是学界没有争议的共识。但是，这一明显的共识可能掩盖了更深层次问题的分歧。这一更深层次的问题便是：民事抗诉这一法律监督制度的功能或目的是什么？诚然，按照前文（第三章）的论述，语源学上"法律监督"的基本意涵为"监督法律的统一实施或遵守"。据此，法律监督的目的无疑是维护国家法律统一正确实施或者说是维护国家法制。但是，语源学只是属于历史，我们必须承认语源学含义完全可能随着时代的发展而或隐或显地发生变化，以更好地贴近现实社会的需要。甚至，我们完全可以说，"法律监督"的语源学含义既难以绝对地钳制"法律监督"概念在现实条件下的具体发展与变化，也没有必要僵硬地限制其符合实际的合理发展与变化，而且客观上人们关于"法律监督"的功能或目的的理解已经多元化。笔者认为，"法律监督"的语源学含义只是我们所需要面对的初始事实或基础，它丝毫不妨碍我们在面对"法律监督"语源学含义的初始基础上，根据我国法律制度的现实发展并结合基本法理之逻辑，对"法律监督"的功能或目的进行与时俱进的深入探讨。基于此，下文将对民事抗诉

---

① 例如，帕森斯认为，所谓社会结构是具有不同基本功能的、多层面的次系统所形成的一种"总体社会系统"，包含执行"目的达成""适应""整合""模式维护"四项基本功能的完整体系。这是一个整体的、均衡的、自我调解和相互支持的动态均衡的系统。参见刘润忠《试析结构功能主义及其社会理论》，《天津社会科学》2005年第5期，第52页。

制度的功能或目的进行开放性的讨论，以真正揭示实定法中民事抗诉制度的功能逻辑。

应当说，关于民事抗诉制度的功能或目的而言，我国学界和实务界有着多种观点和表述。有人认为，抗诉监督的目的主要是防止司法不公正的产生。[①] 有人认为，民事检察监督的目的在于督促法院审判活动的正当与合法，实现审判公正，从而也是维护审判权威。[②] 有人认为，从制度设置之目的看，检察监督权是对审判权的一种监督制约，检察监督的目的，是确保法院裁判之公正性，维护司法权威。[③] 有人认为，民事检察权的目的是监督落实公平审判权，公平审判权包括三方面的要素：合法的审判组织、正当的审判程序以及公正的法律适用。[④] 有人认为，民事检察监督的目的，是为了纯洁司法环境、净化诉讼秩序、维护司法公正。[⑤] 有人认为，民事检察监督的目的就是要监督法院依照程序法的规定审判民事案件，达到建立在程序公正基础之上的实体公正，而不是监督法院的裁判结果必须达到客观结果公正。[⑥] 有人认为，民事行政监察的真正目的是维护司法公正和维护公共利益。[⑦] 有人认为，民事检察监督制度价值主要包括：司法公正价值、秩序价值、权利价值。[⑧] 有人认为，作为法律监督机关，其民事检察监督的目的和定位应当是：首先，保障国家法律的统一正确施行。其次，遏制司法腐败，促进司法公正。再次，维护社会

[①] 江伟：《略论检察监督权在民事诉讼中的行使》，《人民检察》2005年第18期。
[②] 段厚省、郭宗才、王延祥：《〈民事诉讼法〉修订与民事检察监督之回应》，《政治与法律》2008年第12期。
[③] 唐力、谷佳杰：《"检审一体化"：论民事检察监督的边界》，《学海》2015年第4期。
[④] 韩成军：《公平审判权与民事诉讼检察监督》，《河南社会科学》2011年第1期。
[⑤] 肖建国：《民事检察监督之功能与实施思考》，《人民检察》2012年第21期。
[⑥] 陈德辉、程晓斌：《论民事检察监督理念与现行制度的改造》，《人民司法》2002年第4期。
[⑦] 张步洪：《略论民事行政检察程序的目的》，《人民检察》1998年第7期。
[⑧] 朱刚：《民事检察监督制度的价值分析与诉讼定位》，《福建法学》2016年第1期。

公共利益。① 有人认为，民事诉讼检察监督作为法律监督其目的在于保障法律正确实施、保障法律实施的统一性，实现权利的救济。② 有人认为，民事检察制度的存在，在我国现阶段，对于维护司法公正和社会稳定具有重要作用，公正和秩序是民事检察存续、发展的核心价值所在。③ 有人认为，中国民事检察监督制度具有维护司法公正、维护司法民主、维护法制统一、维护当事人合法权益等价值功能。④ 也有人认为，任何制度都应当有独立的功能，否则就没有独立存在的价值，民事检察制度如果没有区别于民事审判制度的功能，也就没有独立存在的价值。民事检察制度在基本功能和指导思想上要实现"检察化回归"，民事检察的功能是惩处违法，不是权利救济，因此必须废除权利救济的指导思想，树立惩处违法的指导思想。⑤ 也有人认为，民事检察的最终目的，就是维护司法公正、司法权威和法制统一。这三个方面是三位一体的监督目的。⑥ 这一观点应该代表了检察机关官方的权威观点。事实上，1997年10月28日，时任最高人民检察院检察长张思卿在全国民行检察业务骨干培训班上即强调，检察机关要进一步加强民事行政检察监督，维护司法公正，保证司法队伍严格执法、廉政勤政，保障民事法律、经济法律、行政法律的统一、正确实施。⑦

---

① 马登科：《民事检察抗诉制度的再完善》，《华南农业大学学报》（社会科学版）2009年第3期。
② 张卫平：《民事诉讼检察监督实施策略研究》，《政法论坛》2015年第1期。
③ 高晓莹、杨明刚：《从制度价值层面审视民事检察制度的发展和完善》，《法学家》2006年第4期。
④ 路志强：《论民事检察监督制度的结构性问题和改革方向》，《甘肃社会科学》2015年第1期。
⑤ 孙加瑞：《民事行政检察的审判化误区与检察化回归》，《国家检察官学院学报》2012年第3期。
⑥ 杨立新著《民事行政检察教程》，法律出版社，2002，第14~17页。
⑦ 参见1997年10月28日《检察日报》第一版。

综上所述，关于民事抗诉制度功能的观点，归结起来大致有六种要素：一是认为民事抗诉制度的功能是纠正、惩处审判违法行为，保障国家法律的统一正确施行；二是认为民事抗诉制度的功能是维护司法公正；三是认为民事抗诉制度的功能是为当事人提供权利救济；四是认为民事抗诉制度的功能是维护司法权威；五是认为民事抗诉制度的功能是维护社会秩序；六是认为民事抗诉制度的功能是维护国家与社会公共利益。大体上，每种观点都是上述六个要素的不同组合。其中，维护社会秩序和维护国家与社会公共利益的两个功能要素，不是主流观点；单纯主张制度功能是权利救济的也是罕见的，一般是将权利救济和维护国家法制并提，并将后者作为首要功能；单纯主张制度功能是纠正、惩处审判违法行为，保障国家法律的统一正确施行的较多；单纯主张制度功能是维护司法公正的最常见；而主张制度功能是维护司法公正、司法权威和法制统一的，则应该是代表了检察机关官方的立场，是最完善的、主流的表述。[①]

三 民事抗诉制度功能的界分原理

应当说，学界和实务界关于民事抗诉制度功能的观点，各有各的视角与逻辑，但是仍有待深入剖析。我们直接以代表官方立场的主流表述为例，维护司法公正、维护司法权威、维护法制统一等三要素相

[①] 也有学者概括，关于民事抗诉制度的功能，目前主要有三种观点：一是国家干预私权说，认为民事检察监督实质上是国家对私权利的一种干预。二是私权救济说，认为民事检察监督是"有错必纠"原则的体现，是对当事人进行司法救济的最后屏障。三是维护司法公正、司法权威和法制统一说，认为民事检察监督的目的，就是维护司法公正、司法权威和法制统一。在检察系统中，传统上第三种观点处于主流地位（参见刘辉、姜昕《浅谈民事检察的目的和手段》，《人民检察》2010年第17期）。笔者认为，前述学者的概括也值得我们参考。

互之间及其与权利救济要素之间,其实并不存在严格的并列关系。简言之,司法权威须建立在司法公正基础之上,有了司法公正自然就有司法权威,从事理上讲可以说是等值的。而司法公正的基本内涵要素无非是"案件事实的真实查明"和"法律的正确适用"[1],而"案件事实的真实查明"和"法律的正确适用",从当事人角度看即是正确地保障了其权利,而从国家角度看即是正确地维护了法制统一。换言之,司法公正的内涵最终无非体现为正确地保障权利、维护法制统一等价值要素上。司法公正只是对正确地保障权利、维护法制统一等价值的不同角度的叙述。例如,有学者关于我国民事检察的功能定位明确叙述道:"在我国,人民法院是审判机关,检察机关是对民事审判活动进行监督、保障其公正司法的专门机关,所谓'裁判公正'正是在这样一个司法架构之下得以产生的。人民法院行使审判权与人民检察院行使检察权,其追求公平正义的目标是共同的,都是为了法律所确定的民事权利义务关系得以实现,从而树立法治的权威。"[2] 这一叙述明显地将司法公平正义的实质内涵落脚解释为"法律所确定的民事权利义务关系得以实现"。"民事权利义务关系得以实现"也就是实现了权利保障,而"法律所确定的"民事权利义务关系得以实现,其实也就是国家法律秩序的维护。自此而言,我们可以说司法公正之价值和权利救济、维护国家法制等价值,只是视角的不同,而没有实质上的截然差别,因而它们之间并不存在严格的并列关系。而且,经过剖析后,我们可以发现"权利救济"与"维护国家法制",基本已经涵盖了关于民事抗诉制度功能的主要

---

[1] 高其才、肖建国、胡玉鸿:《司法公正观念源流》,人民法院出版社,2003,第258~285页。
[2] 王莉:《我国民事检察的功能定位和权力边界》,《中国法学》2013年第4期。

观点要素。①

鉴于民事抗诉制度是整体民事诉讼制度的一部分，笔者认为引入民事诉讼目的理论作为探讨民事抗诉制度目的的参照框架是自然而合理的。关于民事诉讼的目的，大陆法系主要学说有三种：私权利保护说、维护法律秩序说和解决纠纷说。前两种学说为德国学者所倡导②，解决纠纷说为日本著名民事诉讼法学者兼子一所倡导。但是，日本另一著名民事诉讼法学者谷口安平则认为，解决纠纷是对私权利保护和维护法律秩序的不同角度的看待而已。③ 考虑到民事诉讼客观上同时涉及私权利保护和国家法律实施两种利益之基本事实，我们赞同将民事诉讼的目的理论归为两大基本学说：私权利保护说和维护国家法律秩序说。显然，私权利保护也就是私权救济，而维护国家法律秩序也就是维护国家法制统一。参照这样的理论框架，我们也可以提出类似的设问：民事抗诉制度的目的是为民事诉讼当事人的私权利提供救济，还是为维护国家法律秩序？

对于这一理论框架，也许会有人提出异议。一些学者和实务界人士往往将监督与救济相并列、相排斥，认为监督不是救济，救济不是监督。④ 这种观点值得商榷。事实上，法律监督固然是公权力针对公

---

① 有学者所概括，关于民事检察权的功能，主要有两种观点：第一种观点认为民事检察权在于救济当事人及其私权利；另一种观点认为民事检察权的功能在于监督审判权，以防止其滥用和恣意。（参见杨会新《民事检察监督中调查权的范围》，《人民检察》2013年第15期，第68页。）这种概括与本书此处所主张"'权利救济'与'维护国家法制'基本已经涵盖了关于民事抗诉制度功能的主要观点要素"的观点，在逻辑进路上是类似的，但在具体观点上有所不同。因为该学者将权利救济与权力监督相对立，而本书认为权利救济与权力监督并非对立。对此，后文有详述。
② 参见〔德〕奥特马·尧厄尼希《民事诉讼法》，周翠译，法律出版社，2003，第3~5页。
③ 〔日〕谷口安平：《程序的正义与诉讼》，王亚新、刘荣军译，中国政法大学出版社，1996，第43页。
④ 全国人大常委会法制工作委员会民法室：《民事诉讼法立法背景与观点全集》，法律出版社，2012，第35页、第110页、第138页。

权力而实施，但法律监督自身并不是目的，法律监督服务于更深层次的目的，救济可以成为监督的动因和目的。正如有学者所言，"监督作为公权力对公权力的干预，其启动方式可能是基于自身的法定职能和法定程序而直接发动（即依职权启动）的，也可能是私人基于私权救济之目的而启动的。在后一种情况下，救济成为监督的动因和结果之一"。① 总之，将民事抗诉定性为法律监督，并将民事抗诉监督本身与其所蕴含的深层目的相区分，是完全符合法理逻辑的分析框架。而将民事抗诉制度的目的界分为权利救济或维护国家法律秩序（维护国家法制），也是完全符合民事诉讼法原理的一个理论框架。这一理论框架对于我们深入探讨、界分民事抗诉制度的功能具有很好的适用意义。

现在的问题是：我们到底该如何区分民事抗诉制度的功能是私权利救济还是维护国家法制呢？在法治体系里，权利是根据法律而产生的，保护私权利则必须正确地适用法律，正确地适用法律则意味着依法保护了权利，维护国家法制与权利救济具有法理上的一致性，也可以说保护私权利和维护实体私法体系是民事诉讼同一作用的不同表述。② 因此如何实际区分民事抗诉制度的目的是"权利救济"还是"维护国家法制"呢？笔者认为，尽管法治体系下"权利救济"和"维护国家法制"在法理上具有某种一致性，但毕竟两者的理念指向是不同的，前者属于"私人目的"，而后者属于"公共目的"③，因而

---

① 参见傅郁林《民事执行权制约体系中的检察权》，《国家检察官学院学报》2012年第3期。
② 谷口安平：《程序的正义与诉讼》，王亚新、刘荣军译，中国政法大学出版社，1996，第42页。
③ 此两概念用语援引自日本学者三月章的一段论述："总体来说，复审权在上下级法院之间是有侧重和分工的。第一次复审服务于纠正错误裁判的私人目的比较突出，到了所谓的法律审的第二次复审，则保证国家法律统一适用的公共目的明显优先。"〔日〕三月章：《日本民事诉讼法》，王一凡译，五南图书出版公司，1997，第515页。

两者在民事抗诉制度的具体构架上必然体现出基本区别。具体论述如下。

一是在民事抗诉程序启动上，存在检察机关依申请启动和依职权启动的区别。即在权利救济之私人目的下，必须是检察机关依申请启动民事抗诉程序；而在维护国家法制之公共目的下，必然是检察机关依职权启动民事抗诉程序。具体而言：如果民事抗诉制度的目的是权利救济，则由于私法自治和处分原则，检察机关须保持被动性和消极性，民事抗诉程序的启动必然是奉行"不告不理"原则，即须有当事人有权利救济的意愿并向检察机关提出明确的申请，始有检察机关提起民事抗诉之可能，检察机关不能主动地甚至"强行"为当事人提供权利救济。换言之，在预设权利救济为民事抗诉制度目的之情况下，当事人提出监督申请应是检察机关提起民事抗诉的必要程序前提。而如果民事抗诉制度的目的是维护国家法制，则由于国家法律秩序的刚性以及国家法律秩序作为国家利益之不可处分性，检察机关作为宪法明确规定的法律监督机关负有不可推卸的维护国家法律统一正确实施的职责，只要发现人民法院民事生效裁判违法，即应依职权提出抗诉，以期纠正违法裁判，维护法律秩序与权威，而无论当事人意愿如何。这应该是无可置疑的基本法理。[①] 换言之，在预设维护国家法制为民事抗诉制度目的之情形下，检察机关应依职权提起民事抗诉，而不以当事人提出监督申请为前提要件。

二是在民事抗诉监督的实质对象上，存在着指向"错误裁判"和

[①] 德国民事诉讼法学界有类似的原理。德国学界认为在民事诉讼服务于维护法律制度之目的情形下（如因重婚而提起的撤销婚姻诉讼），民事诉讼程序开始与否并不由直接的当事人决定，即使当事人反对，特定国家机构作为"整个法律秩序的职能机构"也可以提起诉讼或上诉（参见〔德〕奥特马·尧厄尼希《民事诉讼法》，周翠译，法律出版社，2003，第4~5页）。

指向"违法裁判"的区别。凡是与客观事实与法律不相符的、损害当事人实体权利的生效裁判,称之为"错误裁判";而违反实体法和严重违反程序法的生效裁判,称之为"违法裁判"。"违法裁判"自然属于"错误裁判",即属于法律上的错误,但"错误裁判"未必是"违法裁判",一个合法的裁判也可能是客观上错误的裁判。这一点主要集中在"新证据"问题上。一个合法的裁判,由于新证据的出现而被证明为客观上的错误裁判,但它仍然是合法裁判而不是违法裁判。就民事抗诉制度目的而言,如果民事抗诉制度的目的是权利救济,那么民事抗诉监督应该指向"错误裁判",体现在民事抗诉法定事由上,即理论上法院裁判所有可能损害当事人实体权利的情况,包括新证据的出现,均可作为检察机关提起民事抗诉的法定事由;而且民事抗诉法定事由应当与当事人向法院申请再审的事由相一致,因为既然民事抗诉制度与当事人申请再审制度的目的都是为当事人提供权利救济,那么就没有必要对两者的事由进行区分。而如果民事抗诉制度的目的是维护国家法制,那么民事抗诉监督应该指向"违法裁判",即当且仅当法院裁判违背法制的时候,方可依法提起民事抗诉,以督促法院纠正违法,维护国家法制。① 同时,只要法院审判是依法进行的,即使裁判客观上"损害"了当事人的实体权利,如事后新证据的出现,检察机关也不能提起民事抗诉。据此,立法上有必要依照"维护国家法制"这一目的独立设置民事抗诉的事由,而不能简单地等同于当事

---

① 对于"违法裁判"和"错误裁判"的区分,我们也可以从苏联的民事诉讼法中获得相应启发。苏联民事诉讼法把再审程序区分为"监督程序"和"根据新发现的情节对已经发生法律效力的判决、裁定和决定进行再审"。引起监督程序的原因是原审法院在审判过程中适用程序法或者实体法存在错误,所以检察机关有监督的必要,而根据新的情况再审主要是由于裁判生效后出现了或者发现了应当再审的新的情形,并不是原审中适用法律存在错误,其目的是为了保证判决符合客观真实。〔苏〕克列曼:《苏维埃民事诉讼》,王之相、王增润译,法律出版社,1957,第430页。

人向法院申请再审的事由。

四 民事抗诉制度的原初功能

依据上述民事抗诉制度功能的界分原理，我们现在可以观照民事抗诉制度的功能定位情况。我们先来分析"1991年两阶构造"情况。毫无疑问，"1991年两阶构造"下民事抗诉制度的功能是"维护国家法制"，因为其符合功能界分原理中关于"维护国家法制"之公共目的程序特征。具体阐述如下。

首先，"1991年两阶构造"包括抗诉程序和抗诉案再审程序，显然其程序构造的逻辑起点是检察机关"提出抗诉"，而且是检察机关"依职权提出抗诉"。根据立法条文表述（1991年民事诉讼法第185条），检察机关"发现"法院生效裁判有法定四项情形之一的，应当按照审判监督程序提出抗诉。可见，检察机关只要"发现"法院生效裁判"违法"，即可提起抗诉，属于依职权进行的行为，其不以当事人的申诉为前提条件，也不受当事人申诉与否的制约。[①]

其次，"1991年两阶构造"下民事抗诉指向"违法裁判"而非"错误裁判"。这一点从1991年民事诉讼法规定的民事抗诉法定事由可以明显看出。1991年民事诉讼法第185条规定了四项民事抗诉的事由："1.原判决、裁定认定事实的主要证据不足的；2.原判决、裁定适用法律确有错误的；3.人民法院违反法定程序，可能影响案件正确判决、裁定的；4.审判人员在审理该案件时有贪污受贿，徇私舞弊，枉法裁判行为的。"这四项抗诉事由可以归结为根本一点，那就是"人民法院审判权行使违法"。理由是：原裁判认定事实的主要证据不

[①] 当事人向检察院申诉被认为只是民事抗诉案件来源之一，检察机关在民事抗诉案源上，不是奉行不告不理原则，而是主动介入，依职权监督。参见杨立新《民事行政检察教程》，法律出版社，2002，第105页。

足,即裁判缺乏充分证据基础和事实依据,此违背程序法的要求;适用法律确有错误,属于违反实体法;而第三项和第四项均明显属于违反程序法。① 可见,人民检察院提起民事抗诉针对的是法院审判活动的违法性问题[②],体现的是对民事审判权违法行使的检察监督,它指向并督促纠正"违法裁判"。同时,1991年民事诉讼法将民事抗诉的事由和当事人向法院申请再审的事由作了区分规定,即依照"维护国家法制"这一目的独立设置了民事抗诉事由,将"有新的证据,足以推翻原判决、裁定的"这一事由排除在外。"有新的证据,足以推翻原判决、裁定",这是属于当事人申请再审的首项事由,意在维护当事人合法权益,但其不是检察机关民事抗诉的法定事由。这一事由可以认定原裁判存在"客观上"的错误,但不能认定为原裁判违法。这充分说明"1991年两阶构造"下的民事抗诉是指向"违法裁判"而非"错误裁判"。

鉴于上述两点,按照民事抗诉制度功能界分的原理,足以确定"1991年两阶构造"下民事抗诉制度的功能是"维护国家法制",而非为当事人提供权利救济。这一点应该说已经得到了学界的基本认同。③ 当然,即使民事抗诉意在维护国家法制,在客观上也会给当事人带来权利救济的效果。但它只是附带效果,而非目的所在。

五 民事抗诉制度功能的嬗变

现在我们来分析"2012年五阶构造"情况。我们将发现在民事抗

---

① 具体分析参见刘家兴主编《民事诉讼法教程》,北京大学出版社,1994,第312~314页。
② 参见刘家兴主编《民事诉讼法教程》,北京大学出版社,1994,第322页;潘剑锋《民事诉讼原理》,北京大学出版社,2001,第90页。
③ 参见柴发邦主编《民事诉讼法学新编》,法律出版社,1992,第359页;龙宗智《检察制度教程》,法律出版社,2002,第112页;杨立新《民事行政诉讼检察监督与司法公正》,《法学研究》2000年第4期。

诉制度构造发生演变的明面情况下，实际上民事抗诉制度的功能也已经悄然发生了嬗变。比照民事抗诉制度功能界分原理，我们很容易发现"2012年五阶构造"下民事抗诉制度的程序特征明显符合"权利救济"之私人目的。分析如下：

其一，在程序构造逻辑起点上，"1991年两阶构造"是直接从检察机关"提出抗诉"程序开始，而"2012年五阶构造"则是从当事人申请程序开始。既然是从当事人申请程序开始，那么当事人便是民事抗诉程序的主体，申请抗诉与否的决定权便在当事人手里，当事人享有处分权和意思自治能力。这意味着当事人提出申请是检察机关提出民事抗诉的前置程序，检察机关原则上不能无视当事人的意愿而依职权直接提出抗诉，须依当事人申请而为之。[①] 同时，根据"2012年五阶构造"，在当事人提出申请的情况下，检察机关有义务对其申请进行审查（包括形式审查和实质审查）并作出提出或不予提出抗诉的决定[②]，以回应当事人的"诉求"。这一点是对当事人合法诉讼权益的程序保障，明显符合"权利救济"的程序特征。[③]

其二，"2012年五阶构造"下民事抗诉指向"错误裁判"而非

---

① 根据新民事诉讼法立法精神，检察机关依职权抗诉被严格限制为涉及损害国家利益、社会公共利益以及审判人员职务犯罪等情形。纯粹涉及私权利的案件，检察机关必须以当事人申请抗诉为前提［参见全国人大常委会法制工作委员会民法室《中华人民共和国民事诉讼法条文说明、立法理由及相关规定》，北京大学出版社，2012，第339~340页；《人民检察院民事诉讼监督规则（试行）》第41条］。应当说，检察机关依职权抗诉问题略微有些复杂。考虑到任务的重点以及论述逻辑的紧凑性，此处不再就这个问题展开详细讨论。我们将在本书后文适当的地方（见本书第六章第二节）对其另行讨论。
② 根据2012年民事诉讼法第209条规定，检察机关审查决定包括提出或者不予提出抗诉或检察建议。但是由于本书系专门研究民事抗诉制度，论述逻辑与结论也仅仅针对"抗诉"，故而不提及检察建议。这只是研究对象选择问题，绝不意味着民事检察监督只有抗诉而没有检察建议。特此释明。
③ 有学者已经注意到2012年民事诉讼法第209条规定意味着将民事检察监督权主要定位为私权救济的终极途径，但是却认为这一规定与民事检察监督权以公权力为监督对象的性质不相称（见路志强《论民事检察监督制度的结构性问题和改革方向》，《甘肃社会科学》2015年第1期）。这其实是错误地将救济与监督对立了起来。

"违法裁判"。已如上文所述，1991年民事诉讼法将抗诉事由和当事人申请再审事由作了区别规定。但是，2007年和2012年立法修改时，将当事人申请再审的原五项事由予以细化，同时将生效判决、裁定的抗诉法定事由与当事人申请再审事由予以完全统一，即将"有新的证据，足以推翻原判决、裁定"这一原属当事人申请再审的事由也纳入抗诉的法定事由。这表明"2012年五阶构造"下民事抗诉明确地指向了"错误裁判"而非局限于"违法裁判"，同时抗诉事由和当事人申请再审事由不再有任何区别，两者合二为一。

综上所述，"2012年五阶构造"下，"当事人申请—检察机关审查"这样的程序构造，再加上抗诉事由与当事人申请再审事由的完全统一，表明了民事抗诉制度的功能与当事人申请再审制度的功能的统一，即两者目的都是"权利救济"[①]。同时，以法院处理当事人再审申请的情况作为检察机关受理当事人抗诉申请的前提，也能够表明"权利救济"的制度目的。[②] 事实上，民事抗诉制度的权利救济功能也可以从2007年和2012年两次民事诉讼法立法修改的有关官方性质的草案说明或报告中看出端倪。这些官方性质的草案说明或报告中都提及了审判监督程序的相关修改（如将当事人申请再审事由与抗诉事由相统一）是为了解决困扰国家已久的"申诉难"，更好地维护当

[①] 诚如刘家兴先生所言："检察院抗诉以当事人申请为前提条件，实质上回到了当事人申请再审的原点，不同的则是向法院申请还是向检察院申请，就当事人而言是求助抗诉权，希望案件获得再审而已。"见刘家兴《关于审判监督程序的回顾与思考》，《中外法学》2007年第5期。

[②] 民事诉讼法修订过程中，有些代表与专家提出，检察监督不是对当事人的救济程序，不能以法院处理当事人再审申请的情况作为检察监督的前提。参见全国人大常委会法制工作委员会民法室《民事诉讼法立法背景与观点全集》，法律出版社，2012，第35页、第110页。

事人的合法权益①，检察机关作为外部监督机制是给当事人多一种救济手段。②总之，民事抗诉制度随着从"1991年两阶构造"演变为"2012年五阶构造"，其制度功能也已经从原先的"维护国家法制"悄然转变为"权利救济"，而这一切都是在民事抗诉之法律监督属性保持不变的情况下发生的。

关于民事抗诉制度构造与功能的讨论即将结束。在此之前，笔者想做一个简短的总结评论。一直以来，民事抗诉被定格在"检察权对审判权的法律监督"这一看似终极的"画面"上。实际上，"法律监督"之基本属性并非民事抗诉的终极"画面"，毋宁说它只是观察民事抗诉多彩画面的一个必由"窗口"。从"检察权对审判权的法律监督"这一"窗口"，我们还可以进一步观察民事抗诉制度的具体构造和功能。经过这样的深入观察，我们一方面获得了对民事抗诉制度的更为真切、立体的认识，加深了对民事抗诉制度的理论理解；另一方面在相关理论建构与叙事上获得了更大的可能空间，这一点主要体现在关于民事抗诉制度合理性问题的探讨上。笔者认为，民事抗诉制度由"1991年两阶构造"演变为"2012年五阶构造"，同时其功能由"维护国家法制"转变为"权利救济"，这种构造与功能的嬗变有助于民事抗诉制度更好地融入民事诉讼的一般原理体系中，极大地强化制度的合理性。因为在民事抗诉制度的"2012年五阶构造"以及"权利

---

① 参见王胜明《关于〈中华人民共和国民事诉讼法修正案（草案）〉的说明》，http://www.npc.gov.cn/npc/zt/2008-02/21/content_1494775.htm，最后访问日期2016年11月7日；胡康生《全国人大法律委员会关于〈中华人民共和国民事诉讼法修正案（草案二次审议稿）〉审议结果的报告》，载最高人民法院民事诉讼法修改研究小组编著《〈中华人民共和国民事诉讼法〉修改的理解与适用》，人民法院出版社，2007，第5页；全国人大常委会法制工作委员会民法室《中华人民共和国民事诉讼法条文说明、立法理由及相关规定》，北京大学出版社，2012，第340页。

② 全国人大常委会法制工作委员会民法室：《中华人民共和国民事诉讼法条文说明、立法理由及相关规定》，北京大学出版社，2012，第341~342页。

救济"新功能定位下，传统民事诉讼法理中的处分原则、当事人诉讼地位平等原则等都能够在民事抗诉程序中得到很好贯彻与遵循。事实上在笔者看来，民事抗诉制度在"2012年五阶构造"以及"权利救济"新功能定位下，其与传统再审制度的构造与功能是相类的，因而其与传统典型民事诉讼在原理上是完全能够相融的。对此，本书后文将展开深入讨论。

第五章
民事抗诉监督的诉讼结构

如果民事诉讼是诉讼法和实体法共同作用的"场"。那么，民事诉讼结构则是对这个"场"的最恰当的描绘和规制，体现了"场"的空间范围，也体现了各诉讼主体在"场"中的位置及权利义务关系。检察机关因不同的目的参与民事诉讼而成为民事诉讼法律关系的主体，甚至成为诉讼主体，因此，其在"场"中的法律地位也必然要受到民事诉讼基本结构的制约。[①] 民事抗诉是检察机关对法院民事审判活动进行法律监督的重要方式。从诉的角度来看，民事抗诉监督意味着检察机关"介入"了民事诉讼。由此带来了一个显而易见的问题：一般的民事诉讼是以法院与双方当事人之间所构成的等腰三角形关系为基本结构，而在民事抗诉监督程序中，整个诉讼包含了法院、双方当事人以及检察院四方主体，其间是一个怎样的诉讼结构呢？这样的诉讼结构是否符合民事诉讼的一般原理呢？这便是一直以来困扰学界的民事抗诉监督的诉讼结构问题。民事抗诉监督的诉讼结构问题是

---

① 汤维建、温军：《检察机关在民事诉讼中法律地位研究》，《武汉大学学报》（哲学社会科学版）2005 年第 2 期。

我国民事检察语境下特有的民事诉讼理论问题，关系到如何在诉讼法层面上理解民事抗诉制度的合理性。本章将在检视既有理论的基础上，立足于对民事检察监督原理的系统性理解以及新民事诉讼法关于民事抗诉制度的整体规定，尝试对民事抗诉监督的诉讼结构作出新阐释。

第一节　既有理论的检视

一　关于民事抗诉监督诉讼结构的各种理论

关于民事抗诉监督的诉讼结构，学界大体上有两种基本意见：质疑论和新构论。这两种意见实际上是与其对民事抗诉制度的基本态度相一致的，即批判民事抗诉制度的学者持质疑论，维护民事抗诉制度的学者持新构论。

（一）质疑论：四边形结构论

质疑论的总体观点是认为，检察机关通过民事抗诉而介入民事诉讼后将导致以双方当事人、法院和检察院四方为主体的四边形诉讼结构。"四边形诉讼结构论"具体又可分为"不等边四角形结构论"和"平行四边形结构论"两种。

1. 不等边四角形结构论

"不等边四角形结构论"从一般民事诉讼理论出发认为，在民事诉讼中，诉讼主体是构成民事诉讼法律关系的核心，而当事人平等控辩，法官居中裁判则为其本质特征。无论学术界基于对诉讼法律关系主体构造的不同看法而对民事诉讼法律关系有多少种不同的学说，但他们都是将诉讼权与审判权的关系作为基本出发点。因此在本质上民事诉讼法律关系都是诉讼权与审判权的相克相生关系。或者说是体现审判权与诉讼权结合的审判法律关系与争讼法律关系互动的关系。其中在审判法律关系中，法院行使审判权，组织、指挥诉讼程序的进行；当事人请求法院进行审判并服从法院对程序的控制、指挥。其结果是促成法院在裁判时机成熟时，运用国家审判权，对当事人之间的民事权利义务的归属作出司法判断。在争讼法律关系中，核心是当事人行使诉讼权，提起请求和进行抗辩，并承担相应的证明责任，从而为法院进行司法判断提供事实基础，也为当事人互相处理诉讼权利和实体权利，解决他们之间的纠纷提供充分的契机。由此而见，诉讼主体架构的核心只能是法院与当事人，他们在程序中形成一个平衡稳定的以法院为高端的等腰三角形关系。法院作为裁判者超然中立，原、被告双方相互对立平等抗辩，三者的互动制约推动着诉讼进程的发展。而在这个三角形的构造中，当事人之间的诉讼地位平等又极为重要。"但检察机关以法律监督机关身份，通过抗诉这一形式介入民事诉讼后，又会发生什么样的情形呢？首先原来稳定的等腰三角形主体结构将被打破，而代之以不等边的四角形结构，检察机关在四角关系中将处于一极地位。我们暂且不论诉讼中的四角形是否具备公正和理性基础，其运作能否符合诉讼规律。令人尴尬的是检察机关这一极的位置都极难确定。从法律监督机关的定位出发，它似乎应高于居中裁判的法官，成为法官之上的法官；从再审程序启动者的角度而言，它又应该类似于当事人的地位，而受作为裁判者的法官指挥和组织，并最终服从裁判。但显而易见的是这两方面的角色定位都与现行民事诉讼实际运作中检察机关的真实角色不符。"[1] 于此，质疑论者提出了民事抗

---

[1] 陆永棣：《程序冲突映照下的制度困境——现行民事抗诉制度考察》，《中外法学》2003年第3期。

诉监督的诉讼结构为"不等边的四角形结构"。

2. 平行四边形结构论

一些质疑论者提出民事抗诉监督属于"平行四边形结构"。"民事诉讼结构的一个基本特点就是当事人对抗——请求、主张与抗辩（攻击和防御），法院作为中立的裁判机关居中裁判。法院的中立性是民事诉讼程序正义的基本要求。这种结构如果用几何图形比喻就是所谓'等腰三角形'的结构。检察监督作为法律监督虽然主要是针对法院的审判行为，但因为其权力介入，无论是在事实、证据的主张和提出，还是法律的适用方面总会对双方当事人的地位产生影响，客观上会对一方当事人带来益处，而对对方当事人不利。这样一来就可能导致原有的等腰三角形的中立平衡结构受到影响，形成一种对立的'平行四边形结构'。"[1]

还有一种"平行四边形结构"观点认为，民事抗诉监督诉讼结构的基本特征在于行使审判权的法官和行使监督权的检察官居于法庭的上方两端，或者由他们相邻地居于法庭的正前方，和位于对面的当事人两造形成平行的四边形结构。在这种结构中，法官和检察官同为地位平等的司法官，显示了他们之间的公权力分工态势。[2]

综上所述，"四边形结构论"（包括"不等边四角形结构论"和"平行四边形结构论"）认为，检察机关作为法律监督机关介入民事诉讼后，原先法院与双方当事人之间平衡、稳定的等腰三角形结构即被打破，而演变为法院、双方当事人及检察院之间的四边形结构。这样的结构演变偏离了居中裁判的外观立场，损害了司法的中立性，也破坏了当事人双方地位平等原则，不符合诉讼规律，违背

---

[1] 张卫平：《民事诉讼检察监督实施策略研究》，《政法论坛》2015年第1期。
[2] 汤维建：《民事检察法理研究》，中国检察出版社，2014，第149~150页。

公正原理。[1]

(二) 新构论

一些维护民事抗诉制度的学者承认检察机关介入民事诉讼后会导致诉讼结构的改变，但其认为，检察机关介入民事诉讼后所形成的新的诉讼结构并非"四边形"，而是新型的诉讼结构，这样的新型诉讼结构同样符合公正原理。笔者称其为"新构论"。新构论以"三棱锥结构论""正四面体诉讼结构论"和"棱形结构论"为主要代表。

1. 三棱锥结构论

"三棱锥结构论"认为，等腰三角形结构只是一种对理想状态下的诉讼结构的静态描述，在理想化状态下，我们可以认为诉讼结果只受到当事人双方举证的证据作用力的影响。但是，司法审判过程是一个动态的过程，在绝大多数的司法实践中只能接近理想状态，而难以完全达到理想状态。无论法官如何以秉持公正、中立为己任，也不可能完全不受到其知识结构、人生阅历等综合因素所构成知识的影响，法官内心确信的理性判断除了由于诉讼中的证据作用力和其他诉讼行为的作用导致之外，不可忽视的还存有外力干扰、认识偏颇乃至主观偏向，致使审判的客观公正受到影响。例如，一些案例表明，法官会因受贿、徇私舞弊而完全站在一方当事人的立场，致使司法的中立性完全丧失。此外，司法实践中日渐多发的原、被告串通进行虚假诉讼，此时所谓双方当事人实际上只是一个利益共同体，其间并不存在真正的"双方对抗"，其"诉讼"目的就是骗取法院的错误判决，因而所

---

[1] 陆永棣：《程序冲突映照下的制度困境——现行民事抗诉制度考察》，《中外法学》2003年第3期；张卫平：《民事诉讼检察监督实施策略研究》，《政法论坛》2015年第1期；汤维建：《民事检察法理研究》，中国检察出版社，2014。

谓的三角形的诉讼结构其实并不存在。所以，审判的过程实际上并不能完全按照等腰三角形的状态进行，现实中法官时常会偏离中立性，而当事人两造也会相互串通而进行虚假诉讼，使得等腰三角形结构被扭曲或虚化。鉴于此，仅凭封闭的三角形系统内的举证、质证、审判、调查等作用力，已经无法维持等腰三角形的结构，我们必须在更广阔的空间内考量科学的民事诉讼结构设计，有必要引入一种更加主动的力量来维护理想的诉讼结构。这种力量必须来自三角形结构的外部。而且这种力应该具有如下两大特性：一是以监督制约审判权位置偏移，并使得这种状况得以纠正为主要目的；二是同时具有监督纠正虚假诉讼的功能，以维护诉讼的真实性，客观上维护国家的司法权威和案外人的合法权益。这两个特性必然要求理想中的这一力点 D（检察院）与理想中的等腰三角形的点 A（法院）、B（原告）、C（被告）保持同等距离，不能有所偏颇，否则即达不到目的。而且这一力点也不能落在等腰三角形内部。这样实际上就形成了立体的三棱锥诉讼结构。显然，这一外在的力点 D 就是检察监督。换言之，在法院和当事人两造所形成的等腰三角形这一平面之外，引入检察监督权一极，等距离对应三角形结构的三个极点，形成一个三棱锥诉讼结构（如图 5-1 所示）。在这三棱锥结构中，检察机关既监督法院居中裁判（体现为 DA 线的作用），同时也附随监督双方当事人，以纠正虚假诉讼（体现为 DB、DC 线的作用）。检察监督的目的是为了维护和真正落实法院和双方当事人之间的等腰三角形结构。

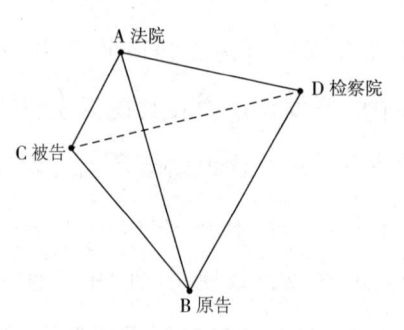

图 5-1 三棱锥结构示意图

"三棱锥结构论"认为,不仅民事抗诉监督程序的诉讼结构是三棱锥结构,而且在原审程序中(即检察机关未通过抗诉形式介入之前的一般民事审判程序),检察机关也是作为一种隐性的监督力量存在,因而其仍然是一种三棱锥诉讼结构。

"三棱锥结构论"还认为,在三棱锥结构中检察机关的法律监督权和法院审判权属于互相配合、互相制约的关系,并不存在高下之分。在三维空间中,视点的不同会有不同的高点和底面,不能从"高高在上""上令下从"的意义上来理解三棱锥诉讼结构的高点。事实上,在此三棱锥诉讼结构中不同程序有不同的启动、指挥、决定者。其一,在原审程序中,法院是程序的指挥者和决定者。其二,在申诉程序中,申诉人是程序的启动者、决定者。其三,在审查申诉程序中,检察机关是程序的指挥者、决定者。其四,审查后抗诉程序一旦启动,案件进入再审阶段,D 点和线段 DA 即已发挥了应有的监督作用,不会干扰审判权的正常运行。因此,在民事诉讼程序结构中,没有任何一方应该是高高在上者,三棱锥诉讼结构随着不同程序进程的转动,只表现了一种历时性的程序推动力量或者说程序主动权的转移,并不表示某种专横的凌驾于其他权力之上的权力。①

2. 正四面体结构论

还有一些学者提出了"正四面体结构论"。"正四面体结构论"认为,当检察机关介入民事诉讼时,民事诉讼构造将由传统的等腰三角形结构转化为民事诉讼的正四面体结构。该正四面体结构是由四个全等正三角形围成的空间封闭图形,体现了四个基本原理:(1)双方当事人地位平等;(2)法官居中裁判,与双方当事人之间的距离相等;

---

① 以上关于三棱锥结构论的内容,详见王鸿翼《关于对民事诉讼三角形结构的质疑与思考》,《河南社会科学》2011 年第 1 期。

(3) 检察官内化于民事诉讼程序中。检察官具有独立性，检察机关的诉讼职能既不被审判权所吸收，也不被任何一方当事人的诉权所融化。检察官与法官和双方当事人之间的距离是相等的，对他们都有监督和保障的职能；(4) 在整个民事诉讼过程中，一般情况下居主导或半主导作用的仍是法官。

"正四面体结构论"认为，正四面体构造是一种比较理想的诉讼格局。首先，它具有高度的对称性、次序感及稳定性，从形式美感而言达到最佳状态，满足了民事诉讼程序构造的技术性标准。其次，它的四个顶点分别代表着诉讼中法官、双方当事人、检察官四者中的一方，每一方与另三方之间的距离相等，不仅是物理上、形态上的距离相等，在法律上和司法情感上的距离也相等，这满足了民事诉讼程序构造的伦理性标准。再次，正四面体的中心实际代表着公平与效率的最佳平衡点，任何一方的行为都将受到整体结构的中心的牵制，体现和谐社会下核心法律价值观的内容。[1]

仔细分析，我们可以发现，正四面体结构论的核心观点其实和三棱锥结构论基本相同。而且从"正四面体结构论"对结构形态的描述看，在结构几何形态上，"正四面体"其实就是"正三棱锥"，两者异名而同质。据此，笔者认为"三棱锥结构论"和"正四面体结构论"大体上是等值的。

3. 棱形结构论

"棱形结构论"认为，等腰三角形是诉讼结构的原型，也是最为简单的纯粹形态，而不是绝对的唯一形态。在等腰三角形的基础上，

---

[1] 以上关于"正四面体结构论"的内容，详见刘卉《民事检察监督范围的拓展与路径》，《人民检察》2011年第15期。此外，陈丹、宋宗宇《从监督到制约：民事诉讼检察监督关系构造与机制构建》一文（载《理论与改革》2014年第1期）也提出了观点类似的"正四面体结构论"。

可以有多种变化形式，这些诉讼形式的存在，只需要符合等腰三角形的原理就可以了。事实上，根据我国民事诉讼制度的规定，目前有一些诉讼制度就是对等腰三角形的变化运用，而不是简单地削足适履，套用等腰三角形的外在形态。比如第三人诉讼制度就是如此。有独立请求权的第三人既不站在原告的立场上，又不站在被告的立场上，而是以原告和被告为新生之诉的共同被告，单独形成了一个等腰三角形。这样就形成了原诉的等腰三角形和追加之诉的等腰三角形的叠合。实际上，第三人诉讼制度并没有从实质上改变等腰三角形的诉讼结构，而是将单一的等腰三角形变成复合的等腰三角形了，其仍然属于经典的等腰三角形的范畴。与上述原理相似，我国检察机关的诉中介入同样会引发等腰三角形的某种程度上的复杂化。具体而言，检察机关以法律监督者身份介入民事诉讼后，在诉讼法律关系上形成了棱形结构（如图5-2所示）。

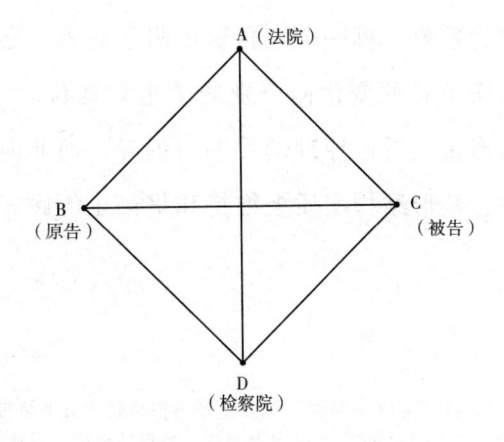

图5-2 棱形结构示意图

该棱形结构由上下两个等腰三角形组合而成。上面的等腰三角形，即传统的法院和当事人双方之间的关系结构，称之为"审判三角形"。与简单型等腰三角形所不同的是，这种三角形还以两种形式与其下面的三角形发生关联。一种形式是法院的审判权直接对应于其正前方的检察监督权，这就在审判权和检察监督权两个公权力之间形成了监督和被监督的诉讼法律关系（体现为 DA 线）。另一种形式是作为审判三角形的底边的诉权对立型诉讼法律关系与检察监督权之间形成的又一个等腰三角形结构，称之为"监督三角形"。这个监督三角形也充分说明，当事人双方的诉讼行为也受到检察机关的监督，以确保诉讼诚信机制。审判三角形和监督三角形是映现各自机能的两种程序结构的辩证复合。在由检查监督权实施诉中介入所形成的菱形程序构造中，由审判权为主轴形成的审判三角形较之于由检察监督权为轴心所形成的监督三角形，在逻辑上和时间上先行处在矛盾的主导方面，所产生的结果便是审判三角形为主，监督三角形为辅。另外，检察监督权在发挥作用之时，监督三角形便成为程序的聚焦点，变成了矛盾的主要方面。可见，在构成棱形结构的两个三角形中，不能简单地说哪一个三角形更为重要、哪一个三角形依附于何者。它们在诉讼进行过程中，随着诉讼矛盾的变化而分别居于主导地位。"棱形结构论"认为，等腰三角形重在诉讼原理的贯彻与倡导，而非简单地在于形式上的坚持和恪守，棱形结构实质上维持和贯彻了等腰三角形结构的基本原理。①

---

① 以上关于棱形结构论的内容，详见汤维建《论诉中监督的菱形结构》，《政治与法律》2009 年第 6 期。需要说明的是，汤维建教授的"棱形结构论"系针对"诉中监督"（即诉讼过程中的监督）而言，而非针对抗诉这一"诉后监督"（诉讼完结后的监督）而发。但实际上，汤维建教授的"棱形结构论"也完全适用于其关于抗诉程序的结构描述。因为汤维建教授认为，在因抗诉所产生的审判监督程序中，人民检察院自始至终承担着监督职能（见汤维建《民事诉讼检察监督基本原则的新发展》，载汤维建《民事检察法理研究》，中国检察出版社，2014，第 104 页）。换言之，检察机关对抗诉启动后的审判监督程序同样存在着"诉中监督"。因而，"棱形结构论"自然同样适用于抗诉监督程序。

二 对既有理论的检视

质疑论("四边形结构论")直接否定了民事抗诉制度诉讼结构的合理性,而新构论则努力合理化民事抗诉制度的诉讼结构,试图找出一种较好的(即使不是最佳的)理论诠释。应当说,新构论有着自己关于民事诉讼结构的一些理论认知基础。在一些民事抗诉制度维护论者看来,认为民事诉讼结构只有坚持等腰三角形模式才能体现诉讼公正的观点,是不科学的。理由是:其一,并非所有的民事诉讼结构模式都是等腰三角形。在只有原、被告双方参加的民事诉讼中,诉讼结构可以是等腰三角形。如果还有第三人参加的情况下,那么诉讼结构就无法以等腰三角形来形容。然而,不管是有独立请求第三人还是无独立请求第三人参加诉讼,虽然诉讼结构不是等腰三角形,但是并没有影响诉讼的进行,也没有影响诉讼的公正。换言之,诉讼法律关系主体的多寡,诉讼结构是否具有等腰三角形样态,与诉讼的进行和诉讼公正无关。其二,诉讼公正与诉讼主体权利义务的界定及正确行使权利、履行义务有关。在民事诉讼法律关系中,只要法律对各个民事诉讼主体的权利及义务正确科学地界定,并保证诉讼主体正确行使权利与履行义务,诉讼公正就应当是可期待的。因此,以是否具有等腰三角形诉讼结构来衡量诉讼是否公正并排拒检察院参与诉讼的理由是站不住脚的。其三,检察院参与诉讼后,就像第三人参与诉讼后一样,即使诉讼结构发生变化,只要法律预先对各个诉讼主体(包括检察院)的权利义务正确界定,不但不会影响诉讼公正,反而会促进诉讼公正。因为检察院既不以原告身份也不以被告身份参与诉讼,而是以国家法律监督者身份参与诉讼,以保证司法公正为己任。[①] 还有学

---

① 蔡福华:《民事检察理论若干问题辨析》,《人民检察》2001 年第 2 期。

者则提出:"三角形比四边形稳定,这一自然科学的定律未必能照搬到社会科学中来。诉讼结构是否平衡,主要看参与诉讼的各主体之间的力量是否平衡。在民事诉讼中,法官居中裁判,当事人之间攻守均衡。检察机关运用抗诉权参与其中,三角形变成了四边形。……抗诉权从设置之日起,从来就是一种独立运行的公权力,不是也不可能是任何一方当事人的附庸。……不会加大任何一方当事人力量,当事人之间的力量仍然是均衡的,诉讼结构平衡并未被打破。"[1]

这样的"不破不立"式的理论认知与勇气,无疑为新构论提供了强大论证支撑。但这只是原则上的、抽象的论证支撑,并不构成上述新构论各种观点之合理性的具体依据,也不构成对质疑论者提出的"四边形结构论"的具体评判。应当说,关于无论是对质疑论者提出的"四边形结构论",还是对维护论者提出的各种新构论,我们都有必要加以理性而具体的检视与评判。

笔者首先想指出的是,无论是质疑论者提出的"四边形结构论",还是维护论者提出的各种新构论,在论证与观点的具体细节上,自身都分别存在无法忽视的问题。例如,就质疑论者提出的"不等边的四角形结构"而言,所谓"不等边的四角形结构",也就是指不规则的四边形结构。之所以是不等边或不规则的四角形,乃是由于"检察机关这一极的位置都极难确定"。这一结论实质上也等于完全否定了合理确定民事抗诉监督诉讼结构的可能性。因为诉讼结构必然具备稳定、规律的特征,既然民事抗诉监督诉讼属于"不等边的四角形结构",且"检察机关这一极的位置都极难确定",那么说明这一四角形结构的具体形态是不确定的,也就是不稳定的、非规律的。所以,"不等边的四角形结构"的说法实质上等于否定掉了民事抗诉监督具

---

[1] 贺恒扬主编《抗诉论》,中国检察出版社,2008,第256页。

备可预测的诉讼结构。而我们认为，只要客观、理性地看待民事抗诉监督，一定可以发现其间存在的稳定的诉讼结构。

再比如，就质疑论者提出的"平行四边形结构"而言，要么其并没有具体释明为什么是平行四边形以及具体是什么形态的平行四边形（因为平行四边形在几何学上形态是非常多的），也没有具体指明检察机关在该结构中到底居于什么位置；要么虽然具体指明了检察机关在该结构中到底居于什么位置（即"行使审判权的法官和行使监督权的检察官居于法庭的上方两端，或者由他们相邻地居于法庭的正前方，和位于对面的当事人两造形成平行的四边形结构"），但这只是纯粹的几何学意义上的结构描述，并没有在实质上界定法官、检察官和当事人两造之间的权利（力）义务关系，仍然让人摸不着头脑。

或许，质疑论的本来使命就是对民事抗诉制度的质疑与否定，哪怕其并不曾提出更为具体的关于四边形的论证与描述，但其只需要提出大写的疑问就可以了。而要释解这大写的疑问，正面理清民事抗诉监督的诉讼结构，则属于维护论者的使命。但令人遗憾的是，维护论者所提出的各种新构论，似乎也存在明显的理论瑕疵。

例如，"三棱锥结构论"难免会有检察监督权高于审判权的疑虑，且其属于立体视图，距离传统等腰三角形结构之平面视图过远，难以与现实的诉讼场景相贴合。而"棱形结构论"尽管认为其维持和贯彻了等腰三角形结构的基本原理，但明显不能圆融解释检察监督权和审判权之间的"监督线"（体现为图中的"DA"线）的位置归属，因为"审判三角形"和"监督三角形"显然都无法容纳这一"监督线"。正如有学者所言："学者们提出很多设想：如带有很强的想象色彩的锥体结构形式及由共用一条边的两个等腰三角形组成的菱形结构形式。从观念上来说，这些设想在技术上带有冲击性，而且力图直观式地表达监督理念,但从实施的角度看,又都几无可能,也不能有效地解决现行抗诉法庭出现的各种问题。所以,我国的抗诉实践并没有验证这些学者们提出的设想。"[1]

于此,笔者不想过于细致地一一评判现有诉讼结构理论的具体观点,而是想着重深入分析其一般理论特征,以便能获得更为整体性的认识。笔者认为,尽管质疑论和新构论各有各的视角,观点迥然不同,但其关于民事抗诉监督诉讼结构的分析却有着共同的思维特征。主要有两点。

一是将检察院对法院民事审判行为的法律监督作点对点式的"线性化"理解,诉讼中法官直面检察官的监督,检察官直接对法官进行监督。这样的视角下,检察院和法院之间的关系自然存在一条可视化的监督与被监督关系性质的"直线",即上文所提的"监督线"(即图中的"DA"线)。正是由于此"监督线"的存在,才使"四边形"、"三棱锥形"和"棱形"等诸结构得以成立。如果没有这样的"监督线",那么上述立论便即刻失去基础。但事实上,这样的"监督线"是属于对检察机关民事审判检察监督职能过于简单的直观抽象,在实存的民事抗诉监督的整体制度构造中是否存在这样的"监督线",有待深入探讨。

二是结构分析的对象直接聚焦于被抽象过的诉讼主体要素上(即法院、双方当事人和检察院),而没有首先指向或紧密结合实存的具体民事抗诉制度与程序,造成结构分析过于简单化、抽象化、静态化。因为真实的诉讼结构不是凭空发生或存在的,而是必然依托于具体的制度与程序的。因此,民事抗诉监督的诉讼结构分析应当结合具体的、

---

[1] 邵世星:《民事审判监督程序的定位与结构设计》,《国家检察官学院学报》2014年第2期。

实存的民事抗诉制度，尤其是在 1991 年民事诉讼法经过 2007 年和 2012 年两次立法修改，民事抗诉制度已经发生重大变化的情况下，民事抗诉监督的诉讼结构也应当与时俱进。

鉴于上述，在笔者看来，质疑论和新构论在思维特征方面存在共同的基本不足。笔者认为，关于民事审判检察监督职能的基础性理解以及关于结构分析的对象的理解，是我们进行民事抗诉监督诉讼结构分析首先要解决的基本问题。我们的结构分析将首先从这两大基本问题出发。

第二节 民事抗诉监督诉讼结构的新分析

有学者认为，检察机关对民事诉讼的介入，对民事诉讼程序的变化提出了至少两个方面的要求，对于这两个方面的要求，程序机制的变更应予充分体现。第一个要求是，检察机关对民事诉讼的诉中介入，要求实现其程序定位的内在化，第二个机制要求乃是独立性角色。欲对检察机关在诉讼介入后的程序地位进行恰当的安排，从而形成理想的诉讼格局或程序构架，尚需进而满足一个技术性标准和一个伦理性标准。技术性标准是：检察机关介入民事诉讼后所形成的程序构架，要具有几何学上的稳妥性或稳当性。伦理性标准就是任何一项公权力对民事诉讼程序的介入，都要与冲突中的诉讼主体保持程序上的等距离；这种等距离不仅仅是法律上的和司法情感上的，也是物理上的和程序形态上的，后者而非前者在这里起到关键性的程序铸造作用。[①] 笔者认为，这种观点对界定民事抗诉监督诉讼结构具有指导意义。尽管不能据此直接推导或描述民事抗诉监督的诉讼结构，但是应当作为

[①] 汤维建：《论诉中监督的菱形结构》，《政治与法律》2009 年第 6 期。

一个合理的民事抗诉监督诉讼结构的评判、衡量框架。下文笔者将从诉讼结构分析的基础理论出发，展开关于民事抗诉监督诉讼结构的分析。

一 诉讼结构分析的基础理论

（一）民事审判检察监督的概括性意涵及其制度表达

根据我国民事诉讼法的规定，人民检察院有权对法院民事审判活动实行法律监督。[①] 根据民事审判检察监督这一原则性规定，很容易习惯性地将检察机关和法院之间的监督与被监督关系，直观地抽象为"点对点"式的"线性"关系，而且将这样的"线性"关系固化，即将"监督线"贯穿于检察机关介入之后的整个民事诉讼过程之中（由此形成了图5-2中的"DA"线）。此种结构观很有代表性，正如有学者所言："民事诉讼法既然将人民法院的审判活动作为检察机关实施法律监督权的法定客体，那么，检察监督程序结构便应当直观地体现出此项基本原则的效能。"[②] 笔者认为，这种结构观其实很令人疑惑。就民事抗诉而言，众所周知，民事抗诉是检察机关对法院审判活动的事后监督，体现为对原审已经生效的民事裁判的事后检察监督。即使说民事抗诉体现了检察机关对作出生效民事裁判的原审法院的"点对点"的监督，且此"点对点"的监督必然在视图上体现为"监督线"，但是由于民事抗诉是事后监督，原审法院实际上并不以诉讼主体身份

[①] 1991年民事诉讼法（第14条）规定："人民检察院有权对民事审判活动实行法律监督。" 2012年民事诉讼法（第14条）则调整表述为："人民检察院有权对民事诉讼实行法律监督。" 此表述中"民事诉讼"的含义学界理解有所分歧，有人认为系包括且仅限于法院的民事审判活动和民事执行活动，有人则认为还包括当事人的民事诉讼活动。但无论如何，此表述中"民事诉讼"的核心意思首先包含"法院民事审判活动"，则是没有任何疑义的。

[②] 汤维建：《论诉中监督的菱形结构》，《政治与法律》2009年第6期。

出现在当前的民事抗诉程序中,原审法院只是民事抗诉监督的意指性对象而非当前民事抗诉程序中的诉讼主体,因而显然这条所谓的"监督线"实际上并非实存于当前的民事抗诉程序的诉讼结构中。换言之,就当前的民事抗诉监督程序的诉讼关系或诉讼结构而言,检察机关和原审法院之间的所谓"点对点"的"监督线"是不在其中的。[①]

进一步而言,其实检察机关和原审法院之间的所谓"点对点"的"监督线"是不存在的。因为我们不能将检察机关与法院之间存在的这种监督与被监督关系简单地化约为"点对点"的"线性"关系。实际上检察机关对法院的法律监督是通过系统化的制度整体来实现的,即通过制度整体的运作来承载与实现法律监督的功能。民事抗诉制度就是这样的一个制度整体,它承载与实现检察机关对法院民事审判活动的法律监督。换言之,法律监督属于对一个制度运作功能的整体描述,民事审判检察监督是民事抗诉制度整体的功能,不能简单理解为"点对点"的"线性"监督。这就必须回到前文(第三章第二节)所述的"法律监督"的概括性意指原理来加以理解。

一如前文(第三章第二节)所述,人民检察院是国家的法律监督机关这一宪法定位,实际上是一个整体性定位,在概括意义上可以说检察权就是法律监督权。但是,我们不能因此将检察机关所有具体的职权或活动都机械地定性为"法律监督"。检察权作为整体具有这样的结构性:由依据法律监督对象划分所形成的"基本检察权"以及作为基本检察权之构成内容与实现手段的诸多"具体检察权"所构成。"法律监督"是一个"概括性意指",仅意指"基本检察权",而并不意指"具体检察权",即一项一项具体的检察职权或检察活动。具体

[①] 至于检察机关和抗诉案再审法院之间是否存在这种"点对点"的"监督线",这是另外一个问题,本节第二部分"诉讼结构分析的展开"中将专门予以讨论。

检察权本身并不必然直接体现为法律监督属性，在性质上从属于基本检察权的范畴，其法律监督属性须经由基本检察权而获得集中体现。例如，民事抗诉审查过程中的调查权，其本身是中性的，目的是为了了解事实，不能说它就是一种法律监督；而决定不抗诉权，更是不能说它就是一种法律监督。但这些"具体检察权"是正确履行民事审判监督权这一"基本检察权"在事理上与逻辑上所必需的，其作为有机整体而体现了法律监督的属性。

总之，"法律监督"仅意指"基本检察权"，而并不意指"具体检察权"，系概括性意指。民事审判监督权或者说民事审判检察监督属于基本检察权范畴，直接体现了法律监督的属性，属于概括性权力或者说具有概括性意涵。它通过民事抗诉权及其相关的抗诉申请受理、审查、调卷、调查、出庭支持抗诉乃至决定不抗诉权等具体检察权而得以落实和实现。这些具体检察权本身并不必然直接体现法律监督属性，而是在性质上从属于民事审判检察监督这一基本检察权，并由此概括性地体现为法律监督属性。与此相应，作为具体检察权的民事抗诉权及其相关的诸职权，其间并非无序地散漫存在，而是在逻辑上服从于民事审判检察监督这一基本检察权，在运作上服从于由一系列程序所构成的制度整体，即民事抗诉制度。因此我们完全可以说，民事审判检察监督权通过民事抗诉制度之整体而得以体现与落实，而民事抗诉制度则整体性地承载了民事审判检察监督的职能。换言之，民事审判检察监督作为概括性的基本检察权，其通过民事抗诉制度得到表达，而民事抗诉制度作为整体体现了民事审判检察监督职能。也正因为民事审判检察监督是民事抗诉制度整体的功能，因而显然不能将民事审判检察监督简单地还原为检察机关与法院之间的"点对点"的"线性"关系。反过来说，即使存在这样的"线性"关系，它最终也是体现为民事抗诉制度的整体功能。所以，我们在分析民事抗诉监督的诉讼结构时，集中着眼于作为承载民事审判检察监督功能的民事抗诉制度之整体便可，无须另外设想或顾念检察机关与法院之间所谓"点对点"的"监督线"。

（二）诉讼结构的承载体：实存的民事抗诉制度之整体构造

分析民事抗诉监督诉讼结构应当直接面向民事抗诉制度之整体，民事抗诉制度之整体也就是民事抗诉监督诉讼结构的承载体。由于诉讼关系（结构）是在诉讼过程或阶段中展现的，为了具体分析民事抗诉监督诉讼结构，我们有必要预先了解实存的民事抗诉制度之整体构造，即民事抗诉制度之不同程序阶段的完整构成。① 关于民事抗诉制度的构造问题，我们在前文（第四章第一节）已经有了较为详细的论述。基于论述逻辑的完整性起见，我们有必要从论证诉讼结构所需之角度对其予以概要复述。

我国民事抗诉制度的构造有一个历史性嬗变的过程。1982年民事诉讼法（试行）仅仅在总则部分规定人民检察院有权对人民法院的民事审判活动实行法律监督，但是在分则部分并没有具体规定。1991年民事诉讼法在"审判监督程序"部分以4个条文首次明确规定了民事抗诉制度，形成了前后相衔接的两个程序阶段，即抗诉程序和抗诉案再审程序。前述抗诉程序和抗诉案再审程序是两个相对独立的程序阶段，共同构成了1991年民事抗诉制度，我们称其为"1991年两阶构造"。

---

① 所谓构造，也称之为结构，是指作为事物整体的构成要素以及各要素之间的有机联系。一般诉讼程序均包含了两方面的规定性：一方面是程序活动的阶段和过程，一方面是一种关系安排，体现了程序主体之间的关系结构。（参见章武生等《司法现代化与民事诉讼制度的建构》，法律出版社，2000，第7页）前者称为"阶段构造"，后者称为"关系构造"。"关系构造"实际上也就是我们通常所说的"诉讼结构"。本书此处所称"构造"专指"阶段构造"，以区别于"诉讼结构"。

1991年民事诉讼法于2007年和2012年经过了两次修改，民事抗诉制度得到了大幅度的修改，体现为6个方面：一是细化了生效判决、裁定的抗诉法定事由，并将其与当事人申请再审的事由相统一，即将"有新的证据，足以推翻原判决、裁定"这一原属当事人申请再审的事由也纳入抗诉的法定事由。二是设立了当事人向人民检察院申请抗诉的程序，确立了向人民法院申请再审先行、向人民检察院申请监督在后以及检察监督一次申请规则。三是设定了人民检察院审查当事人抗诉申请的期限，即人民检察院对当事人的申请应当在三个月内进行审查，并做出决定。四是规定了人民检察院调查核实权，即人民检察院因履行法律监督职责提出检察建议或者抗诉的需要，可以向当事人或者案外人调查核实有关情况。五是设定了人民法院接受人民检察院抗诉后应当裁定再审的期限，即人民检察院提出抗诉的案件，接受抗诉的人民法院应当自收到抗诉书之日起30日内作出再审的裁定。六是规范了抗诉案再审的审级，即规定涉及案件事实问题之5种情形之一的，可以交下一级人民法院再审，除此之外应当由接受抗诉的法院直接再审。

基于上述立法修改，实际上形成了民事抗诉制度的"五阶构造"，即"申请程序—立案受理（申请的形式合法性审查）程序—抗诉事由审查程序—抗诉程序—抗诉案再审程序"。比照"1991年两阶构造"称谓，我们将现行民事诉讼法框架下民事抗诉制度的"五阶构造"称为"2012年五阶构造"。

制度构造上的变化不是一个简单的变化，其中蕴含了深层次的制度逻辑的变革。一是在程序构造逻辑起点上，"1991年两阶构造"是直接从检察机关"提出抗诉"开始；而"2012年五阶构造"则是从当事人申请抗诉开始。既然是从当事人申请抗诉开始，那么申请抗诉与否的决定权便在当事人手里，当事人享有处分权。换言之，检察机关原则上不能无视当事人的意愿而依职权直接提出抗诉，须以当事人的申请为前提。二是在程序内在逻辑理路上，"1991年两阶构造"下，民事抗诉被普遍理解为系检察机关对法院审判活动的公权力监督，其目的是为了纠正法院违法审判行为，维护国家法制的统一正确实施，而非为当事人提供私权救济。而"2012年五阶构造"下，尽管民事抗诉的性质仍然属于检察机关对法院审判活动的公权力监督，但是监督的目的不再被局限理解为纠正法院违法审判行为，以维护国家法制的统一正确实施，而是首先被定位于为当事人提供私权救济。[①] 这一点从新民事诉讼法将抗诉事由与当事人申请再审事由相统一的立法精神中已经透露出来；同时，以法院处理当事人再审申请的情况作为检察监督的前提，以及民事抗诉须以当事人的申请为前提，这两点均体现了其私权救济之制度目的。总之，一如前文（第四章第二节）所述，按照制度功能界分原理，随着民事抗诉制度整体构造的变化，其制度功能也已经由"维护国家法制"转变为"权利救济"。

应当说，关于民事抗诉监督诉讼结构问题，无论是质疑论者提出的"四边形结构论"，还是对维护论者提出的各种新构论，其都有一个无言的背景前提，那就是基于"1991年两阶构造"之民事抗诉制度，而非指向"2012年五阶构造"。其中的原因，有些是因为研究文献发表于2007年或2012年民事诉讼法修改之前，民事抗诉制度的构

[①] 关于监督与救济的辩证关系，笔者非常赞同傅郁林教授的观点："监督作为公权力对公权力的干预，其启动方式可能是基于自身的法定职能和法定程序而直接发动（即依职权启动）的，也可能是私人基于私权救济之目的而启动的。在后一种情况下，救济成为监督的动因和结果之一，但救济不是监督本身。反之亦然，监督程序可能是因私人谋求私权救济而启动的，并最终帮助私人获得了私权救济，但监督本身不是救济，而只是实现救济所借助的手段，这并不能改变监督本身只能是公权力针对公权力而实施的行为这一命题。"见傅郁林《民事执行权制约体系中的检察权》，《国家检察官学院学报》2012年第3期。

造尚未发生确定而明显的嬗变；有些是研究文献尽管发表于2012年民事诉讼法修改之后，但是因为研究者未能及时敏锐地注意到民事抗诉制度构造的深刻变化，而是仍然习惯性地停留于对民事抗诉制度老式的认知中。毫无疑问，作为研究对象的民事抗诉制度的整体构造已经发生了变化，那么相关的诉讼结构的研究理应随时而变，即我们不应当再执著于"1991年两阶构造"之民事抗诉制度，而应该指向"2012年五阶构造"。因为民事抗诉制度之整体系民事抗诉监督诉讼结构的承载体。

二 诉讼结构分析的展开

通过上文的分析，我们已经确定了对抗诉监督诉讼结构的现实分析应当面向民事抗诉制度之"2012年五阶构造"。抗诉监督诉讼关系（结构）正是在此"五阶构造"中而具体展现。

仔细观察"2012年五阶构造"，实际上可以概括为两大阶段，即检察阶段和审判阶段。检察阶段包括"申请程序—立案受理（申请的形式合法性审查）程序—抗诉事由审查程序—抗诉程序"四阶，审判阶段即第五阶"抗诉案再审程序"。检察阶段和审判阶段在程序参与主体和程序核心任务上均存在明显不同，由此形成了两大不同的法律关系。

首先，关于检察阶段。由于制度目的由维护国家法制转变为私权救济，当事人在穷尽法院方面的救济程序后[①]，可以直接申请检察机关抗诉，以获取司法救济。而检察机关则负有法定义务来"回应"当

[①] 所谓"穷尽法院方面的救济程序"学理上是指当事人应当先充分利用二审程序和向法院申请再审程序来谋求司法救济，经此仍未能得到适当救济的，才可以向检察机关申请抗诉救济。2012年民事诉讼法（第209条）规定了向人民法院申请再审先行、向人民检察院申请监督在后的规则，但未明文禁止当事人就一审生效的裁判（即当事人未充分利用二审程序）向法院申请再审以及向检察机关申请抗诉。但是，《人民检察院民事诉讼监督规则（试行）》第32条对当事人依法可以上诉但未提出上诉的一审生效的裁判，在抗诉申请受理上作出了部分限制。

事人的申请。这种"回应"义务体现为：检察机关应当在法定期限内对当事人的抗诉申请进行审查（包括申请的形式合法性审查和抗诉事由是否成立的审查），以及依法作出受理或不受理以及提出或者不提出抗诉的决定。显然，检察阶段所包括的"申请程序—立案受理（申请的形式合法性审查）程序—抗诉事由审查程序—抗诉程序"四阶程序正是体现了"申请—回应"的程序构造。正是因为"申请—回应"的程序构造，检察机关与当事人之间产生了程序上的法律关系。需要说明的是，检察机关在回应当事人抗诉申请的过程中，并非仅仅与申请抗诉的一方当事人发生法律关系，而是同时要与被申请一方当事人发生法律关系。概括而言，在检察机关就抗诉申请所进行的审查程序中，申请抗诉一方当事人和被申请一方当事人享有平等的程序参与权，而检察机关则是"居中审查"，正像审判权必须居中行使一样。"居中审查"具体表现为：双方当事人享有同等的关于案件程序进展的知悉权，享有同等的申请检察办案人员回避的权利，享有同等的提出关于案件事实与法律适用之主张的权力，享有同等的提出案件证据材料的权利；而检察机关则要平等地对待双方当事人，公平保障前述双方当事人享有的权利，居中审查案件。例如，案件受理通知书、决定抗诉通知书等要送达双方当事人，案件审查过程中要听取双方当事人的意见，必要时还要组织双方当事人进行听证等。① 总之，居中审查意味着"既要考虑申诉一方的主张及其提供证据的情况，又必须要考虑到被申诉一方的主张及其提供证据的情况"②。

由此可见，因为"申请—回应"的程序构造，检察机关与双方当

---

① 关于双方当事人享有平等程序参与权、检察机关居中公开审查的具体规定，详见最高人民检察院《人民检察院民事诉讼监督规则（试行）》。
② 王鸿翼：《试论构建科学的诉讼构造模型》，载王鸿翼《规范和探索 感性与理性——民事行政检察的回眸与展望》，中国检察出版社，2013，第 238 页。

事人之间产生了程序上的法律关系,当事人享有平等的程序参与权,而检察机关则是居中审查,并作出是否提起抗诉的最终决定。显然,这是确定的等腰三角形关系。[①] 这一等腰三角形关系结构中,检察机关居中,申请抗诉一方当事人和被申请一方当事人分列两旁,地位平等。[②] 这一等腰三角形关系,以当事人申请抗诉始,而以检察机关审查决定(抗诉或者不抗诉)终,其程序的核心任务是要解决:检察机关是否支持当事人提出的抗诉申请从而依法提出抗诉。[③] 同时,从这个角度看,民事抗诉书不能仅仅被理解为系检察机关对法院生效裁判的"异议"或监督意见,而是应该首先被理解为系检察机关对当事人监督申请的"回应"结论,是对当事人双方(监督申请人和被申请人)关于原审生效裁判是否确有错误或者说是否存在抗诉事由(亦即再审事由)之争议的审查结论或"裁决"。

其次,关于审判阶段。如果检察机关经审查后决定不抗诉,则整个程序终结。如果检察机关经审查后决定抗诉,由于抗诉必然启动再

[①] 最高人民检察院民事行政检察厅原厅长王鸿翼先生首先提出了类似观点:"如当事人一方对于生效裁判不服,提出申诉的时候,检察院就要了解双方当事人的情况,形成一个以检察权居中审查、双方当事人共同组成的另一个三角形关系。这时,检察机关就成为该程序的指挥者、决定者。"王鸿翼:《试论构建科学的诉讼构造模型》,载王鸿翼《规范和探索 感性与理性——民事行政检察的回眸与展望》,中国检察出版社,2013,第238页。

[②] 有学者认为,关于民事检察权的功能主要有权利救济和监督审判权两种观点,经过长时间的争论,第二种观点得到了绝大多数人的认同,因为检察权作为一项公权力,如果以救济当事人为目的介入民事诉讼,势必破坏民事诉讼等腰三角形的结构,造成当事人的不对等,只有将其定位于对审判权的监督,方能获得正当性基础。(参见杨会新《民事检察监督中调查权的范围》,《人民检察》2013年第15期)笔者认为,这是由于其没有细致观察到民事抗诉制度新构造的结果。在新构造下,检察机关以救济当事人为目的介入民事诉讼,不但不会破坏民事诉讼等腰三角形结构,而且恰恰能够形成等腰三角形结构。

[③] 根据新民事诉讼法规定,检察机关审查决定包括提出或者不予提出抗诉或检察建议。无论是何种决定,其实都不改变检察机关与双方当事人之间的等腰三角形关系结构。但是,由于本书系专门研究民事抗诉制度,故而整个论述过程中原则上都是围绕"抗诉"进行,而不提及检察建议,论述逻辑与结论也仅仅针对"抗诉"。这只是有意识的研究选择,绝不意味着民事检察监督只有抗诉而没有检察建议。特此释明。

审程序，法院应当依法裁定再审，则程序进入审判阶段，即"2012年五阶构造"中的第五阶"抗诉案再审程序"。对此，笔者想直接指出，抗诉案再审程序中所产生的诉讼结构也是一个等腰三角形关系结构，即当事人两造对席、法院居中审判的结构。这也正是传统民事诉讼法学上所说的典型的等腰三角形诉讼结构。这一等腰三角形诉讼结构的主体是法院和双方当事人，程序进行自法院裁定再审始，以法院作出再审裁判终，程序的核心任务是要解决法院是否支持抗诉申请人的再审诉讼请求，从而依法予以改判。

对此，也许很多人会有强烈疑义。因为1991年民事诉讼法第188条、2007年民事诉讼法第190条、2012年民事诉讼法第213条均一致明确规定："人民检察院提出抗诉的案件，人民法院再审时，应当通知人民检察院派员出席法庭。"换言之，抗诉案再审程序中明明检察机关具有一席之地，如何能够说抗诉案再审程序中属于当事人两造对席、法院居中审判的等腰三角形诉讼结构？对此，笔者想说明的是：这是因为"2012年五阶构造"中检察机关在抗诉案再审阶段的程序角色是象征性（或形式性）的，实质性的程序关系仍然是法院与双方当事人之间的三角形关系。具体论述如下。

新旧民事诉讼法虽然均规定了检察机关派员出席抗诉案再审法庭，但对于检察机关派员出席法庭的具体职责任务却没有进一步规定。实务中各地的做法有所差别，但在法理上检察机关派员出席抗诉案再审法庭的职责应该是统一的。从原理上说，检察机关依法提出抗诉，强制性地启动案件再审程序，即视为已经完成了通过检察监督为当事人提供司法救济机会的职责，抗诉案再审程序应由法院主导。而检察机关派员出席再审法庭，其主要职责应当是宣读抗诉书，即陈述抗诉要求和理由依据，以象征性地支持抗诉，为抗诉案开庭审理形式性地"开个头",表明本案再审系由检察机关抗诉而启动。检察机关不参与实质性的再审法庭诉讼活动(包括法庭调查和法庭辩论)[1],也不以法律监督者身份对法院庭审活动进行当庭监督。

  有种观点认为,检察机关是法律监督机关,民事抗诉是民事检察监督的法定方式,检察机关派员出席抗诉案再审法庭仍然属于履行法律监督职责的延续,因而检察人员不仅要在法庭上陈述抗诉要求和理由依据(即宣读抗诉书),同时还要监督人民法院的审判活动是否合法。笔者认为,法律监督职能是由民事抗诉制度之整体来承担的,不能机械地将检察机关在民事抗诉制度中的每一阶段、每一项活动都理解成或强加以法律监督职能,不能以检察机关是法律监督机关这一整体定位为依据而遽下结论,认为检察机关派员出席抗诉案再审法庭同样要当庭履行法律监督职责。尤其在"2012年五阶构造"下,民事抗诉的目的已然由"维护国家法制"转变为"私权救济",检察权的首要职责是"回应"当事人的救济申请并尊重当事人处分权,因此当检察机关依法提出抗诉而启动再审程序后,即完成了自身的任务,接下来的具体再审应当由法院主导。检察机关若继续对抗诉案再审庭审活动进行当庭监督,一来明显不符合民事抗诉制度之"事后监督"原则,二来可能与民事抗诉之私权救济目的以及当事人处分权发生冲突。[2] 正如一位资深民事检察业务专家所言:"对检察机关的职责来

---

[1] 如果检察机关在抗诉审查阶段自己调查取得相关证据材料,首先在检察阶段应当充分听取各方当事人的意见,其次在抗诉案再审法庭上应当向法庭提交并予以说明,由双方当事人进行质证。[参见2012年《最高人民法院关于适用〈中华人民共和国民事诉讼法〉的解释》第421条、《人民检察院民事诉讼监督规则(试行)》第61条、第96条。] 这样就避免了检察人员实质性地介入法庭调查活动。这一点类似于人民法院依职权调查所取得证据的质证。

[2] 例如,对于某项合议庭庭审活动,检察机关认为其违法、应当纠正,但当事人对其并没有意见,这样就会显而易见地发生内在冲突。如果检察机关依职权要求法院纠正,就会违背当事人的本意,损害当事人的处分权。既然民事抗诉制度的目的定位于私权救济,那么自然应当尊重当事人的本意及其处分权。

说，依法强制性地启动再审程序即是法律结果。法律没有赋予也不应当赋予所谓的'对庭审活动的监督'。"① 事实上，最高人民检察院为适应新民事诉讼法而出台的司法解释已经明确体现了这一点。② 总之，检察机关派员出席抗诉案再审法庭，系象征性地支持抗诉，不介入实质庭审活动，不对法院庭审活动进行当庭监督。因此，抗诉案再审程序总体上仍然保留了一般民事诉讼的框架和特征。据此我们可以说，在抗诉案再审阶段，实质性的程序法律关系仍然是当事人两造对席、法院居中审判的等腰三角形关系结构。

综上所述，民事抗诉制度之"2012年五阶构造"实际上可以概括为检察阶段和审判阶段。这两大阶段在程序参与主体和程序核心任务上均存在明显不同，由此形成了两大不同的法律关系，但在诉讼结构形态上是一样的，均属于等腰三角形结构，而且这两个等腰三角形结构在时序上前后紧密衔接。据此我们可以说，"2012年五阶构造"下，民事抗诉监督的诉讼结构为"双等腰三角形"结构。

至此，我们通过引入民事抗诉制度的整体构造和民事抗诉制度的功能这两个理论媒介，对新民事诉讼法框架下民事抗诉监督的诉讼结构进行了实证分析，得出的结论是：民事抗诉监督的诉讼结构为"双等腰三角形"结构。尽管民事抗诉监督程序中包含了法院、双方当事人以及检察院等四方主体，但这四方主体并非在"同一程序空间"中

---

① 参见王鸿翼《试论构建科学的诉讼构造模型》，载王鸿翼《规范和探索 感性与理性——民事行政检察的回眸与展望》，中国检察出版社，2013，第227~228页。另，需要特别说明的是，王鸿翼先生持"三棱锥结构论"，认为民事抗诉监督程序中存在着检察机关对法院的监督（或者说存在 DA 监督线），但是他认为检察机关通过抗诉强制性地启动再审，以激活已经终结的程序，提供纠正可能存在的裁判错误的机会，DA 线即已发挥了应有的监督作用，对于之后的抗诉案再审庭审活动并不存在监督职责。见王鸿翼《关于对民事诉讼三角形结构的质疑与思考》，《河南社会科学》2011年第1期。
② 最高人民检察院2013年《人民检察院民事诉讼监督规则（试行）》第96条规定：检察人员出席再审法庭的任务是：（一）宣读抗诉书；（二）对依职权调查的证据予以出示和说明。据此，显然检察人员出席再审法庭的任务并不包括对法院庭审活动进行监督。

并行存在，而是分阶（即"多程序空间"）组合、依次递进的。而且检察院对法院的法律监督也并非以简单的点对点之"线性"方式存在，而是由制度整体来概括性承受与表达的。无论是"四边形"还是"三棱锥形"或"棱形"，这些结构理论都是将前述四方主体置于"同一程序空间"内加以理解，且始终执著于检察院与法院之间的那条"监督线"而导致的结果。毋庸讳言，出于寻找更佳理论阐释的目的，本书提出了民事抗诉监督"双等腰三角形"结构理论。笔者相信"双等腰三角形"结构理论深度契合检察机关法律监督原理以及民事抗诉制度之实际构造。对此，我们完全可以自信地说，如果说"等腰三角形"是诉讼结构的原型，是"检验诉讼制度是否具有基本或起码的公正性的标志"[1]，那么民事抗诉监督之"双等腰三角形"结构显然同样符合诉讼结构的原型，同样具备公正性的标准。

---

[1] 汤维建：《论诉中监督的菱形结构》，《政治与法律》2009 年第 6 期。

第六章
民事抗诉制度的合理性论证

合理性问题是20世纪乃至当代西方哲学的主题之一。对于合理性问题的哲学关注既促进了人文社会科学的当代发展，也使合理性问题在人文社会科学的主要学科中日益鲜明地凸显出来，成为当代人文社会科学研究中的重大问题。[①] 究竟什么是"合理性"，具体观点不一[②]，但是其基本含义是明确的。所谓"合理性"，简言之就是合乎理性、合乎道理。[③] 具体而言，"合理性"有着两方面的基本含义，一是意味着"合乎事实及其规律"，二是意味着"合乎人愿及其目的"[④]。前者是"合理性"的客体尺度或客观视角，后者是"合理性"的主体尺度或价值视角。"合理性"概念是这两者的有机统一。据此，就我们的任务而言，民事抗诉制度的合理性论证的完整内容应当包括两方面：

---

① 欧阳康：《合理性与当代人文社会科学》，《中国社会科学》2001年第4期。
② 西方学者F.兰科在其《合理性的类型和语义》一文中，列举的"合理性"这一术语便达21个之多。转引自赵士发《关于合理性问题研究综述》，《人文杂志》2000年第2期。
③ 按照美国匹兹堡大学哲学教授尼古拉斯·雷彻的说法，"合理性是个对适当目标的明智追求的问题"，或者说追求某项事物"有很好的和有说服力的理由"，"做到合乎理性——按照理性的劝告办事"。See Nicholas Rescher, Rationality: A Philosophical Inquiry Into the Nature and the Rationale of Reason. Oxford University Press, 1988, p.126, p.205.
④ 刘传广：《简论"合理"》，《现代哲学》1999年第2期。

一是论证民事抗诉制度是"合乎人愿及其目的",也就是论证民事抗诉制度所具有的理论价值与现实功能;二是论证民事抗诉制度是"合乎事实与规律"的,也就是要符合我国法律体系的总体制度安排和基本法理逻辑。第一方面的论证相对较少有争议,且我们已经在前文(第二章第二节)集中阐述了,[1] 在此不再赘述。我们的重点将集中在第二方面的论证上,也就是要着重论证民事抗诉制度符合我国法律体系的总体制度安排和基本法理逻辑。具体而言,所谓我国法律体系的总体制度安排主要是指我国宪法关于国家政体的规定;所谓基本法理逻辑也就是我国宪法和民事诉讼法的基本法理逻辑。目前学界和实务界关于民事抗诉制度合理性与否的巨大分歧与争论正是集中在前述第二个方面。正如我们所看到的那样,在这场持续的论争中,维护论者一直在为从学理上证成民事抗诉制度而努力。但是,正如我们同样所看到的那样,关于民事抗诉是否侵犯当事人处分权、民事抗诉是否损害当事人诉讼地位平等原则以及如何界定因民事抗诉而引发的四方主体(双方当事人、法院和检察院)的诉讼关系等三大突出理论问题,维护论者尚未能予以有效解答(详见本书第二章)。正因如此,我们的任务将放在"合理性"论证的第二个方面[2],笔者将尝试为证立民事抗诉制度的合理性提出自己的逻辑进路。

到目前为止,笔者的论述重点都是放在或指向2012年民事诉讼法框架下的民事抗诉制度或者说现行民事抗诉制度,因而最终的合理性论证自然也是指向现行民事抗诉制度。但是,考虑到1991年民事诉讼法框架下的民事抗诉制度存在了20年的客观历史事实,关于它的合理

---

[1] 详见本书第二章第二节"正面立论"部分中的"(二)民事抗诉有助于维护司法公正"和"(三)民事抗诉制度的现实合理性"。这两部分内容实际上就是阐述了民事抗诉制度的理论价值和现实功能。

[2] 这只是就总体而言,其实在进行第二个方面论证的过程中,难免会在一定程度上涉及第一个方面论证。合理性论证的第一个方面和第二个方面往往是相互交织的。

性论证不应当缺场。为此，笔者将相继就1991年民事诉讼法框架下和2012年民事诉讼法框架下的民事抗诉制度分别提出合理性论证，并分别称之为"面向旧构造的理论阐释"（旧阐释）和"面向新构造的理论阐释"（新阐释）。这样的安排其实也并非纯粹出于求全责备，实际上用意仍然落在新阐释上，即通过阐发旧阐释及其所面临的困境，来凸显新构造及其新阐释的妥适性。

第一节 面向旧构造的理论阐释及其困境

所谓面向旧构造，即面向1991年民事诉讼法框架下两阶构造的民事抗诉制度。在"1991年两阶构造"下，寻找关于民事抗诉制度合理性的最佳或者说可能的理论阐释，这是本节所要尝试的。让我们先简要回顾一下"1991年两阶构造"。1991年民事诉讼法则在"审判监督程序"部分以4个条文首次明确规定了民事抗诉制度，它包括了前后相衔接的两阶段程序，即抗诉程序和抗诉案再审程序。"1991年两阶构造"，其在程序构造逻辑起点上，直接从检察机关"提出抗诉"开始，检察机关享有提起抗诉的自主职权，无须以当事人申请为前提；其在程序内在逻辑理路上，民事抗诉被普遍理解为系检察机关对法院审判活动的公权力监督，其目的是为了纠正法院违法审判行为，维护国家法制的统一正确实施，而非为当事人提供私权救济。

我们认为，到目前为止，维护论者之所以尚未能对民事抗诉是否侵犯当事人处分权、民事抗诉是否损害当事人诉讼地位平等原则以及如何界定因民事抗诉而引发的四方主体（双方当事人、法院和检察院）的诉讼关系问题给出有效解答，究其根本原因就在于：维护论者一方面立足于"1991年两阶构造"独特的逻辑原点——"民事抗诉系检察机关对法院审判活动的公权力监督,其目的是为了纠正法院违法审判行为,维护国家法制的统一正确实施,而非为当事人提供私权救济",而另一方面又极力避开该逻辑原点在制度原则、程序关系以及程序构造等一系列后续问题上的必然逻辑延伸,从而造成了理论自身内在的逻辑紧张与矛盾,缺乏一以贯之的逻辑穿透力和足够的说服力。应当说,"1991年两阶构造"下的民事抗诉制度并非内生于传统民事诉讼体系,而是有着自己完全独特的制度逻辑脉络,其理论基础、制度本身的功能及其所必然延伸的程序关系与程序构造都是独特的,明显区别于传统民事诉讼法理。下文将对"1991年两阶构造"下的民事抗诉制度的整体逻辑脉络展开阐释,为其合理性论证提供一种可能的进路。①

一 民事抗诉制度的宪法基础

毫无疑问,就一般而言,宪法是所有法律制度的基础。但是,对于民事抗诉制度而言,宪法对国家权力结构的规定以及对检察机关的定位,对于民事抗诉制度的合理性有着特殊而具体的支撑作用。

(一) 人民代表大会制度下的法律监督权

我国是社会主义国家,在国体与政体上都迥然有别于以美国为代表的西方国家,这是政治上的基本不同点。我国的政体是人民代表大会制,这一政体决定于人民民主专政这一国体,人民代表大会制度是人民民主或者说人民当家做主这一根本政治原则的体现和表达。在我国人民代表大会制这一政体下,一切权力属于人民,公民通过行使选

---

① 基于本节内容的独特语境,若无特别说明,本节下文所谓"民事抗诉"或"民事抗诉制度"均特指"1991年两阶构造"下的民事抗诉活动或制度。

举权和监督权选择并制约人大，通过人民代表大会来行使其权力，因此人民代表大会代表人民集中地行使国家权力；同时，在人民代表大会权力集中的前提下，又在权力的具体行使上实行适当的分工，即在人大之下设置行政、审判、检察，即所谓"一府两院"，由"一府两院"具体行使各自范围内的权力，同时又必须对人民代表大会负责，受其监督。这是我国宪法确立的国家政权组织形式的基本框架。[①] 我国这一宪政框架明显区别于以美国为代表的"三权分立"制，后者以立法权、行政权、司法权相互平等分立、相互制约为基本特征，立法机关并不特别地享有高于行政与司法的突出地位。而在我国实际上是实行"议行合一"的人民代表大会集权制，在这一集权制下实行适当的"一府两院"分工，人民代表大会与"一府两院"相比在宪法上具有无可置疑的权力至高性，因为它是人民表意机关，象征全体人民的"公意"。在我国人民代表大会制下，只是行政权、审判权和检察权在人大派生下相互平等分立，政府行使行政权，法院行使审判权，而检察机关则属法律监督机关，它在人民代表大会的统一监督、负责下，对政府执法行为和法院审判活动实行专门法律监督，以维护国家法律统一正确实施，使执法机关和审判机关的一切行动都统一到立法（权力）机关的意志上来。[②] 我国检察机关作为与行政、审判并行的法律监督机关的这种独特宪法地位是按照列宁关于法律监督的学说建立起来的，是人民代表大会政体所决定的。

显然，在我国人民代表大会制度结构下，检察权与审判权的关系具有与"三权分立"模式下完全不同的性质，法院司法（审判）权并非与立法权平等并获得宪法地位上的独立，检察权也已经从国家权力

[①] 郭道晖：《人民代表大会制度的几个理论问题》，载郭道晖《法的时代精神》，湖南出版社，1997。

[②] 孙谦、刘立宪主编《检察理论研究综述（1989—1999）》，中国检察出版社，2000。

中独立出来，成为专司法律监督职责的与审判权以及行政权平行的权力，起着监督制约审判权以及行政权的作用。我国检察机关法律监督权或检察权难以完全归入西方国家"三权分立"宪政框架下的立法权、行政权、司法（审判）权之职能区分范畴，它实际上是基于另外一种国家职能区分和权力制约原理而建立的，即实际从事事务活动的职能和对事务活动的监控与批评的职能相分离。行政、审判属于前者范畴，而检察则属于后者范畴。因此，检察权与行政权、审判权不同，它没有实体上的处分权，所作决定并无终局性，实质上属于程序性权力，是一种对行政权、审判权违法行使的异议权。正如列宁所言："检察长的责任是使任何地方政权机关的任何一项决定都不同法律抵触。所以检察长有义务仅仅从这一观点出发，对一切不合法律的决定提出异议。但是检察长无权停止决定的执行，而只是必须采取措施，使整个共和国对法制的理解绝对一致。"① 作为享有实体处分之终局决定权能的行政权和审判权必须接受检察权监督，而作为监督者的检察机关却只有异议权而没有实体处分权或代（行政、审判）行决定权，两者从权力行使的程序和实体上相互分离，从而达成相互制约的局面。但无论是实际从事事务活动的职能还是对事务活动的监控与批评的职能，其最终权源为人民，也必须受到人民的最终监督，在制度上即为受到人民代表大会的监督，保障国家各项权力在人民的意志范围内行使，实现"人民当家作主"的民主思想。这就是我国人民代表大会制度框架下权力分工制约的原理，它体现了不同于"三权分立"权力制约逻辑的另外一套科学合理的权力制约机制。②

---

① 转引自吕世伦主编《列宁法律思想史》，法律出版社，2000，第824页。
② 孙谦、刘立宪主编《检察理论研究综述（1989—1999）》，中国检察出版社，2000，第7页。

宪政的核心问题是国家权力配置问题，西方"三权分立"和我国人民代表大会制分别代表了不同的国家权力配置体制，两种政制有着各自不同的理论基础，适应于不同的国情，但其基本理念是共通的，即"以权力制约权力"[①]。因此，在纯理论形态上，两者各有逻辑、各成体系，无所谓孰优孰劣。但在实践上，两者适用于不同的国体与国情，人民代表大会制度在我国具有深远的历史渊源、"政治、经济和文化"基础以及政制思想根基，符合我国国情。[②] 在讨论包括民事抗诉制度在内的各项法律制度时，我们应当本着实事求是的态度，尊重并遵循人民代表大会制度这一基本宪政事实。

（二）民事抗诉制度是检察权对审判权的法律监督

我国检察机关作为人民代表大会制度下的专门法律监督机关，对审判权起着监督制约的作用，这也是宪法赋予检察机关的职责。对审判权进行检察监督的目的，已如前述，是为了维护国家法制统一正确实施，按照列宁的说法叫"使整个共和国对法制的理解绝对一致"。我国在一定程度上正面临着司法的利益化和地方化这两大不良现象，尤其是司法地方化"已经成为我国法治建设面临的一个十分严重的问题"[③]。我国是单一制国家，保证国家法律在全国范围内统一正确实施是保障单一制国家结构的必然政治要求，也是我国建立全国统一大市场，实现"全面建成小康社会"宏伟目标的必要法制条件。司法的利益化和地方化严重地破坏了国家法制的统一。因此，宪法赋予检察机关对司法审判的监督职责，以保障国家法制统一正确实施，这是一个

---

① 郭道晖：《人民代表大会制度的几个理论问题》，载郭道晖《法的时代精神》，湖南出版社，1997。
② 关于我国适合推行人民代表大会制度，而不能选择"三权分立"的原因论述，已有大量文章比较论述，且该问题不属本书任务，故此不赘。本书于此只想突出地指明：一国宪政结构是我们讨论具体法律制度的既定前提与基础。
③ 张卫平等：《司法改革：分析与展开》，法律出版社，2003，第62页。

符合中国国情的具有中国特色的司法制度。

当然，检察机关对审判机关的监督并不是通常的居高临下的监督，主要是通过列宁所说"对一切不合法律的决定提出异议"来达到监督审判的目的，在我国现行诉讼法上也就是抗诉制度。抗诉实际上是有法定强制性效力的程序性的"异议"。尽管法院仍享有对涉议事项的实体内容最终决定权，但法院在程序上必须接受检察机关提出的抗诉，并按照抗诉书的要求对涉议事项的实质内容予以负责的审议并作出有根据的答复，不得拒绝或推卸。就其本质而言，民事抗诉制度是我国宪法要求的检察权对审判权的制约，是检察机关按人民代表大会授权而对法院审判活动实施的法律监督，是人民代表大会监督审判权从而将审判活动统一到立法机关意志上来的一种实现方式，那就是督促法院恪守"依法审判"之宪法职责，在全国范围内统一正确地实施国家法律，在所有个案中无差别地实现司法公正。

综上，我国民事抗诉的本质是检察机关履行宪法职责，通过对法院错误裁判[①]提出强制性"异议"的方式，督促法院正确行使审判权，落实依法审判职责，目的在于保障国家法律统一正确实施。因此，严格地从制度目的看，民事抗诉不是为了解决当事人诉讼纠纷，更不是替代法院来裁决当事人之间的纠纷，尽管从客观结果看，民事抗诉通过督促法院纠正错误裁判，有利于平息当事人之间的因错判而延续的纠葛。同时，民事抗诉也不是为了给申诉人提供所谓最后公力救济途径，尽管从客观结果看，民事抗诉因强制性地启动对原审生效裁判的再审，而会给当事人提供重新获得司法救济的机会。

---

① 严格而言，1991年民事诉讼法框架下的民事抗诉制度其监督对象为"违法裁判"，而2012年民事诉讼法框架下的民事抗诉制度其监督对象为"错误裁判"，但"违法裁判"也是"错误裁判"的一种（详见本书第四章第二节）。考虑到，学术界和实务界习惯于使用"错误裁判"，本节行文也使用广义的"错误裁判"一词，敬请注意。

二 民事抗诉制度的诉讼法理根据

民事抗诉制度不仅具有坚实的宪法基础，而且在诉讼法层面也具有法理依据。事实上，对民事抗诉制度的质疑更多的源于民事诉讼原理层面。如民事抗诉侵犯当事人处分权、损害当事人诉讼地位平等原则以及破坏等腰三角形诉讼结构等质疑观点，均是从民事诉讼原理层面提出的。鉴于此，笔者将对我国民事抗诉制度的诉讼法理根据进行论述。

（一）民事诉讼的多重目的

民事诉讼是国家审判权依法强制性地裁决当事人之间民事纠纷的法律制度。从当事人角度而言，民事诉讼是当事人寻求纠纷解决或权利救济的一种方式，当事人依据诉权自主决定是否提起民事诉讼，法院须恪守"不告不理"之被动消极司法原则，不得主动"上门揽案"。但是，一旦诉讼系属后，就民事诉讼的最终完成而言，它显然是法院以国家名义依法对民事纠纷进行具有强制效力的审理与解决，是"法律作用于社会关系的特殊形式"[①]。因此，在最简约的程度上，我们可以说民事诉讼是"法律对民事纠纷的解决"，即所谓"法的解决"。于此，我们可以清晰地看到民事诉讼至少同时具有三个方面的性质：(1) 民事诉讼是解决民事纠纷的方式；(2) 民事诉讼是当事人寻求权利救济的方式；(3) 民事诉讼是法院以国家名义依据法律强制性地裁决民事纠纷。基于此，大陆法系关于民事诉讼的目的分别提出"私权保护说""解决纠纷说"以及"国家法律秩序维护说"三大学说。[②]

[①] 常怡主编《比较民事诉讼法》，中国政法大学出版社，2002，第34页。
[②] 〔日〕三月章：《日本民事诉讼法》，汪一凡等译，五南图书出版有限公司，1997，第11~13页。

前两种学说为德国学者所倡导①，解决纠纷说为日本著名民事诉讼法学者兼子一所倡导。这三大学说实际上都是看到了民事诉讼之意义的一个方面，均有其合理性。

应当说，民事诉讼的这三大目的并非孤立存在，而是有着深刻的内在关系。对此，不同学者提出了不同的观点。有人认为，对民事纠纷进行法的解决，从权利义务层面看，就是保护了正当的私权，因此"私权保护说"实际上是内蕴于"解决纠纷说"和"国家法律秩序维护说"中的。但是，也有人认为，解决纠纷是对私权利保护和维护法律秩序的不同角度的看待而已。② 有人认为，解决民事纠纷只是民事诉讼的普通目的或者说直接目的，而民事诉讼的至为根本的意义乃在于国家通过对民事纠纷进行强制性的法律裁决，来宣示与维护国家确立的私法秩序。换言之，维护国家法律秩序是民事诉讼的根本目的。诚如英国学者科特威尔所言："不要把基于法律的法院判决，看作主要是为了解决冲突，而应该看作为了维护规范秩序。是为了理解某一特定社会情况或关系，作出以法律原则为根据的说明。"③ 应当说，这一观点很有代表性。对此，有人从司法权功能分类的角度提出了基本相同的看法，其认为，解决纠纷只是司法权的辅助功能，而维护法律的价值则是其基本功能。"司法权的功能包括基本功能和辅助功能，基本功能是指司法权直接满足一定的主要目标所具有的功能，即排除法律运行中的障碍，以维护法律的价值。辅助功能是指为了实现司法权的基本功能所需要的功能，即解决权利冲突与纠纷，实现权利的制度性配置。对于司法权而言，从功能角度看，辅助功能只是表现了司

---

① 参见〔德〕奥特马·尧厄尼希《民事诉讼法》，周翠译，法律出版社，2003，第3~5页。
② 〔日〕谷口安平：《程序的正义与诉讼》，王亚新、刘荣军译，中国政法大学出版社，1996，第43页。
③ 〔英〕罗杰·科特威尔：《法律社会学导论》，潘大松译，华夏出版社，1989，第242页。

法权的外部特征，并不能表现司法权的质的规定性，从而使之与其他纠纷解决方法区别开来。因为通过当事人协商、仲裁等方式也可以解决纠纷，能够使司法权与这些纠纷解决方式区别开来的是司法权的基本功能使然。"①

应当说，上述不同观点均具有启发性，尤其是将解决纠纷视为民事诉讼直接目的而将维护法律秩序视为民事诉讼根本目的的观点，很具有代表性和说服力。但是，正如我们前文（第四章第二节）已经交代的，考虑到民事诉讼客观上同时涉及私权利保护和国家法律实施两种利益之基本事实，我们赞同将民事诉讼的目的归为两大类：私权利保护和维护国家法律秩序。民事诉讼的双重目的在我国民事诉讼法中有着明确的条文表述。1991年民事诉讼法第二条规定，民事诉讼的任务是确认民事权利义务关系，制裁民事违法行为，保护当事人的合法权益（此即"私权利保护"目的之表达）；教育公民自觉遵守法律，维护社会秩序、经济秩序，保障社会主义建设事业顺利进行（此即"维护国家法律秩序"目的之表达）。可以看到，民事诉讼的这一双重目的，在理论与立法上均有可靠依据。在法治体系里，权利是根据法律而产生的，保护私权利则必须正确地适用法律，正确地适用法律则意味着依法保护了权利，维护国家法律秩序或者说维护国家法制与权利救济具有法理上的一致性。正如谷口安平所言，保护私权利和维护实体私法体系是民事诉讼同一作用的不同表述。② 但是，尽管如此，毕竟私权利保护和维护国家法制这两者的理念指向是不同的，前者属于"私人目的"，而后者属于"公共目的"。从法治国家的基本理念来说，为了实现"规则之治"，理应将尊重法律规则视为最终落脚

---

① 孙万胜：《司法权的法理之维》，法律出版社，2002，第30页。
② 〔日〕谷口安平：《程序的正义与诉讼》，王亚新、刘荣军译，中国政法大学出版社，1996，第42页。

点。据此而言，私权利保护和维护国家法制两者相比较，前者只能说是民事诉讼的普通目的或直接目的，而后者则属于民事诉讼的根本目的。

（二）民事抗诉制度的立足点：民事诉讼之根本目的

民事抗诉制度作为民事诉讼法的一部分，自然也有着其自身的目的。民事抗诉制度的目的并非服务于解决纠纷或私权利救济之一般目的，而是立足于维护国家法律秩序之根本目的。民事纠纷系存于当事人之间，关涉当事人自身的私利益纠葛，无论诉讼与否以及诉讼进行到何等程度，当事人在一定条件下可以通过和解或调解方式来了结彼此之间的纠纷，即当事人对彼此之间纠纷的处置具有自由处分权。仅在这个意义上，以解决纠纷或者说私权利保护为直接目的的民事诉讼自然可以且也应当尊重当事人意愿，以保障其处分权的行使，这符合当事人诉权的基本要求。但是，民事诉讼的根本目的是维护国家法律秩序。就具体个案而言，维护国家法律秩序有两方面含义：一方面是国家审判权通过在本案当事人之间强制性地配置国家法律所规定的权利和义务，从而"熨平"因纠纷而"褶皱"的法律秩序，在本案中落实与实现国家立法意图；另一方面是国家审判权通过依法裁判当下个案向公共社会宣示国家法律规则，以彰显与维护国家法律的普遍效力。就此而言，在任何一个民事诉讼个案中，审判权行使结果的裁判既具有个案性（解决本案纠纷），同时又都具有超越当下个案的公共性。换言之，法院裁判不仅仅是作为当事人双方纠纷解决或权利配置的准则，而且归根结底上是作为向社会公众宣示法律规则与秩序的载体。作为法院裁判具有超越当下个案的公共性之简单而有力的例证，就是法院裁判对社会的指引功能和纠纷的一般预防功能。如果人们确知法院对某类纠纷的一贯立场，那么纠纷当事人就会更容易地达成和解从而避免徒劳的诉讼，"这种人所共知的'在法律庇护下的讨价还价'现象说明了诉讼的存在对于和解的积极意义"。①

作为法理学的基本观点，法律规范具有普遍效力，其对整个社会所有个体具有普遍引导与整合功能。"法律所负有的特殊任务之一，就是把支离破碎的道德环境，重新组合成一个结构严密的社会统一体"。② 但是法律是抽象的，法律的这种普遍指引与整合功能，"只有在法的运行中才能实现从观念层面向现实层面的转变"。③ 司法是法的运行的非常重要的环节，在"司法最终原则"意义上，司法是法的运行的最重要环节。法律文本（法典）是纸上的规则，法院裁判才是社会生活中活生生的法律。如果法院裁判错误地适用国家法律（实体法和程序法），在直接意义上当然是案件当事人受到了个别不公正的对待，但在根本上讲是法院错误地向社会宣示了国家法律，它将导致极为严重的问题：在社会公众因不了解国家法律而信赖法院裁判的情况下，法院错误裁判将误导社会公众对国家法律的正确认识，把社会公众往错误的法律道路上引，这将导致国家立法目的的落空甚至被逆反；在社会公众因熟知国家法律而能判明法院错误的情况下，将在相应程度上导致对国家司法的不信任，甚至完全失去对国家法治的信心。

可见，任何一个法院裁判都具有无可置疑的超越当下个案的公共性。任何一个裁判都是法律作用于社会的特殊形式，它将影响、指引整个社会对国家法治的认识与信奉，涉及国家法律秩序的施行与维护。完全可以说，法院错误裁判是一件令人担忧的"公共事件"，它

---

① 高其才、肖建国、胡玉鸿：《司法公正观念源流》，人民法院出版社，2003，第415页。
② 〔英〕罗杰·科特威尔：《法律社会学导论》，华夏出版社，1989，第111页。
③ 孙万胜：《司法权的法理之维》，法律出版社，2002，第31页。

绝非仅仅是对当下个案当事人的不公正,在根本意义上毋宁说其损害了国家法律秩序的实现。正是因为法院裁判兼具个案性与公共性之性质以及法院裁判对于维护国家法律秩序的重要性与必要性,法院错误裁判必须依法纠正。显然,民事抗诉制度的立足点不是为了解决当下个案纠纷这一普通目的;也不是所谓为给受到法院不公平对待的一方当事人提供公力救济,以平衡双方当事人诉讼地位。民事抗诉制度的立足点就是为了实现民事诉讼的根本目的——维护国家法律秩序。

三 民事抗诉的原则特征

由于民事抗诉制度立足于民事诉讼的根本目的,使得民事抗诉所应遵循的原则具有自己的独特性。具体而言,正是因为法院裁判具有不可处分的公共性,也正是因为民事抗诉制度系着眼于维护国家法律秩序,故而民事抗诉具有独立于当事人自由诉愿的法定性和强制性。换言之,民事抗诉具有公法性,它是检察机关的独立职权,也是不可处分的职责。对于一个错误的法院裁判,哪怕当事人(出于各种考虑)均已服判,检察机关仍负有职责向法院提出抗诉,以纠正国家法律被错误实施与宣示这一局面。因此,民事抗诉从其本性上而言,是不以当事人申诉为条件的,它具有法定性和职权性,当事人申诉毋宁说是检察机关民事抗诉的案源信息之一。实践中,检察机关自己发现案件线索并依职权提起抗诉的案件也并不罕见。可以说,法定性和职权性是民事抗诉所具有的特征或者所应遵循的基本原则。[①] 因此,民事抗诉不受处分原则的约束。

[①] 有学者提出了民事检察具有五个特性,即公权力性、合法性、事后性、程序性、保障性(详见王莉《我国民事检察的功能定位和权力边界》,《中国法学》2013年第4期)。这一观点对于理解民事抗诉的原则特征也有参考意义。

质疑论者认为，检察机关依职权提起抗诉，涉嫌干预当事人意思自治与诉讼处分权。对此，一些维护论者也提出，民事抗诉应当以当事人申诉为原则，以尊重当事人诉权。这种观点都只注意到了民事诉讼之解决纠纷或私权利救济的目的，而完全忽视了民事诉讼之维护法律秩序这一根本目的，未能认识到个案裁判具有公共性，不可完全由当事人处分，其结果是将民事诉讼混同于和解、民间调解等普通的纠纷解决方式。换个角度而言，民事抗诉基于个案裁判的公共性和民事诉讼的根本目的而具有法定性和职权性，这一点严格而言不能说是损害或干预民事实体法规定的意思自治和民事诉讼法规定的处分权原则，而毋宁说是合理抑制或限制了当事人处分权。当事人自由处分权有两个显而易见的条件：一是只能处分自己的权益，他人（包括对方当事人、第三人以及社会国家）权益无权处分；二是自由处分须以不损害他人（包括对方当事人、第三人以及社会国家）权益为前提。当事人在民事生活中乃至纠纷发生而进行诉讼的过程中，代表国家法律宣告的终局裁判并未作出之前，当事人自然享有充分的对自己权益的自由处分权。但是，一旦法院代表国家依法对民事纠纷作出生效裁判，即对国家法律作出了正式宣告，则裁判对国家法律宣告的正确性一定要受到检查，这是审判权对宪法负有的责任——依法审判，此时当事人自然仍然可以自由处分"自己的"权益，但无论如何他无权处分审判权对宪法负有的"依法审判"之职责。法院"依法审判"的宪法职责问题，超出当事人自由处分权范围之外，并非当事人可自由处分。民事抗诉所要干预的是法院"依法审判"之宪法职责问题，而非当事人处分权，准确地说其是合理抑制或限制了当事人处分权。总之，当事人享有诉权或自由处分权不能也根本不是我们必须拒绝抗诉以"将就"（为当事人所服从的）法院错误裁判的理由。[①]

与处分权原则相关的另一点质疑是，对于已经平息的纠纷，再次提起民事抗诉而启动再审程序不符合解决纠纷之民事诉讼目的。换言之，我们需要考虑的一个问题是：民事抗诉会不会因过于追求民事诉讼根本目的之实现，从而影响民事诉讼解决纠纷之一般目的的达成？我们承认，民事诉讼的一般目的与根本目的之间确实存在着一定程度的紧张关系。但民事诉讼直接目的应服从根本目的。已如前述，民事诉讼解决当下个案纠纷只是一般目的，而根本目的却有利于社会中潜在的成千上万的纠纷之一般预防。哪怕仅仅从这一点来考虑，根本目的也应当优先于一般目的。在最不理想的情况下，民事抗诉也只是"挑起"了当下个案的纠纷，而错误裁判对国家法律的不正确宣示则可能误导整个社会走入歧途，从而引起巨大的社会纷争。实际上，民事抗诉绝大多数来源于案件当事人的申诉，这说明基本上民事抗诉是当事人主动追求的结果，不存在检察机关"挑起纷争"的事实。因此，认为民事抗诉影响民事诉讼解决纠纷这一目的之实现，在理论与事实上均难以成立。

四　应然的程序关系

民事抗诉本质上是民事审判领域的检法监督制约关系，即检察机

[①] 退而言之，尽管民事抗诉要求法院纠正错误裁判，从法律规范形态而言，势必将改变当事人之间的权利义务关系状态，但是当事人在社会生活中仍然可以行使自由处分权：即在生活中放弃纠正后的正确裁判所给予他的权益，保持原错误裁判所确定的实际关系。众所周知，改判纠错是在裁判内容上或裁判宣示上改变原裁判，至于裁判所宣示的内容在生活中的实际实现——即裁判执行，则仍属当事人自主意志范围，其可以放弃申请强制执行，也可以与对方当事人达成执行和解，以保持其所愿意的与对方当事人之间的现行实际关系。正如德国主流的诉讼理论所认为，受发生既判力的确认约束的只是未来诉讼的法官。双方当事人在诉讼外的实际生活中可能"按照判决生活"，也可能不受实体既判力的影响。参见〔德〕奥特马·尧厄尼希《民事诉讼法》，周翠译，法律出版社，2003，第318页。

关监督法院依法审判的关系，但在实践现象上涉及检察机关、法院和当事人三方之间的关系，法的正义要求我们"赋予它们以位置"，即妥当界定三方之间的关系。从宪政角度看，民事抗诉的性质属于检察权对审判权的监督行为，检察机关的立场非代表某方当事人，而是代表国家。这一监督行为在诉讼法层面，即以检察机关向法院提出针对其生效裁判的具有强制性程序效力的异议性主张（抗诉）为表现形式，其目的在于要求法院依法纠正错误裁判，以维护国家法律统一正确实施。民事抗诉监督关系的主体是检察院和法院，不包括当事人。民事抗诉监督的任务是解决民事诉讼公法方面的问题——依法履行审判职责、确保法律统一正确实施，而非民事诉讼私法方面的问题——解决纠纷。基于此，民事抗诉监督的基本程序关系应当如下所述。

1. 民事抗诉权与民事审判权的关系

民事抗诉权是对民事审判权的监督制约，检察机关依法提起民事抗诉后，法院应依法履行再审纠错职责，以对抗诉权做出应答。因此，在抗诉再审中，审判权的职责内在地区别于原审民事诉讼中的职责——对当事人诉权做出回答。民事抗诉再审的根本目的是查清原审法院是否违背审判职责、是否未能统一正确实施法律，而非案件的来龙去脉和当事人谁是谁非。即使再审法院调查或审查案件的来龙去脉和当事人的是非对错，其根本目的仍然是为了确定原审法院是否违背审判职责、是否未能统一正确实施法律。因此，抗诉再审开庭不应当安排双方当事人重新围绕当事人讼争展开法庭调查和法庭辩论，而应当围绕原审法院是否违背审判职责、是否未能统一正确实施法律来展开。否则，即违背民事抗诉制度的目的。

2. 民事抗诉权与诉权的关系

民事抗诉所引起的法律关系是检察机关和法院之间的监督关系，

当事人并非关系中的主体，抗诉再审的任务是围绕原审法院是否违背审判职责、是否未能统一正确实施法律展开的，而非解决当事人讼争，着重点在民事诉讼的公法方面而非私法方面。因此原审当事人在抗诉再审程序中并非传统意义上的诉讼当事人，不享有传统意义上的诉权。换言之，民事抗诉与当事人诉权无涉，既不涉及干预当事人诉权问题，当事人也不能以诉权妨碍抗诉权行使。现行司法实践中，当事人以撤回申诉或不出庭或自愿和解等方式"迫使"检察机关撤回抗诉的做法，已经违背了民事抗诉制度的目的，实际上使得宪法规定的检察监督受制于当事人诉权，严重不符合宪法和法律规定。

五 应然的程序构造

既然旧阐释逻辑下的民事抗诉监督程序关系完全不同于普通民事诉讼的程序关系，那么其必然需要体现在抗诉案再审程序上，亦即需要构建完全不同于普通民事再审程序的、独立的抗诉案审理程序。正如有学者指出的，那样现行民事抗诉制度的根本问题在于，现行民事抗诉程序是由两个性质完全不同的诉讼程序各取一半"组装"而成：前半段——民事抗诉的提起，是对人民法院审判是否合法进行监督的抗诉程序；后半段——案件的审理，是对原民事纠纷进行重新审理的程序。这样的程序安排严重违背了民事抗诉制度的目的和程序设计的规则，必须进行重新设计。[①]

至于具体如何设计抗诉案审理程序，不同的学者有不同的设想。有学者设想，法院受理检察院民事抗诉后，应当通过举行听证会的方式，组织提出抗诉的人民检察院与做出原生效裁判的法院就裁判是否违法各自陈述意见，提出证据。由于民事抗诉的基础是宪法授予的监

[①] 吴小英：《对我国民事抗诉制度的反思与重构》，《现代法学》2003年第1期。

督权，并且是对合法性进行审查，因此民事抗诉案件不适用调解。由于抗诉仅对生效裁判是否合法进行审查，并不涉及实体权利义务，因此经过审理，管辖法院用裁定形式对原生效裁判是否合法作出判定：原生效裁判违法的，作出原生效裁判违法的裁定；原生效裁判合法的，则作出驳回抗诉的裁定。① 也有学者设想，纯粹的抗诉再审程序是以检察机关的抗诉请求为审理中心并且以检察机关作为主要主体的程序。原来程序中的当事人是否出现在抗诉再审程序中，并不影响抗诉再审程序的存续。当事人参与再审程序，可以成为再审程序特定主体，它要么是作为申请再审的主体出现在程序之中，要么是作为抗诉再审程序的辅助性角色出现在程序中。在抗诉再审程序中，基本的主体结构关系就是作为抗诉者的检察机关与作为审判者的法院之间的直线形结构关系，审判的中心就是检察机关的抗诉请求是否成立。从这个角度讲，抗诉再审程序基本上属于类似非讼程序的一种特殊诉讼程序。再审裁判可以只撤销原错误判决而不重新划分原判决中的权利义务关系；对程序事项可以只改正相关程序内容而不必涉及实体内容等。②总之，按照旧阐释逻辑，必须构建独立的抗诉案审理程序。这一独立的抗诉案审理程序具体如何设计也许尚存在不同的设想或分歧，但其必然都有一个共同的根本特征，即完全不同于普通的民事再审程序，而直接体现检察监督的特性。

六　小结：旧阐释的理论困境

上文深入阐发了面向民事抗诉制度旧构造的合理性论证（旧阐释）。这种合理性论证依托于宪政制度和诉讼法法理，有其一贯而明

---

① 吴小英：《对我国民事抗诉制度的反思与重构》，《现代法学》2003 年第 1 期。
② 许尚豪：《论独立民事抗诉再审程序之构建》，《政治与法律》2010 年第 4 期。

确的逻辑，是一种可能的或者说可以自圆其说的合理性阐释。但是，按照旧阐释逻辑，我们必须构建完全不同于普通民事诉讼而属于民事抗诉制度特有的民事抗诉监督程序关系和抗诉案审理程序。这是旧阐释逻辑发展的必然。按照这样的逻辑脉络，民事抗诉制度将必然带来全世界独一无二的民事诉讼制度格局。相当于一个本来完整一体的民事诉讼制度被割裂为"两张皮"：一是为当事人解决纠纷或配置权利义务关系的普通民事诉讼制度，一是专为纠正错误生效裁判以维护国家法律秩序的民事抗诉制度。与此同时，旧阐释下民事抗诉制度的法理也完全偏离或游离在传统民事诉讼法理之外，民事诉讼的法理也分裂为普通民事诉讼法理和民事抗诉制度原理两大块。可以说，民事诉讼制度和原理的整一性被打破了，而分成了相互独立的两部分。而且即使我们接受这样的制度与原理的"分裂"，我们仍然还面临着进一步的难题：分裂后的民事抗诉制度必然和普通民事诉讼制度发生内在紧张。尽管通过专门而独立的民事抗诉案审理程序而作出的法院生效裁判，其目的是为了维护国家法律的统一正确实施而非为了解决纠纷或为配置当事人的权利义务，但因为一个案件的终局裁判必然只有一个，所以该生效裁判必然会涉及对当事人权利义务关系的调整与安排，而这应当是普通民事诉讼制度的任务。[①] 总之，旧阐释必然带来民事诉讼制度与法理的内在分裂及其内在紧张，总体理论形态欠缺简约性与简一性，且偏离大家对一般民事诉讼学理的认知，显得过于突兀，影响理论的可接受度，这就是面向旧构造的理论阐释所面临的困境。

[①] 当然，一些学者也提出了抗诉案再审裁判仅仅宣告原审裁判是否合法而不重新调整原审裁判所确定的当事人之间的权利义务关系的设想（详见吴小英《对我国民事抗诉制度的反思与重构》，《现代法学》2003 年第 1 期；许尚豪《论独立民事抗诉再审程序之构建》，《政治与法律》2010 年第 4 期）。这些设想会增加民事诉讼制度的复杂性，但有一定的启发意义，值得我们思考。

第二节 面向新构造的理论阐释

所谓"新构造"也就是指现行民事抗诉制度的构造,即"2012年五阶构造"。如前文(第四章)所述,随着2007年和2012年两次民事诉讼法修改,民事抗诉制度的构造发生了重大变化,即由"1991年两阶构造"——"抗诉程序和抗诉案再审程序",嬗变为"2012年五阶构造",即"申请程序—立案受理(申请的形式合法性审查)程序—抗诉事由审查程序(申请的实质性审查)—抗诉程序—抗诉案再审程序"。与此相应,尽管民事抗诉制度的性质仍然为宪法所定位的检察权对审判权的法律监督,但其制度功能已悄然发生了嬗变,即从原先的"维护国家法制"转变为"权利救济"。两种构造的特征区别是很明显的:其一,在程序构造逻辑起点上,"1991年两阶构造"是直接从检察机关"提出抗诉"程序开始,而"2012年五阶构造"则是从当事人申请程序开始;其二,在监督的事项范围上,"1991年两阶构造"下的民事抗诉指向"违法裁判"而非"错误裁判",而"2012年五阶构造"下的民事抗诉指向"错误裁判"而非"违法裁判"。

正所谓新情况新分析,面对民事抗诉制度的新构造,合理性论证的任务自然会发生变化。毫无疑问,正如前文所一再强调的那样,关于民事抗诉是否侵犯当事人处分权、民事抗诉是否损害当事人诉讼地位平等原则以及如何界定因民事抗诉而引发的四方主体(双方当事人、法院和检察院)的诉讼关系三大突出理论问题,是民事抗诉制度合理性论证所要重点回应的问题。面向旧构造的旧阐释按照自己的逻辑回应了上述问题,面向新构造的新阐释自然也要回应这些问题。事实上，我们在前文（第三章至第五章）的论证中已经大体涉及或指向了前述三大突出理论问题，从而已经为应有的回应铺垫了厚实的基础。但是，这些回应只是整体合理性论证中的具体任务，它们并非代表合理性论证之整体，也不能揭示或显示合理性论证之基本进路或思路的关键特征。因为无论旧阐释或新阐释都要回应这些问题。关键的问题是我们要为面向民事抗诉制度新构造的新阐释或者说全新的合理性论证，找到一条可行的、具有整体性与系统性的基本进路或思路。

首先可以确定的一点是，面向新构造的新阐释不可能突破我国现有的总体制度安排，即仍然以宪法为前提、为基础。具体而言，新阐释仍然坚持这一基本点：我国检察机关是人民代表大会制下的专门法律监督机关，其对审判权负有法律监督的宪法职责。民事抗诉制度正是检察权对民事审判权进行法律监督的具体体现。鉴于这一基本点在旧阐释下已经做了充分的论述，新阐释不再赘述。唯一需要修正说明的是，旧阐释下作为检察权对民事审判权之法律监督的民事抗诉制度，其目的是维护国家法制统一正确实施，而面向新构造的新阐释下，其制度目的已经转变为"权利救济"了。

鉴于民事抗诉制度新构造在宪法层面的基本依据没有变化，因而我们新阐释的重点毫无疑问应当着眼于民事诉讼法层面。已如上文所述，旧阐释关于民事抗诉制度"1991年两阶构造"的理论阐释在逻辑上是一以贯之的，可以自圆其说，但其最大的弊病就在于：必须在普通民事诉讼之外构建民事抗诉制度特有的程序关系和审理程序，从而带来民事诉讼制度与法理的内在分裂及其内在紧张，损害了制度与法理的简约性与简一性。鉴于此，面向新构造的新阐释的基本思路是：阐释民事抗诉制度新构造和传统民事诉讼的原理相融性，从而达到将民事抗诉制度逻辑融入传统民事诉讼理论框架的目的，保持民事诉讼制度与法理的简约性与简一性。至此，面向民事抗诉制度新构造的合理性论证或者说新阐释的基本思路可以说已经几乎跃然纸上了。概言之，笔者认为，"2012年五阶构造"下的民事抗诉制度和传统民事诉讼之"再审之诉"制度具有原理相通、相融性，两者在程序构造、程序关系和通行原则上遵循着同样的原理。下文将对此展开论述。

一 再审之诉概述

再审之诉是大陆法系民事诉讼法学系统中的概念。按照大陆法系民事诉讼法的规定，法院作出的生效裁判（终局裁判判决、确定裁判）具有既判力，但是在该案件诉讼过程中存在重大程序瑕疵或作为判决基础之资料存在异常缺陷的情况下，基于公平正义的考虑，例外允许当事人通过诉之形式对该生效裁判提起不服申请，要求撤销该裁判并重新审判案件，这便是再审。换言之，再审必须通过诉之形式提起，这便是再审之诉。[①] 再审之诉是非常救济程序，属于对裁判既判力的例外突破。

再审之诉作为一个诉，必须符合一系列诉讼要件。由于再审之诉是非常救济程序，它除了要符合诉讼的一般要件之外，还要符合作为非常救济程序的特殊要件。该等特殊要件大体有：再审之诉的指向对象是特定范围内的生效裁判；必须具备法定的再审事由；必须满足再审的补充性原则（即使再审事由之事实存在，如果当事人在判决确定前的上诉程序中主张了该事实，且上诉请求被驳回，或者当事人尽管知道该事实存在，但却未在上诉中提出主张，那么即不允许当事人将该事实作为再审事由予以主张）；必须是遭受全部或部分败诉的当事人提起；必须在法定的期间内提起；必须向有管辖权的

---

① 〔日〕新堂幸司：《新民事诉讼法》，林剑锋译，法律出版社，2008，第665页。

法院提起等。① 前述再审之诉诉讼要件的基本构成，大陆法系各国规定大体相同，但其具体内容则不排除有所差异。例如，日本民事诉讼法规定的再审事由中包括"判决遗漏"（是指当事人认为其提出的攻击防御方法将影响判决的结论，但判决理由对此无任何判断的情形），但是德国民事诉讼法规定的再审事由中未包括这一项。此外，德国将再审之诉区分为无效之诉和恢复原状之诉两类。其中，无效之诉是为了补救严重的程序瑕疵，而不考虑该瑕疵是否对裁判内容构成影响；恢复原状之诉是为了补救判决基础上的严重瑕疵，如果裁判的不正确以此为基础。② 而日本现行民事诉讼法则没有这样的区分。③

再审之诉除了要具备特殊的诉讼要件，其审理程序也具有特殊的构造。对再审之诉的审理程序，理论界有"一阶构说""二阶构说""三阶构说"之分。④ "一阶构说"是将整个再审过程视为一个程序，没有进行阶段性划分。"二阶构说"则把整个再审程序划分为对再审事由的审查和对本案的重新审理两个相对独立的阶段。"三阶构说"则将再审程序分为三个阶段，即对再审之诉是否具备规定的诉讼要件或者说诉之合法性进行审查以决定是否受理、对当事人再审事由是否成立的审查和对本案进行重新审判等三个阶段。

日本现行民事诉讼法采用二阶构说。⑤ 日本民事诉讼法学界通论

---

① 〔德〕汉斯-约阿希姆·穆泽拉克：《德国民事诉讼法基础教程》，周翠译，中国政法大学出版社，2005，第334~336页；〔日〕新堂幸司：《新民事诉讼法》，林剑锋译，法律出版社，2008，第665~671页。
② 〔德〕奥特马·尧厄尼希：《民事诉讼法》，周翠译，法律出版社，2003，第399页。
③ 日本1890年的民事诉讼法全盘移植了1877年德国民事诉讼法，其关于再审之诉的规定也包括了无效之诉（取消之诉）和回复原状之诉的两类区分。后来日本民事诉讼法几经修改，可能认为没有实益，从而取消了再审之诉的前述两类划分。
④ 参见李浩《构建再审之诉的三个程序设计》，《法商研究》2006年第4期。
⑤ 王亚新：《对抗与判定——日本民事诉讼的基本结构》，清华大学出版社，2002，第358页。

认为，再审实际上包含着双重目的，即撤销确定判决（生效判决）及请求新判决以取代旧判决。因此，再审由以下两个阶段构成：第一个阶段即是否准许再审之阶段（再审事由存在与否之判断）；第二个阶段即在准许再审后进行本案审判之阶段。① 而德国则采用"三阶构说"②。

笔者认为，再审之诉程序构造的理论划分仅具有相对的意义。事理上，任何再审程序一般都要经过案件受理、再审事由审查和本案重新审理三个阶段，无非是对这些阶段的学理概括存在不同而已。例如，日本是采用"二阶构说"，即再审事由审查阶段和本案审理阶段，但是它是"经过对再审诉状及其记载样式的形式性审查之后"才进入第一阶段，因此实质上同样包含了三阶构内容。③ 事实上，日本民事诉讼法学界在具体阐述再审之诉的审理程序时，也是按照三阶构予以分别界说的。④ 德国和日本的再审之诉三阶审理程序情况概述如下⑤：

第一阶段，应依职权审查再审之诉的合法性，即审查再审之诉所必备的一般诉讼要件以及特殊诉讼要件。如果再审之诉缺少合法性时，诉即被视为不合法而被驳回；如果再审之诉具备合法性则诉将被受理或允许。

第二阶段，如果再审之诉的合法性被确认，则应当对再审之诉的

---

① 〔日〕新堂幸司：《新民事诉讼法》，林剑锋译，第 671 页。
② 〔德〕奥特马·尧厄尼希：《民事诉讼法》，周翠译，第 402~404 页；〔德〕汉斯-约阿希姆·穆泽拉克：《德国民事诉讼法基础教程》，周翠译，第 336~337 页。
③ 王亚新：《对抗与判定——日本民事诉讼的基本结构》，清华大学出版社，2002，第 358 页。
④ 〔日〕新堂幸司：《新民事诉讼法》，林剑锋译，第 671~673 页。
⑤ 下文关于德国和日本的再审之诉三阶审理情况的叙述，主要参考〔德〕奥特马·尧厄尼希：《民事诉讼法》，周翠译，第 402~404 页；〔德〕汉斯-约阿希姆·穆泽拉克：《德国民事诉讼法基础教程》，周翠译，第 336~337 页；〔日〕三月章：《日本民事诉讼法》，汪一凡等译，五南图书出版有限公司，1997，第 546~547 页；〔日〕新堂幸司：《新民事诉讼法》，林剑锋译，第 671~673 页。

有理由性进行审查，即应确认被主张的再审事由是否存在。如果再审事由不存在，则诉应被视为无理由而被驳回。相反，如果确认再审事由存在，则应当撤销或废弃旧判决，进而进入第三阶段本案的重新审理。由于再审事由是否存在的审查将直接涉及是否撤销确定判决（生效判决），关系到诉讼制度基本目的的实现以及人们对诉讼制度的信赖，从而对于司法者而言存在着发现真实之要求，因此在有关再审事由存在与否的审查中，当然不能取决于当事人之意思，而应当采用职权探知主义，即应依职权调查再审事由是否存在，并不完全受制于当事人处分权和辩论主义，即不受当事人放弃或认诺请求及自认的拘束（但撤诉是允许的）。[1] 此外，在适用程序类型上，日本在第一阶段和第二阶段均适用决定程序，即在第一阶段如果再审之诉不具有合法性，应以"决定"形式驳回再审之诉；在第二阶段经过对再审事由是否存在的审查后，应以"决定"形式驳回再审请求或者开始再审。[2] 日本民事诉讼法中的"决定"是广义"裁判"的一种，[3] 有点类似于我国民事诉讼法中的"裁定"。而德国民事诉讼法的规定略有不同，德国民事诉讼法统一将法院裁判称为"判决"，但存在终局判决和中间判决的区分，其再审之诉第一阶段和第二阶段，如果是再审之诉不具有合法性而需要驳回再审之诉或者再审事由被确认不存在而需要驳回再审申请，则一律适用"终局判决"；如果是反之，即诉讼需要继续，则应适用"中间判决"。德国民事诉讼法中的"中间判决"主要

---

[1] 关于再审事由是否存在的审查应以职权进行或应用职权探知主义，参见〔德〕奥特马·尧厄尼希《民事诉讼法》，周翠译，第402页；〔日〕三月章：《日本民事诉讼法》，汪一凡等译，第546页；〔日〕新堂幸司：《新民事诉讼法》，林剑锋译，第671页。
[2] 〔日〕新堂幸司：《新民事诉讼法》，林剑锋译，第671~672页。
[3] 日本民事诉讼法中的裁判包括判决、决定和命令三种形式，具体区分详见〔日〕新堂幸司《新民事诉讼法》，林剑锋译，第453页及以下。

适用于诉讼程序事项①,也类似于我国民事诉讼法中的"裁定"。

第三阶段,如果确认存在再审事由,则应当重新对本案或者说主诉进行审理。当事人在申请不服的范围内重新进行辩论,原来已经进行的其余诉讼程序(即再审事由所涉及的范围之外的部分)继续有效。如果再审法院进行的是事实审,那么当事人可以提出新的攻击防御方法②,也可以提出原诉讼言词辩论终结后新产生的事由。如果法院得出了与被声明不服的旧判决不同的结果,则它撤销该判决并作出新判决。如果法院得出了与被声明不服的旧判决同样的结果,则也必须撤销被声明不服的旧判决并作出新判决,即使判决内容与旧判决相同。必须注意,在新判决和旧判决内容相同的情况下,对于当事人而言并非没有任何变化,判决既判力的基准时点将发生变动,即推延至新判决的既判力基准时。

需要说明的是,以上三阶段是再审之诉审理程序在法理逻辑上的构成,各个阶段的特征与任务分明有序。尤其是第二阶段如果再审事由得以确认,则法院应当撤销或废弃旧判决,并据此进入第三阶段本案的重新审理。对此,德国民事诉讼法学上明确将第二阶段称之为"撤销程序",而将第三阶段称之为"再审程序"。③ 但是,在实际立法和司法实务上,德国是允许将上述第二阶段和第三阶段予以合并,即对旧判决的撤销或废弃,可以在第二阶段以中间判决为之,也可以在对主诉或者说本案(即被撤销的判决所裁判的诉讼)重新做出的终局

---

① 关于德国终局判决和中间判决的区分,详见〔德〕奥特马·尧厄尼希:《民事诉讼法》,周翠译,第 308~309 页。
② 按照德国和日本民事诉讼法的规定,再审的诉讼程序只要不违反其性质,准用原审(即做出旧判决或者说再审所针对的生效判决所适用的审级)诉讼程序的相关规定。因此,再审审级可能是事实审,也可能是法律审。
③ 参见〔德〕奥特马·尧厄尼希《民事诉讼法》,周翠译,第 402~403 页。

判决中一并为之。① 而日本则是明确规定撤销或废弃旧判决是在第三阶段的终局判决中一并为之。②

以上关于大陆法系再审之诉的介绍，笔者特意突出了对再审之诉审理程序之构成的阐述，而对于再审之诉的诉讼要件则做了简略叙述，至于再审之诉的重要部分——再审事由，则完全没有予以介绍。之所以这样安排，并不是再审之诉的诉讼要件和再审事由的具体内容不重要或不必要，而是因为从我们的任务——民事抗诉制度新构造之合理性论证角度而言，再审之诉的审理程序有着极其关键的意义。此外，不言自明的是，再审之诉作为民事诉讼制度的有机构成部分或者说诉讼类型的一种（即属于救济之诉③），在诉讼关系上同样遵循着以法院为高端、当事人平等对抗的等腰三角形结构，且原则上遵循当事人处分权原则和辩论主义原则（但在再审之诉合法性审查和再审事由是否存在的审理阶段受到职权探知主义的限制）。应当说，上述关于大陆法系再审之诉审理程序、诉讼关系和诉讼原则的综合，构成了再审之诉的基本原理。

二　民事抗诉制度新构造与再审之诉的原理相融性

上文关于大陆法系再审之诉基本原理的阐述，为我们进行民事抗诉制度合理性新阐释提供了基础。我们认为，"2012年五阶构造"下的民事抗诉制度和"再审之诉"制度在程序构造、程序关系和通行原

---

① 〔德〕奥特马·尧厄尼希：《民事诉讼法》，周翠译，第402～403页；〔德〕汉斯-约阿希姆·穆泽拉克：《德国民事诉讼法基础教程》，周翠译，第337页。
② 〔日〕三月章：《日本民事诉讼法》，汪一凡等译，第546页；〔日〕新堂幸司：《新民事诉讼法》，林剑锋译，第673页。
③ 〔日〕三月章：《日本民事诉讼法》，汪一凡等译，第546页。

则上遵循着同样的原理。具体论述如下。①

（一）新构造之民事抗诉制度与再审之诉制度具有相似的阶段构造

如上文所述，完整的再审之诉审理程序包括三个阶段，即再审之诉的合法性之审查、再审事由是否存在之审查以及对本案进行再审审理等三个阶段。其中，再审之诉的合法性审查也就是审查再审之诉是否具备规定诉讼要件（包括一般诉讼要件和再审之诉的特殊要件）。我国民事诉讼法中没有"再审之诉"的概念，但是规定了当事人申请再审程序。我国1991年民事诉讼法审判监督程序中仅就管辖法院、发动主体及再审事由、申请再审期限及决定再审后的审理程序做了原则性规定，但对如何处理当事人申请再审没有相关程序规定。在我国的司法实践中，对当事人申请再审案件的再审程序实际上包括下述三个阶段：立案受理阶段、再审事由审查阶段和再审审理阶段。2007年和2012年民事诉讼法修改时充分考虑到应有的再审逻辑并吸收司法实务操作的经验，完善了对当事人申请再审之立案受理阶段和再审事由审查阶段的规定，从而初步建立了"立案受理（申请再审形式要件审查）程序—再审事由审查程序—本案再审审理程序"三阶架构的具有中国特色的"再审之诉"制度。② 其中，"立案受理（申请再审形式要件审查）程序"其实就是相当于大陆法系再审之诉审理程序的第一阶段——再审之诉的合法性审查程序，其主要审查当事人再审申请是否

---

① 下文关于民事抗诉制度新构造与再审之诉原理相融性的论述内容，其核心思想最初表述于拙文《论民事抗诉制度新构造与典型民事诉讼的原理相融性》（载《中外法学》2016年第6期）。下文论述在该文基础上做了进一步修改与深化。

② 我国民事诉讼法上仍然称为"申请再审"制度，但实质上已经具备了"再审之诉"的基本内容，甚至最高人民法院具有官方色彩的文献中直接将申请再审制度称为"再审之诉"。因此，我们不妨将当事人申请再审制度称为具有中国特色的"再审之诉"。参见江必新《深化审监制度改革 力促司法公信力提升》，《人民司法》2012年第3期；最高人民法院审判监督庭：《民事诉讼法审判监督程序修改的意图及其实现》，《人民司法》2007年第23期。

符合法定的诉讼要件，例如申请再审的主体是否为当事人[1]，是否符合管辖规定[2]，申请再审对象是否为已经生效的判决、裁定或调解书且在允许申请再审的范围内[3]，申请再审的材料是否齐备[4]，再审申请书格式内容是否符合要求[5]，是否符合申请再审的法定期间[6]，以及其他要件[7]。而再审事由审查程序[8]和本案再审审理程序[9]则显然对应于大陆法系再审之诉审理程序中的第二阶段和第三阶段。

应当说，无论是大陆法系再审之诉之"三阶"构造，还是中国特色的"再审之诉"的"三阶"构造，其实都是指"审理程序"而言。考虑到当事人起诉或申请再审其实是再审程序的必然逻辑与程序起点，从完整的再审程序（而非仅仅从"审理程序"）看，在再审之诉的前述"三阶"程序之外，无疑还应当包括"再审之诉的提起"（大陆法系再审之诉）或者"再审申请"（我国特色的"再审之诉"）。此外，作为再审之诉双重目的之体现——"撤销确定判决和请求新判决以取代旧判决"之两阶区分的关键或"分界岭"，确定再审之开始的程序环节（德国体现为"中间判决"，日本体现为"开始再审之决定"，我国体现为"裁定再审"）实具有特殊的意义。目前，大陆法

---

[1] 见 2012 年民事诉讼法第 199 条、第 201 条以及 2012 年民事诉讼法司法解释（最高人民法院）第 375 条。

[2] 见 2012 年民事诉讼法第 199 条以及 2012 年民事诉讼法司法解释（最高人民法院）第 376 条、第 379 条。

[3] 见 2012 年民事诉讼法第 199 条、第 201 条、第 202 条以及 2012 年民事诉讼法司法解释（最高人民法院）第 380 条、第 381 条、第 382 条。

[4] 见 2012 年民事诉讼法第 203 条以及 2012 年民事诉讼法司法解释（最高人民法院）第 377 条。

[5] 见 2012 年民事诉讼法司法解释（最高人民法院）第 378 条。

[6] 见 2012 年民事诉讼法第 205 条。

[7] 见 2012 年民事诉讼法司法解释（最高人民法院）第 383 条、第 401 条。

[8] 见 2012 年民事诉讼法第 203 条、第 204 条第 1 款以及 2012 年民事诉讼法司法解释（最高人民法院）第 385 条、第 386 条、第 395 条至第 400 条、第 402 条。

[9] 见 2012 年民事诉讼法第 204 条第 2 款、第 206 条、第 207 条以及 2012 年民事诉讼法司法解释（最高人民法院）第 403 条至第 412 条。

系再审之诉构造都是将确定再审之开始的程序环节（"中间判决"或"开始再审之决定"，我们不妨概称为"再审开始之裁决"）作为法院审查再审事由是否存在的结论从而将其归并入"再审事由审查"之阶段，但是鉴于确定再审之开始之程序环节的关键性与特殊性，以及再审事由审查过程和审查结论的可分性，我们也可考虑独立凸显该程序环节。综合上述考虑，从完整的再审程序角度看，我们不妨暂时将大陆法系再审之诉的"三阶"构造替代表述为"五阶"构造，即"再审之诉之提起—再审之诉合法性审查—再审事由审查—再审开始之裁决—本案再审审理"①。相应的，我国特色的"再审之诉"的完整程序构造也可表述为如下"五阶"构造，即"再审申请—立案受理（申请再审形式要件审查）—再审事由审查—裁定再审—本案再审审理"②。

两相比对，从程序的完整构成角度看，民事抗诉制度"2012年五阶构造"，即"申请程序—立案受理（申请的形式合法性审查）程序—抗诉事由审查程序—抗诉程序—抗诉案再审程序"和大陆法系再审之诉，尤其是我国"再审之诉"的"五阶"构造，是完全对应的。其中，"申请程序"对应于大陆法系再审之诉的"再审之诉之提起"或我国"再审之诉"的"再审申请"；"立案受理（申请的形式合法性审查）程序"对应于其"再审之诉合法性审查"或"立案受理（申请再审形式要件审查）"程序；"抗诉事由审查程序"对应于其

---

① 笔者此处所提出的再审之诉"五阶"构造并非标新立异，也无意修改大陆法系通行的"三阶构说"，而只是出于便于比对再审之诉程序构造和民事抗诉制度新构造的原因，暂时作替代性的表述而已。

② 从另外的视角看，或许我们也可以理解为"再审之诉之提起"或"申请再审"是再审之诉合法性审查程序或我国法院立案受理程序的当然逻辑对象，从而可归并于"再审之诉合法性审查"或"立案受理"程序；而"裁定再审"则可理解为案件再审审理的当然逻辑起点，从而归并于"本案再审审理"程序。进而我们可以理解为通行的再审"三阶"构造已经完整地蕴含了我们替代所表述的"五阶"构造。参见拙文《论民事抗诉制度新构造与典型民事诉讼的原理相融性》，《中外法学》2016年第6期。

"再审事由审查"程序,因为我国现行民事诉讼法框架下抗诉事由与申请再审的事由相一致,抗诉事由审查即等于再审事由审查;"抗诉程序"对应于其"再审开始之裁决"或"裁定再审",因为新构造下民事抗诉书实质上属于检察机关对当事人监督申请的"回应"结论,是对当事人双方(监督申请人和被申请人)关于原审生效裁判是否确有错误或者说是否存在抗诉事由(亦即再审事由)之争议的"裁决",同时按照我国民事诉讼法的规定,检察机关提出抗诉,法院必须再审,抗诉"在效果上"也可视同为法院裁定再审;"抗诉案再审程序"对应于其"本案再审审理"程序。

同样两相比对,如果纯粹从"审理程序"(审查程序)角度看,以及考虑到相关程序的归并,民事抗诉制度新构造中之"申请程序"可以略去,恰如大陆法系再审之诉"三阶"构造中"再审之诉之提起"程序以及我国特色"再审之诉""三阶"构造中"再审申请"被略去一样;"抗诉程序"因其系抗诉事由审查的结论可以归并入"抗诉事由审查程序"中,恰如大陆法系"再审开始之裁决"程序被归并入"再审事由审查"程序以及我国"裁定再审"被归并入"再审事由审查"程序一样。经过这样的逻辑整理与归并,显然民事抗诉制度"2012年五阶构造"也可以抽象为"立案受理(申请的形式合法性审查)程序—抗诉事由审查程序—抗诉案再审程序"之三阶构造,从而与大陆法系及我国理论界所持之再审之诉"三阶构说"完全对应。

总之,经过上述关于再审之诉"三阶"构造和民事抗诉制度新构造的两相比对,我们发现两者之间是能够完全对应的。两者的区别仅仅在于:大陆法系再审之诉和我国特色"再审之诉"中三阶段程序皆由法院主持进行,而在民事抗诉制度构造中第一阶段和第二阶段程序由检察机关主持进行，第三阶段则由法院主持进行。而从当事人角度而言，区别也仅在于："再审之诉"是向法院申请权利救济，申请抗诉则是向检察机关申请权利救济。诚如刘家兴教授所言："检察院抗诉以当事人申请为前提条件，实质上回到了当事人申请再审的原点，不同的则是向法院申请还是向检察院申请，就当事人而言是求助抗诉权，希望案件获得再审而已。"[①]

（二）新构造之民事抗诉制度与再审之诉制度具有相似的诉讼结构，遵循着同样的等腰三角形关系原理

再审之诉尽管是属于比较特殊的诉，但却是"诉"之一种，遵循民事诉讼的一般原理，体现在诉讼法律关系上，即为当事人两造对席、法院居中审判的等腰三角形关系结构。这一等腰三角形关系结构是体现诉讼公正的最简明的、也是最稳定的结构，甚至被认为体现了诉讼构造的"形式美"。[②] 民事抗诉制度看起来因有检察机关的介入而呈现法院、检察院及双方当事人之四方主体，从而因此被很多学者认为是构成了规则或不规则的"四边形结构"，颠覆了传统等腰三角形诉讼结构，破坏了基本的诉讼公正。但是，这其实是固有的成见，完全不符合新构造之民事抗诉制度的实际情况。

已如前文（第五章第二节）所述，"2012年五阶构造"下的民事抗诉制度，表面上看起来存在法院、检察院及双方当事人之四方主体，但实际上并不是一个简单的处于同一空域的四方关系，而是构成了分别处于两个相续时空的等腰三角形关系，即检察院阶段之当事人两造对等、检察机关居中审查的等腰三角形关系结构和法院阶段之当事人两造对席、法院居中审判的三角形关系结构。民事诉讼之等腰三角形

---

① 刘家兴：《关于审判监督程序的回顾与思考》，《中外法学》2007年第5期。
② 梁絮雪：《民事诉讼构造的美学分析》，《河北法学》2006年第4期。

关系结构，并非为了刻意寻求某种数学上或形式上的几何结构之美，而是出于保障当事人两造诉讼地位平等、司法者居中审裁之司法公正理念。新构造下的民事抗诉制度尽管由两个等腰三角形关系结构构成，司法主体有检察院和法院之分，但是每个等腰三角形关系结构无疑都是出于并恪守了保障当事人两造诉讼地位平等、司法者居中审裁之司法公正理念。因而，民事抗诉制度新构造之双等腰三角形关系结构和再审之诉之单一三角形关系结构在法理上是"等价"的，唯一的区别是再审之诉之三角形关系的居中司法者始终是法院，而民事抗诉制度新构造下其居中司法者由检察院和法院相继担任。

对于民事抗诉制度的双等腰三角形诉讼结构，其实在法院系统内部的民事再审司法实践中也存在着类似的诉讼结构。具体而言，我国法院在办理当事人申请再审的民事案件时存在着这样一种实践，即由法院立案庭负责对当事人再审申请进行形式要件审查和再审事由审查，组织形式上同样采取合议庭之审判组织形式。立案庭的合议庭人员经审查后认为本案存在再审事由的，即裁定本案再审，随后将案件移送本院相关民事审判庭进行本案再审审理。接受案件的民事审判庭重新组成合议庭，按照再审程序对本案进行再审审理并作出裁判。从这一司法实践模式看，尽管宏观上我们可以认为当事人申请再审的案件或"再审之诉"案件由同一法院办理，因而可以理解为系由同一司法者审理，并与本案双方当事人构成单一的等腰三角形诉讼关系结构。但是微观上，我们完全可以视前述"再审之诉"司法实践存在着双等腰三角形诉讼关系结构，即立案庭阶段负责对当事人再审申请进行形式要件审查及再审事由审查的合议庭和双方当事人之间构成一个等腰三角形关系结构，同时民事审判庭阶段负责本案再审审理的合议庭和双方当事人之间构成另一个等腰三角形诉讼关系结构。换言之，它们其实也构成了时空相续的两个等腰三角形诉讼结构。显然，法院办理"再审之诉"所形成的这一双等腰三角形诉讼结构和民事抗诉制度新构造所形成的双等腰三角形诉讼结构，在形式上或几何视角上是完全对应的，而且在法理上是完全"等价"的。从这一角度看，我们对民事抗诉制度新构造和再审之诉在诉讼构造上的形式相类性以及原理相通性就更好理解了。同时，通过上述我们也已经非常明确与完整地回答了民事抗诉制度合理性之争中三大突出理论问题中的第三个问题，即如何界定因民事抗诉而引发的四方主体（双方当事人、法院和检察院）的诉讼关系问题，并排除了这一问题所带来的对民事抗诉制度（新构造前提下）的质疑。

（三）新构造之民事抗诉制度与再审之诉制度遵循着同样的诉讼原则

民事抗诉制度合理性之争中三大突出理论问题中的另外两个问题是关于诉讼原则问题的，即民事抗诉是否侵犯当事人处分权（处分原则）以及民事抗诉是否损害当事人诉讼地位平等原则。毫无疑问，处分原则和当事人诉讼平等原则是传统民事诉讼的基本原则。理论界一直质疑：检察机关依职权提起民事抗诉，损害了当事人的处分权，违背了处分原则，而且打破双方当事人的地位平衡，违背当事人诉讼平等原则。笔者认为，在"1991年两阶构造"下，由于民事抗诉制度的功能定位为维护国家法制而非私权利救济，检察机关依法可以且应当依职权提起民事抗诉，因而会与处分原则造成内在紧张甚至冲突；同时，由于民事抗诉制度有着自己独立的区别于当事人诉讼目的的价值目标或"诉求"（比喻意义上），所以检察机关在提起民事抗诉后自然会成为抗诉案再审审理程序中与法院及双方当事人并列的实质性的一方主体，从而会出现"四方主体关系"的事实，并在客观上造成加强或助力申诉一方当事人的效果，对双方当事人诉讼地位平等原则确实带来某种冲击与影响。但是在"2012年五阶构造"下，这些问题已经不复存在。新构造之民事抗诉制度和再审之诉制度一样，同样遵循着处分原则、当事人诉讼地位平等原则以及有限程度的辩论原则。

1. 民事抗诉与处分原则

已如前文（第四章第二节）所述，"2012年五阶构造"之民事抗诉制度，其制度功能已经由维护国家法制嬗变为私权利救济。与此相应，"1991年两阶构造"是直接从检察机关"提出抗诉"程序开始，而"2012年五阶构造"则是从当事人申请程序开始。既然民事抗诉监督程序是从当事人申请程序开始，那么当事人便是民事抗诉监督程序的主体，申请抗诉与否的决定权便在当事人手里，当事人享有处分权和意思自治能力。这意味着当事人提出申请是检察机关提出民事抗诉的前置程序，检察机关原则上不能无视当事人的意愿而依职权直接提出抗诉，须依当事人申请而为之。这就如同再审之诉必须先由当事人提起诉讼而作为整个再审程序的开始一样。因此，当事人享有是否启动整体民事抗诉监督程序的自主权或处分权。换言之，新构造之民事抗诉制度如同再审之诉制度一样遵循着当事人处分原则。

需要特别研究的是，2012年民事诉讼法框架下的民事抗诉制度是否还允许检察机关依职权抗诉问题。如果原则上仍然允许检察机关依职权提出抗诉，那么我们就不能说现行民事抗诉制度遵循当事人处分原则。这是一个略微有点棘手的问题。我们先来看2012年民事诉讼法的相关规定。2012年民事诉讼法第二百零九条规定了当事人向检察机关申请检察建议或抗诉的规则，而其前一条（即第二百零八条）第一款则规定："最高人民检察院对各级人民法院已经发生法律效力的判决、裁定，上级人民检察院对下级人民法院已经发生法律效力的判决、裁定，发现有本法第二百条规定情形之一的，或者发现调解书损害国家利益、社会公共利益的，应当提出抗诉。"① 基于这一条款的规定，理论界与实务界对于检察机关的民事检察监督是否必须以当事人的申请为前置程序或者说是否可以依职权监督的理解产生了分歧。

　　一种观点认为，检察机关法律监督权的行使必须以当事人申请检察建议或抗诉为基础，如果当事人没有申请检察建议或抗诉，检察机关就不能行使监督权，而且，由于第二百零九条第一款明确将当事人申请再审作为申请检察建议或抗诉的前提，检察机关法律监督权的行使也必须以法院先行处理为前提，即"法院纠错先行，检察抗诉断后"②。笔者暂且称其为依职权抗诉"否定说"。另一种观点则持完全相反意见，认为第二百零九条对当事人的赋权并不意味着检察机关法律监督权的行使必须以当事人提出申请为前提，而且它将向法院申请再审作为当事人向检察机关申请检察建议或抗诉的前提条件或前置程序也不意味着检察机关法律监督权的行使必须以此为前提。如果将当事人申请检察建议或抗诉，以及法院的先行处理作为前提，将有损检察机关法律监督权的独立性，也有可能使检察机关违反法定监督义务。③ 还有学者认为，经过对三个诉讼法条文规范的比较性实证研究，可以确定：司法机关依职权履行职责的规范模式，就是"发现……的，应当（或者必须、有权）……"。反过来说，凡规范模式为"发现……的，应当（或者必须、有权）……"，就是关于依职权履行职责的规定。而前述第二百零八条第一款的规则，就是完全符合这种规范模式的，因此足以说明检察机关可以依职权提起抗诉，不受当事人申诉的限制。民事检察是检察机关对公权力的监督，其不是权利救济

---

① 关于法院生效的调解书是否属于检察机关民事抗诉的范围，之前理论界与实务界一直存有争议。2012年民事诉讼法修改时首次明确规定了调解书的抗诉事由，从而消除了争议。
② 奚晓明主编《〈中华人民共和国民事诉讼法〉修改条文理解与适用》，人民法院出版社，2012，第492~493页。
③ 汤维建：《新民事诉讼法理解与适用》，中国检察出版社，2013，第109页。

程序，其功能是查控法院审判违法，因而不适用"不告不理"规则。①笔者将这种完全肯定依职权抗诉（不受当事人申请的限制）的观点称之为"肯定说"。也有学者持"折中说"，其认为如果允许人民检察院可不受限制地随意启动再审程序，不仅侵害了当事人的处分权，在当事人已服判息诉的情况下重新挑起纠纷，与民事诉讼解决纠纷为目的的初衷背道而驰，且导致司法资源的浪费，有悖诉讼经济原则。应限制人民检察院依职权启动再审程序的范围，将其限定在保护国家利益和社会公共公益的范围内，在公共利益和当事人私权利之间实现妥当的平衡。②

笔者认为，"否定说"和"肯定说"都是片面的观点，唯有"折中说"比较中肯。根据 2012 年民事诉讼法第二百零八条第一款的规定，至少毫无争议的是检察机关对损害国家利益、社会公共利益的生效调解书可以依职权提出抗诉，因为事理上当事人不大会为损害国家利益、社会公共利益的调解书而积极向检察机关申请监督，对公益的维护法理上也不应当以当事人的私人诉愿为前提，而应当具有法定性与职责性。基于同样的道理，既然对于损害国家利益、社会公共利益的生效调解书可以依职权提出抗诉，那么对于损害国家利益、社会公共利益的生效裁判自然也可以依职权提出抗诉。这是显而易见的道理。因此，对检察机关依职权抗诉持彻底否定态度的"否定说"，显然不妥。"肯定说"则又走向了另一个极端。"肯定说"没有看到民事抗诉制度功能嬗变的事实，仍拘泥于固有的成见。此外，"肯定说"

---

① 详见孙加瑞《民事检察制度新论》，中国检察出版社，2013，第 129~138 页。相近的观点还可参见蔡福华《论民事检察监督的五大问题》，《海峡法学》2014 年第 1 期；袁正英、汪斌：《案外人申请抗诉"准入"条件如何界定》，《人民检察》2014 年第 10 期。
② 参见王鸿翼《规范和探索 感性与理性——民事行政检察的回眸与展望》，中国检察出版社，2013，第 73~74 页。

违背了法律解释学原理。从体系解释以及目的解释的角度看，我们必须将 2012 年民事诉讼法第二百零八条和第二百零九条作为逻辑统一的整体进行合目的性的解释。而"肯定说"是专注于第二百零八条的孤立与机械的解释。如果说检察机关对于生效民事裁判都可以依职权提出抗诉，而无须受制于当事人的申请，甚至无须受制于先向法院申请再审，那么这将彻底架空 2012 年民事诉讼法第二百零九条的规定，使得当事人"向法院申请再审先行，向检察机关申请监督在后"以及"检察监督一次申请"规则都失去实际意义，立法目的落空。显然，从法律解释学的角度看，"肯定说"是非常不妥当的，是难以成立的。而"折中说"则在法律解释学上以及公益与私权区分之法理上，都比较周全。值得注意的是，带有官方色彩的立法理由解说中对这个问题也是持这样的"折中说"的。[①] 最后，最高人民检察院也是采纳了"折中说"。《人民检察院民事诉讼监督规则（试行）》第 41 条规定，损害国家利益、社会公共利益以及审判人员有贪污受贿、徇私舞弊、枉法裁判等行为的民事案件，检察机关应当依职权进行监督。[②]

现在我们的问题是，立法上和司法解释上保留的"窄口径"的依职权抗诉是否对当事人处分原则造成了损害或干预。笔者认为，处分原则是大陆法系民事诉讼的一项基本原则，但它并不是绝对的。

---

① 参见全国人大常委会法制工作委员会民法室《中华人民共和国民事诉讼法条文说明、立法理由及相关规定》，北京大学出版社，2012，第 339~340 页。
② 《人民检察院民事诉讼监督规则（试行）》第 41 条规定还规定对于"跟进监督"应当依职权进行。所谓"跟进监督"也就是进一步继续监督。根据《人民检察院民事诉讼监督规则（试行）》第 117 条之规定，跟进监督适用于如下三种情形：人民法院审理民事抗诉案件作出的判决、裁定、调解书仍符合抗诉条件的；人民法院对人民检察院提出的检察建议未在规定的期限内作出处理并书面回复的；人民法院对检察建议的处理结果错误的。显然，跟进监督在形态上不同于本书所讨论的通常的民事抗诉制度，因而对于它我们暂时不予评论。

大陆法系民事诉讼法在尊重当事人处分权的同时，也兼顾了公法上的利益，从而对处分原则作出了相应的限制。"国家对其权限的实现至少有同样强烈的——公法上的——利益。这种利益也作用于诉讼上，以至于实现这种权限并不随私人的便。"① 当然，对于如何界定这种国家公法上利益的范围，各国出于各自国情，在法律规定上会有所差异。但是，当事人处分权应受到国家公法上利益或者说"公益"② 的限制，这无疑是一条通行的准则。同样，我国立法和司法解释上有限度地保留了检察机关依职权抗诉，同样可以理解为公益对私益（当事人处分权）的合理限制。实际上，2012年民事诉讼法第二百零八条和《人民检察院民事诉讼监督规则（试行）》第41条所规定的损害国家利益、社会公共利益以及审判人员有贪污受贿、徇私舞弊、枉法裁判等行为的民事案件，都是属于涉及"公益"的案件。③ 至于具体什么是国家利益和社会公共利益，法律上没有明确界定，理论界也是众说纷纭。④ 但这不影响公益限制当事人处分权的基本准则的有效性。当然，从维护民事诉讼处分原则的角度出发，应当尽可能限缩解释国家利益和社会公共利益的范围，否则会有"例外"蜕变为"常态"之危险。总之，有限度保留检察机关依职权抗诉，属于公益原则对处分原则的合理限制，不能理解为对处分原则的

---

① 〔德〕奥特马·尧厄尼希：《民事诉讼法》，周翠译，第119页。
② 德国所谓公法上的利益实际上相当于我们常说的公益概念。德国民事诉讼法将婚姻案件、子女案件以及关于费用、出租关系继续、假执行和腾空住宅空间等案件均视为存在着公法上的利益。参见〔德〕汉斯-约阿希姆·穆泽拉克《德国民事诉讼法基础教程》，周翠译，中国政法大学出版社，2005，第63页。
③ 国家利益和社会公共利益自然属于"公益"，而审判人员有贪污受贿、徇私舞弊、枉法裁判等行为，则属于亵渎公法上的审判职责，损害司法秩序与公信力，自然也属于损害"公益"。
④ 2012年新民事诉讼法增加了检察机关可以监督有损害国家利益、社会公共利益的民事调解书。在民事诉讼法草案第一次审议期间，有的全国人大常委会委员也提议从法律上定义国家利益、社会公共利益，但是，最终没有形成具体条文。参见孙祥壮《审判监督》，载江必新主编《新民事诉讼法专题讲座》，法律出版社，2012，第236页。

损害或干预。①

2. 民事抗诉与当事人诉讼地位平等原则

这个问题相对明了。已如上文所述,"2012年五阶构造"之民事抗诉制度由前后相继的两个等腰三角形诉讼结构构成。无论是在检察阶段,还是在法院阶段,双等腰三角形关系结构即实质性地表明了双方当事人地位平等、司法者居中审裁的关系结构。换言之,民事抗诉制度新构造之双等腰三角形诉讼结构,实际上已经蕴含了双方当事人诉讼地位平等的必要内涵。因此,新构造下的民事抗诉制度同样遵循了当事人诉讼地位平等原则。

3. 民事抗诉与辩论原则

辩论原则或者说辩论主义也是大陆法系民事诉讼法的基本原则。辩论原则和处分原则有着密切联系,都是凸显了当事人在民事诉讼中主体地位的基本原则。但是,处分原侧重于规定当事人在诉讼程序上的基本作用,而辩论原则主要是从法院裁判所依据的事实来源来确定当事人的基本作用。大陆法系辩论原则的基本内涵是:作为裁判基础的必要事实须在当事人的辩论中出现,当事人的辩论中没有提出或出现的事实不能作为法院裁判的依据;对于当事人提出的但没有争议的事实,法院不应再行调查,而应直接将其作为裁判的依据;法院只对当事人双方所提出的案件证据进行调查,不能主动

---

① 当然,检察机关以公益为由依职权提起抗诉,会带来与通常基于当事人申请的民事抗诉所完全不同的诉讼格局,首先在诉讼构造上便不再是五阶构造,而又返回到类似于两阶构造的状况。其次,抗诉案再审程序中,检察机关是以公益代表的身份出席再审法庭从而需要实质性地承担诉讼角色,还是仅仅以抗诉机关的身份从而象征性地出席再审法庭,这些都需要展开进一步的研究,尤其是取决于"公益"内涵与范围的界定。囿于本书此处任务,在此不宜展开更多的讨论,而需留待日后另行专门研究。令人宽心的是,从目前的司法实务来看,检察机关纯粹基于公益而依职权提起民事抗诉的案例是少之又少。因此,从现实层面看,检察机关依职权抗诉问题尚不至于成为现行民事抗诉制度法理及其实务的困扰。

调查收集当事人没有提出的证据。① 与辩论原则相关联的是当事人举证原则及其举证责任。和辩论原则相对应的是职权探知主义。所谓职权探知主义，是指法院应依职权或者说依赖于自身而不是当事人，彻底地查明事实情况，因而法院对判决的事实基础负有完全的责任。② 在大陆法系民事诉讼原则上遵循辩论主义，但是在涉及公法上利益或者基于实体法考虑而有发现真实之必要的情况下，则会排除或限制辩论主义，而适用职权探知主义。例如，在婚姻案件或亲子案件等涉及身份关系的案件中，以及上文所介绍的再审之诉"三阶构"中的第一阶段诉之合法性审查和第二阶段再审事由的审查程序等。

现在回到我们的主题上来。新构造之民事抗诉制度，作为民事诉讼的构成部分，本来应当原则上贯彻辩论主义。但是，正如大陆法系再审之诉理论所阐明，由于再审事由是否存在的审查将直接涉及是否撤销确定判决（生效判决），关系到诉讼制度基本目的的实现以及人们对诉讼制度的信赖，从而对于司法者而言存在着发现真实之要求，因此在有关再审事由存在与否的审查中，当然不能取决于当事人之意思，而应当采用职权探知主义，即应依职权调查再审事由是否存在，并不完全受制于当事人处分权和辩论主义，即不受当事人放弃或认诺请求及自认的拘束（但撤诉是允许的）。这些诉讼法理考量同样适用于作为与再审之诉构造相类、原理相通的新构造之民事抗诉制度。鉴于此，新构造之民事抗诉制度下，在检察阶段检察机关在审查当事人抗诉申请是否成立或者说是否存在抗诉事由时应当适用"职权探知主义"而不必完全受制于辩论原则。至于当事人抗诉申请形式要件是否

---

① 张卫平：《民事诉讼法》，法律出版社，2004，第24页。
② 〔德〕奥特马·尧厄尼希：《民事诉讼法》，周翠译，第124页。

合法的审查，完全属于公法（民事诉讼法）上的要求，其同样应当适用"职权探知主义"，此自不待言。这就涉及我们下文要着重讨论的检察机关的调查核实权问题。

基于加强和完善民事抗诉制度的初衷，学界和实务界很多人一直呼吁应当赋予检察机关调查取证权。但是，1991 年民事诉讼法乃至 2007 年民事诉讼法修改，都没有明文规定检察机关在民事抗诉程序中享有调查取证权。唯有两个司法解释文件对其作出过规定，即 2001 年最高人民检察院《人民检察院民事行政抗诉案件办案规则》和 2011 年最高人民法院和最高人民检察院《关于对民事审判活动与行政诉讼实行法律监督的若干意见（试行）》。出于回应民事检察实务之需要，以及考虑到检察权是一项严肃的国家权力，应当在坚持实事求是的基础上行使[①]，2012 年民事诉讼法修改时新增规定了检察机关调查核实权，即第二百一十条规定："人民检察院因履行法律监督职责提出检察建议或者抗诉的需要，可以向当事人或者案外人调查核实有关情况。"

那么，检察机关调查核实权是否破坏了辩论主义，以及如何处理检察机关调查核实权和当事人举证责任的关系？显然，如果检察机关大包大揽地搞案件事实调查，那么无疑会虚置当事人的举证责任，破坏了辩论原则。如果检察机关的调查不是要替代当事人的举证责任，那么其调查核实权的行使范围或程序又是什么？这些正是当前理论界和实务界所疑惑的、暂时莫衷一是的问题。最高人民检察院《人民检察院民事诉讼监督规则（试行）》第五章第三节专门系统规定了"调查核实"程序。根据其规定，人民检察院因履行法

[①] 全国人大常委会法制工作委员会民法室：《中华人民共和国民事诉讼法条文说明、立法理由及相关规定》，北京大学出版社，2012，第 343 页。

律监督职责提出检察建议或者抗诉的需要,有下列情形之一的,可以向当事人或者案外人调查核实有关情况:民事判决、裁定、调解书可能存在法律规定需要监督的情形,仅通过阅卷及审查现有材料难以认定的;民事审判程序中审判人员可能存在违法行为的;民事执行活动可能存在违法情形的;其他需要调查核实的情形。此外,人民检察院可以采取的调查核实措施有:查询、调取、复制相关证据材料;询问当事人或者案外人;咨询专业人员、相关部门或者行业协会等对专门问题的意见;委托鉴定、评估、审计;勘验物证、现场;查明案件事实所需要采取的其他措施。但不得采取限制人身自由和查封、扣押、冻结财产等强制性措施。显然,根据上述规定,检察机关调查核实权的范围是极其概括性的,其措施是非常多样的。有学者因此担心,检察院在行使监督权过程中享有过大的证据调查权,极易对民事诉讼产生负面影响。① 为此,有学者提出了调查核实权所应当适用的具体情形与范围②,也有学者提出了概括性的准则,即检察机关不能以自己调查核实获得的证据代替当事人的举证,不能破坏法定的举证责任规则,其调查核实权范围不应超出为了对生效民事调解书、裁判提起抗诉或者检察建议而需要了解案件情况的具体范围,更不是要查明民事纠纷的事实真相。③ 这些观点对于规范

---

① 唐力、谷佳杰:《"检审一体化":论民事检察监督的边界》,《学海》2015 年第 4 期。
② 例如,有人提出,检察机关可以调查核实的范围为:人民法院已经发生法律效力的判决、裁定可能损害国家利益、社会公共利益的;审判人员在审理案件中有贪污受贿、徇私舞弊、枉法裁判行为的;当事人在原审中因客观原因不能自行搜集证据,书面申请人民法院调查收集,人民法院应当调查收集而未调查收集的;民事审判活动违反法定程序,影响案件正确判决、裁定的。(参见朱科《民事抗诉初论》,《人民检察》2011 年第 3 期)也有人提出,调查核实权的范围为:调查执行人员及审判人员枉法裁判、徇私舞弊、贪污受贿的证据;涉及可能损害国家利益、社会公共利益的事实,检察机关应当主动启动调查核实权;针对实践中存在较多的虚假诉讼、串通调解,以致损害了案外人利益的情形,检察机关也应主动启动调查核实权。参见刘钟琴《民事检察调查核实权的应用研究》,《南方论刊》2016 年第 8 期。
③ 王胜明:《民事诉讼法释义》,法律出版社,2012。

检察机关调查核实权无疑具有启发意义，但是并不能有效地消除模糊与争议。例如，不同学者所提出的调查核实权的适用范围是不同的，各据其理；而"为了对生效民事调解书、裁判提起抗诉或者检察建议而需要了解案件情况的具体范围"这一原则性的表述，也是笼统模糊的，理解上是开放的。

其实，焦点仅仅在于 2012 年民事诉讼法第二百一十条所规定的"人民检察院因履行法律监督职责提出检察建议或者抗诉的需要"应如何予以理解。笔者认为，放开来讨论，这一规定的理解是没有边界与定论的，尤其是若要向从列举具体适用情形或范围的方式来限定检察机关调查核实权，那是徒劳的。因为我们总能从不同的理由或视角提出自己认为应当适用的具体情形。笔者认为，这个问题看起来非常复杂，但是其实也非常简单，如果我们回归到民事抗诉制度的程序构造与任务的轨道上来。已如上文所述，大陆法系再审之诉的"三阶构"中，第一阶段是诉之合法性审查，第二阶段是再审事由是否存在的审查。这两个阶段都奉行职权探知主义，而不完全受制于辩论原则。从这一视角看，新构造之民事抗诉制度，在检察阶段的任务也包含两个方面：一是审查当事人抗诉申请的形式要件之合法性，二是审查是否存在抗诉事由。而检察机关的调查核实权其实就是相当于大陆法系在再审之诉第一和第二阶段的职权探知主义。因此，检察机关进行调查核实的目的：一是依职权查清当事人抗诉申请的形式要件是否符合法律规定；二是依职权查清本案是否存在抗诉事由，也就是查清本案是否存在民事诉讼法第二百条规定的 13 种情形。从这样的视角看，检察机关的调查核实权行使的范围和条件是非常清晰的，基本不会存在什么模糊与争议。换言之，从再审之诉程序构造的角度看，检察机关调查核实权行使的目的是为了依职权查清当事人抗诉申请的形式要件的合法性以及本案是否存在民事诉讼法第二百条规定的13种情形,根本不是为了查明本案实体上民事纠纷的来龙去脉与事实真相。[①] 同时,在上述限度内,检察机关行使调查核实权是对当事人辩论原则的合理限制,类似于大陆法系再审之诉第一阶段和第二阶段所采用的职权探知主义;它也不会对当事人在第三阶段本案再审审理中就本案实体性的基础事实所负有的举证责任构成任何影响。让我们再次强调,我国检察机关在民事抗诉程序中享有调查核实权,并不特别违背民事诉讼的一般原理,其和大陆法系再审之诉中的职权探知主义存在相类与相通性。

三 小结

综上所述,随着2007年和2012年两次民事诉讼法修改,民事抗诉制度由"1991年两阶构造"转变为"2012年五阶构造",相应的民事抗诉制度的目的也由"维护国家法制"转变为"权利救济"。通过与大陆法系再审之诉及中国特色的"再审之诉"制度的仔细比对与分析,可以发现新构造之民事抗诉制度与再审之诉制度在阶段构造、诉讼关系及通行原则上都遵循着同样的原理,充分表明了新构造之民事抗诉制度与再审之诉制度存在着原理相通与相融性。换言之,新构造之民事抗诉制度不是游离于民事诉讼一般原理框架之外,而是完全与之相契合的。这说明面向民事抗诉制度新构造的新阐释已经克服了旧

[①] 大陆法系所规定的民事再审事由大体上包括重要的程序瑕疵、与裁判有关的犯罪行为以及判决基础资料的取消或补充等可识别度较高的事由,因而在区分纯粹的再审事由和作为案件裁判依据的基础事实问题上界限比较清晰。但是,我国现行民事诉讼法第200条所规定的13种再审事由(抗诉事由)的可识别性相对较弱,纯粹的再审事由和作为案件裁判依据的基础事实之间的界限区分可能会存在一定程度的模糊性。这样就可能导致实务中检察机关调查核实权会涉及作为案件裁判依据的基础事实或者说本案实体上民事纠纷的来龙去脉与事实真相。这一问题涉及再审事由或抗诉事由的设置问题,具有相当的深度与广度,需要予以另外专门研究。

阐释之"带来民事诉讼制度与法理的内在分裂与紧张"的弊病，而达到了将民事抗诉制度逻辑融入传统民事诉讼理论框架的目的，保持了民事诉讼制度与法理的简约性与简一性。至此，我们已经圆满地完成了关于新构造之民事抗诉制度的合理性论证的任务，笔者为此感到满意。

第七章
抗诉事由

无论是纯粹从民事抗诉检察实务看，还是从比照于再审之诉之法理角度看，抗诉事由的审查都具有极其关键的意义。它将决定检察机关是否提起抗诉并启动本案的再审审理，也是检察机关在"再审之诉"（类比意义上[①]）程序构造中承担的核心任务。鉴于此，理解和掌握抗诉事由的有关法理与内涵，是理解新构造之民事抗诉制度整体法理的必要构成部分，也是非常重要的部分。为此，本章将专门就"抗诉事由"展开阐述。

第一节 抗诉事由概论

一 抗诉事由的概念

抗诉事由，是指检察机关提出抗诉所应具备的事实和理由。[②] 抗

[①] 本书第五章第二节已经论证了新构造之民事抗诉制度和再审之诉制度在程序构造、诉讼关系和诉讼原则上存在着相类、相通性。因此，新构造之民事抗诉制度和再审之诉制度在法理上是"等价"的。在此意义上，我们可将新构造之民事抗诉制度直接类比为"再审之诉"制度。

[②] 柴发邦主编《民事诉讼法学新编》，法律出版社，1992，第359页；刘家兴主编《民事诉讼法学教程》，北京大学出版社，1994，第312页。

诉事由并不是民事诉讼法明文规定的概念，其属于对民事诉讼法规定的抗诉所应具备的事实和理由的学理概括。因此，属于学理上的概念。正因为其属于学理概念，故而不同的学者有不同的称谓。有的学者将检察机关提出抗诉所应具备的事实和理由称之为"抗诉事由"[1]，有的学者称其为"抗诉条件"[2]，有的学者称其为"抗诉理由"[3]，有的学者称其为"抗诉的法定情形"[4]。这些不同的称谓其意思是完全一样的。正因为如此，有些学者会同时使用前述不同的概念，并不加以严格区分。[5] 考虑到再审之诉或者当事人申请再审制度下，"再审事由"是一个在学界获得高度统一认可的概念，而抗诉事由与之有着相类似的功能（都是作为启动再审程序的正当理由），所以笔者倾向于以"抗诉事由"术语来称谓检察机关提出抗诉所应具备的事实和理由。[6]

还需要说明的是，抗诉事由存在应然与实然的区分。应然的抗诉事由，是指从理论上看应该具备的合理的抗诉事由；实然的抗诉事由，是指法律上实际明文规定的抗诉事由。所以，实然的抗诉事由也就是法定的抗诉事由，而应然的抗诉事由则是学理上构建的抗诉事由，其对法定的抗诉事由起着指导和调整的作用。我国民事诉讼法历次关于民事抗诉事由的立法修改，都是与应然的抗诉事由的指导与作用密不

---

[1] 参见王亚新《民事审判监督制度整体的程序设计——以〈民事诉讼法修正案〉为出发点》，《中国法学》2007年第5期；蔡虹：《民事抗诉制度的立法完善》，《人民检察》2011年第11期。
[2] 参见龙宗智《检察制度教程》，法律出版社，2002，第280页；张卫平：《民事诉讼法》，法律出版社，2004，第322页。
[3] 参见张步洪《民事行政抗诉理由及适用标准探究》，《人民检察》2000年第4期。
[4] 参见潘剑锋《民事诉讼原理》，北京大学出版社，2001，第341页。
[5] 也有个别学者明确区分了抗诉理由、抗诉标准和抗诉条件概念（参见张步洪《民事行政抗诉理由及适用标准探究》，《人民检察》2000年第4期）。但从语用习惯看，绝大多数学者是将抗诉理由、抗诉条件和抗诉事由作为实质内涵同一的概念对待。
[6] 从资料来看，立法工作机构也倾向于使用"抗诉事由"这一术语。参见全国人大常委会法制工作委员会民法室《民事诉讼法立法背景与观点全集》，法律出版社，2012，第538页。

可分的。本章所要着重讨论的对象是法定的抗诉事由。当然，在讨论过程中也难免会牵涉应然的抗诉事由。

二 抗诉事由的作用

抗诉事由在整个抗诉制度中占据非常重要的地位，其对于民事抗诉检察实务工作也起着至关重要的作用。抗诉事由在抗诉制度中的作用与地位，犹如再审事由在再审之诉制度中的作用与地位。对于再审事由的重要性，有学者指出："再审程序作为一种特殊的纠错和救济程序……为了保持法律裁判的稳定性和权威性，作为一种事后的补救程序，就要求该程序的启动应有严格的限制，否则，也会影响民事争议解决的效率。科学地设定提起民事再审的事由是为了在实现再审程序目的——对实体正义和程序正义的追求——与保障生效裁决稳定性以及争议解决效率性之间求得一种衡平。民事再审事由即法院审查应否启动民事再审程序的理由或根据，是打开再审程序之门的'钥匙'。"[1] 具体而言，允许提起再审的事由越多，对适用再审事由的掌握越是宽泛，则既判力的作用范围越是受限制，生效裁判的终局性也越弱。相反，如果法定的再审事由越少，对再审事由的把握适用越严格，那么既判力的作用范围就越广，而生效裁判的终局性也越强。"总的来说，在西欧法律文化传统之下，不同法系或不同国家的民事再审制度尽管规定及掌握的再审事由范围有宽有窄，但在具有维护判决既判力及终局性的明确意识并对再审事由施以不同程度的限制这一点上却是共通的。"[2] 总之，再审事由是已决案件通往再审之路的"一扇门"，是有关各方打开再审程序之门的"钥匙"。

---

[1] 张卫平：《民事再审事由研究》，《法学研究》2000 年第 5 期。
[2] 王亚新：《对抗与判定——日本民事诉讼的基本结构》，清华大学出版社，2002，第 358~359 页。

与此相类似。抗诉事由的直接作用是：它是抗诉得以提起的理由和依据，是启动抗诉的一把"钥匙"。同时，由于抗诉是启动再审的途径之一，因而抗诉事由犹如再审事由，它实质上也是打开再审程序之门的一把"钥匙"。[①] 抗诉事由在立法上如何设定以及对实务中如何具体把握法定的抗诉事由，在抽象层面将涉及生效裁判的稳定性与公正性两者之间的关系，在具体层面将直接关系到个案能否启动再审以及当事人能否获得再审救济。

总之，民事抗诉事由是启动抗诉的一把"钥匙"，进而也是启动再审程序的一把"钥匙"，对于民事抗诉制度的构建以及民事抗诉实务工作的开展都具有非常重要而关键的作用。

三 抗诉事由的设置

抗诉事由的设置需要考虑相关的因素。尽管我们说抗诉事由的作用犹如再审事由，但是，从纯粹理论上而言，抗诉事由与再审事由还是有区别的，这集中体现在设定具体事由时需要考虑的因素上。再审事由的设定一般要考虑的是生效裁判的稳定性与生效裁判的公正性之间的平衡关系。"在判决被确定后，如果仅仅为判断不当或发现新的证据就承认当事人的不服声明，则诉讼是无止境的；但是另一方面，从作出正确、公正的裁判的理想来说，不管有什么样的瑕疵一律不准撤销已确定的判决，也是不合理的。于是，法律规定在判决有特别重

---

① 甚至有学者将抗诉事由作为再审事由的一部分予以统一对待。例如，有学者论述："由于再审事由是再审程序启动的根据，因此，在现行的再审体制下，再审事由一旦法定化，也将对当事人的申诉和人民检察院的抗诉有直接影响，这种影响表现为当事人提起申诉和人民检察提出抗诉时，必然也要以再审事由为依据。因此，即使今后继续维持现有的申诉和抗诉制度，再审事由的法定化也有利于规范申诉制度和抗诉制度。"见张卫平《民事再审事由研究》，《法学研究》2000 年第 5 期。

大并且对当事人也有严重的瑕疵时，应准许再审。"① 这一表述非常简明地勾勒了再审程序所面临的基本情境：裁判的稳定性与公正性的矛盾关系。而这也正是再审事由的设定所要考虑的基本因素。当然，再审事由的设定除了考虑上述基本因素，也要考虑一些具体因素，比如再审事由的明确性与具体性，即再审事由要具有良好的可识别性与可操作性，避免模糊、笼统与争议②，只有这样再审事由才能对再审程序的启动起到"钥匙"般的管控作用；还比如要考虑司法的效率性问题，再审不能过度拖延争议的解决，不能耗费过多的司法资源，必须要考虑争议解决的效率性问题。总之，笔者认为，大体上民事再审事由的设定需要考虑的因素包括：裁判的稳定性与公正性的平衡关系，再审事由的明确性与具体性，司法的效率性。③ 其中，裁判的稳定性与公正性的平衡关系是再审事由的设定所要考虑的基本因素，而后两者则是具体因素。这两个具体因素要么是从属于基本因素，如再审事由的明确性与具体性，实际上是合理平衡裁判的稳定性与公正性关系的必然要求，因为再审事由只有具备良好的可识别性与可操作性，才能为既判力的范围划一个相对确定的界限；要么是相对于基本因素居于次要地位，如司法的效率性问题，相比司法的公正性，其处于次要地位。

但是，抗诉事由的设定要考虑的因素相对而言要复杂一些。抗诉

---

① 〔日〕兼子一、竹下守夫：《民事诉讼法》，白绿弦译，法律出版社，1995，第249页。
② 对此，有学者认为："再审事由在理论上是一种客观存在的事实，因此，不以申诉人和法官的意志或主观判断为转移。"参见张卫平《民事再审事由研究》，《法学研究》2000年第5期。
③ 有学者将再审制度设立的目的、再审制度的有效运作和再审的成本作为设立再审事由的考虑因素。其中，所谓再审制度设立的目的是指再审程序是一种特殊的纠错和救济程序；所谓再审制度的有效运作是指法定的再审事由应当是具体和明确的；所谓再审的成本，也就是指司法的效率性问题。（参见张卫平《民事再审事由研究》）笔者此处的观点受其启发。

事由的设定，除了要考虑裁判的稳定性与公正性的平衡关系、再审事由的明确性与具体性、司法的效率性等因素外，首先要考虑的是民事抗诉制度的功能定位，即抗诉事由的设定要符合民事抗诉制度的功能。换言之，从理性角度而言，抗诉事由作为整体体现了民事抗诉制度的功能，而不同的民事抗诉制度功能的定位，则必须设置相应的不同的抗诉事由。例如，如果将民事抗诉制度定位于监督审判权违法行使，以维护国家法律的统一正确实施，那么抗诉事由的设置必须围绕这一点而进行，必须不同于当事人申请再审的事由；如果将民事抗诉制度的功能定位于为当事人提供权利救济，那么原则上抗诉事由的设置应当等同于当事人申请再审的事由；如果将民事抗诉制度的功能定位于维护国家与社会公共利益，如保护国有资产，保护生态环境，保护公共食品安全与卫生等，那么抗诉事由的设置必须以生效裁判或调解书损害国家与社会公共利益为标准。实际上，民事诉讼法历次立法修改关于抗诉事由的不同规定，正好是体现了民事抗诉制度功能的无形调整（这一点前文已有论述，参见本书第四章第二节）。

除此之外，民事抗诉事由的设定与把握上还要考虑因检察机关介入民事诉讼而引发的特有的关系因素，主要是检察权与诉权的关系界分以及检察权与审判权的关系界分。略微具体而言，检察权不能越位代行诉权应为之事，如检察机关不能替代承担当事人的举证责任，因此有关抗诉事由的设置不能秉持绝对客观主义而悬置当事人的举证责任制度。同时，检察权也不能越位代行审判权可为之事，如自由裁量权乃审判权所固有之权能，因此有关抗诉事由的设置不能秉持绝对机械主义而侵犯审判者的自由裁量权。当然，这些都是原则，至于立法与司法实务中到底如何具体界定检察权与诉权以及审判权的关系，或许都是难免有疑义的，至少难以做到数学计算般的精准。但是，无论如何，作为原则而言，它们是设定抗诉事由所必须予以考虑的。

综上所述，民事抗诉事由的设定，首先要考虑民事抗诉制度的功能定位；此外还必须考虑再审事由的设置所要考虑的共通因素，包括裁判的稳定性与公正性的平衡关系，再审事由的明确性与具体性，司法的效率性；同时，还要考虑因检察机关介入民事诉讼而引发的特有的关系因素，即检察权与诉权的关系界分以及检察权与审判权的关系界分。① 必须注意的是，这些因素都是关于应然的抗诉事由的设置所需考虑的因素。至于实然的抗诉事由或者说法定的抗诉事由，其一方面会受到应然的抗诉事由的指导，另一方面也会受到现实诸多复杂因素的实际影响。

四 抗诉事由的立法演变

我国民事诉讼法关于抗诉事由的规定，有一个不断变化的过程。我们在之前的章节中已经有所涉及（参见本书第四章），但是直接对抗诉事由的立法演变予以正面系统叙述，对于我们深入讨论抗诉事由而言仍然是必要的。下文将以历次民事诉讼法立法或修改为划分标准，依次梳理抗诉事由的立法演变情况。

（一）1982年民事诉讼法（试行）

1982年民事诉讼法（试行）在总则部分（第十二条）规定：人

---

① 有学者认为抗诉条件必须服务于抗诉职责。因此，研究抗诉条件，需要首先明确抗诉的职责，明确抗诉职责后，才能够合理确定抗诉条件。（参见孙家瑞《民事检察制度新论》，中国检察出版社，2013，第319页）笔者赞同研究抗诉条件需要首先明确抗诉的职责（也就是抗诉制度的功能），但仅仅此是不够的。设定抗诉条件除了要明确抗诉的职责，同时还要考虑上文所阐述的多种相关因素。例如，仅仅明确抗诉的基本职责是查控审判违法（参见孙家瑞《民事检察制度新论》，第319~320页），是无法具体确定到底法院的哪些违法以及这些违法到什么程度才可以提出抗诉。很显然，检察机关不可能对法院所有的违法行为都进行监督或提出抗诉，这里必然需要讲究一个合理的限度问题，也就是要考虑裁判的稳定性与公正性的平衡关系、司法的效率性等因素。

民检察院有权对人民法院的民事审判活动实行法律监督。但是在分则部分并没有规定具体的民事检察制度和程序。因而，根本谈不上抗诉制度，更无法谈及抗诉事由。

（二）1991年民事诉讼法

1991年民事诉讼法在"审判监督程序"部分首次明确规定了民事抗诉制度。关于抗诉事由，1991年民事诉讼法第一百八十五条规定：

> 最高人民检察院对各级人民法院已经发生法律效力的判决、裁定，上级人民检察院对下级人民法院已经发生法律效力的判决、裁定，发现有下列情形之一的，应当按照审判监督程序提出抗诉：
>
> （一）原判决、裁定认定事实的主要证据不足的；
>
> （二）原判决、裁定适用法律确有错误的；
>
> （三）人民法院违反法定程序，可能影响案件正确判决、裁定的；
>
> （四）审判人员在审理该案件时有贪污受贿，徇私舞弊，枉法裁判行为的。
>
> 地方各级人民检察院对同级人民法院已经发生法律效力的判决、裁定，发现有前款规定情形之一的，应当提请上级人民检察院按照审判监督程序提出抗诉。

据此，我们总结1991年民事诉讼法规定的抗诉事由为四项：原判决、裁定认定事实的主要证据不足的；原判决、裁定适用法律确有错误的；人民法院违反法定程序，可能影响案件正确判决、裁定的；审判人员在审理该案件时有贪污受贿，徇私舞弊，枉法裁判行为的。

1991年民事诉讼法规定的抗诉事由和当事人申请再审的事由有所区别。关于当事人申请再审的事由，1991年民事诉讼法第一百七十九条规定：

> 当事人的申请符合下列情形之一的，人民法院应当再审：
> （一）有新的证据，足以推翻原判决、裁定的；
> （二）原判决、裁定认定事实的主要证据不足的；
> （三）原判决、裁定适用法律确有错误的；
> （四）人民法院违反法定程序，可能影响案件正确判决、裁定的；
> （五）审判人员在审理该案件时有贪污受贿，徇私舞弊，枉法裁判行为的。

两相对照，我们可以发现，1991年民事诉讼法框架下，抗诉事由比当事人申请再审的事由少了一项，即"有新的证据，足以推翻原判决、裁定的"。除此之外，民事抗诉事由和当事人申请再审的事由是一样的。

对于1991年民事诉讼法规定的再审事由，学界认为其过于笼统模糊，欠缺明晰性和确定性，有违再审事由设定的明确性与具体性要求，这一方面容易造成当事人申诉权的滥用，引发无节制的申诉，另一方面也容易造成法院再审决定权的滥用，造成申诉难。抗诉事由同样存在这样的问题。抗诉事由的模糊性、笼统性，同样容易引发当事人（向检察机关）申诉的滥用，同时也容易造成检察机关对抗诉标准把握弹性过大。而这些正是引发立法机关修改再审事由与抗诉事由的重要动因。

(三) 2007年民事诉讼法

针对申诉难和执行难问题，2007年民事诉讼法对1991年民事诉讼法的审判监督程序和执行程序两大部分进行了修改。其中关于民事抗诉事由部分，2007年民事诉讼法统一了当事人申请再审的事由和抗诉事由，并细化了事由的规定，即将原来五项再审事由细化为所谓"十三项加一款"。2007年民事诉讼法第一百八十七条规定：

> 最高人民检察院对各级人民法院已经发生法律效力的判决、裁定，上级人民检察院对下级人民法院已经发生法律效力的判决、裁定，发现有本法第一百七十九条规定情形之一的，应当提出抗诉。
>
> 地方各级人民检察院对同级人民法院已经发生法律效力的判决、裁定，发现有本法第一百七十九条规定情形之一的，应当提请上级人民检察院向同级人民法院提出抗诉。

而上述条文中所指涉的第一百七十九条规定，便是关于当事人申请再审的事由的规定。2007年民事诉讼法第一百七十九条规定：

> 当事人的申请符合下列情形之一的，人民法院应当再审：
> （一）有新的证据，足以推翻原判决、裁定的；
> （二）原判决、裁定认定的基本事实缺乏证据证明的；
> （三）原判决、裁定认定事实的主要证据是伪造的；
> （四）原判决、裁定认定事实的主要证据未经质证的；
> （五）对审理案件需要的证据，当事人因客观原因不能自行

收集，书面申请人民法院调查收集，人民法院未调查收集的；

（六）原判决、裁定适用法律确有错误的；

（七）违反法律规定，管辖错误的；

（八）审判组织的组成不合法或者依法应当回避的审判人员没有回避的；

（九）无诉讼行为能力人未经法定代理人代为诉讼或者应当参加诉讼的当事人，因不能归责于本人或者其诉讼代理人的事由，未参加诉讼的；

（十）违反法律规定，剥夺当事人辩论权利的；

（十一）未经传票传唤，缺席判决的；

（十二）原判决、裁定遗漏或者超出诉讼请求的；

（十三）据以作出原判决、裁定的法律文书被撤销或者变更的。

对违反法定程序可能影响案件正确判决、裁定的情形，或者审判人员在审理该案件时有贪污受贿，徇私舞弊，枉法裁判行为的，人民法院应当再审。

由上可见，2007年民事诉讼法将原来五项再审事由细化为所谓"十三项加一款"，并将抗诉事由和再审事由相统一。从抗诉事由角度而言，即从原来的四项事由细化为"十三项加一款"。2007年民事诉讼法所规定的"十三项加一款"再审事由，其中第（一）项事由是原样保留；第（二）项至第（五）项事由是对原来再审事由第（二）项——"原判决、裁定认定事实的主要证据不足的"的细化与完善；第（六）项再审事由是对原来再审事由第（三）项的原样保留；第（七）项至第（十一）项事由，是对原来再审事由第（四）项——"人民法院违反法定程序，可能影响案件正确判决、裁定的"的细化与完善；第（十二）项与第（十三）项事由则是新的补充规定。① 此外，第二款实际上包括前后两部分事由，前部分事由"违反法定程序可能影响案件正确判决、裁定的情形"和后部分事由"审判人员在审理该案件时有贪污受贿，徇私舞弊，枉法裁判行为的"。显然，第二款后部分事由是对原再审事由第（五）项的原样保留；而第二款前部分事由则是属于兜底性规定。有人批评该第二款前部分事由要么与第一款第（七）项至第（十一）项事由构成不必要的重复，要么作为兜底性条款将可能导致再审事由的笼统或泛化，违背此次再审事由修改的初衷。

对于2007年民事诉讼法关于再审事由的修改，有学者认为可以概括为三个"转变"，即从主观标准向客观标准转变，从实体性标准向程序性标准转变，从概括性标准向具体性标准转变。总之，通过上述三个转变，再审事由的程序化和具体化改造可以说已基本完成，不仅强化了其可操作性，同时也恰当地平衡了当事人再审诉权的保障和限制再审诉权滥用之间的张弛关系，为我国再审制度的完善提供了一个基础。②

（四）2012年民事诉讼法

2012年全国人大常委会又对民事诉讼法进行了全面修改，其中包括了对审判监督程序的大幅修改。审判监督程序修改中自然涉及了民事抗诉制度，而抗诉事由则是其中的重要修改内容。下文展开具体叙述。

2012年民事诉讼法第二百零八条规定：

---

① 有学者认为，第（五）项"对审理案件需要的证据，当事人因客观原因不能自行收集，书面申请人民法院调查收集，人民法院未调查收集的"、第（十二）项"原判决、裁定遗漏或者超出诉讼请求的"以及第（十三）项"据以作出原判决、裁定的法律文书被撤销或者变更的"，这三种情形也应包含在程序性问题的范畴之内。参见王亚新《民事审判监督制度整体的程序设计——以〈民事诉讼法修正案〉为出发点》，《中国法学》2007年第5期。

② 汤维建：《民事检察法理研究》，中国检察出版社，2014，第168~170页。

最高人民检察院对各级人民法院已经发生法律效力的判决、裁定，上级人民检察院对下级人民法院已经发生法律效力的判决、裁定，发现有本法第二百条规定情形之一的，或者发现调解书损害国家利益、社会公共利益的，应当提出抗诉。

地方各级人民检察院对同级人民法院已经发生法律效力的判决、裁定，发现有本法第二百条规定情形之一的，或者发现调解书损害国家利益、社会公共利益的，可以向同级人民法院提出检察建议，并报上级人民检察院备案；也可以提请上级人民检察院向同级人民法院提出抗诉。

同时，2012年民事诉讼法第二百条规定：

当事人的申请符合下列情形之一的，人民法院应当再审：
（一）有新的证据，足以推翻原判决、裁定的；
（二）原判决、裁定认定的基本事实缺乏证据证明的；
（三）原判决、裁定认定事实的主要证据是伪造的；
（四）原判决、裁定认定事实的主要证据未经质证的；
（五）对审理案件需要的主要证据，当事人因客观原因不能自行收集，书面申请人民法院调查收集，人民法院未调查收集的；
（六）原判决、裁定适用法律确有错误的；
（七）审判组织的组成不合法或者依法应当回避的审判人员没有回避的；
（八）无诉讼行为能力人未经法定代理人代为诉讼或者应当参加诉讼的当事人，因不能归责于本人或者其诉讼代理人的事由，未参加诉讼的；

（九）违反法律规定，剥夺当事人辩论权利的；

（十）未经传票传唤，缺席判决的；

（十一）原判决、裁定遗漏或者超出诉讼请求的；

（十二）据以作出原判决、裁定的法律文书被撤销或者变更的；

（十三）审判人员审理该案件时有贪污受贿，徇私舞弊，枉法裁判行为的。

从上述可以看出，相比于2007年民事诉讼法的规定，2012年民事诉讼法一方面延续了抗诉事由和再审事由相统一的做法，另一方面将抗诉事由进行了一定的修改，即将原"十三项加一款"事由调整为"十三项"事由。具体是：(1) 删除了原第一款第（七）项"违反法律规定，管辖错误的"这一事由；(2) 将原第二款前部分事由"违反法定程序可能影响案件正确判决、裁定的情形"予以删除，并将第二款后部分事由"审判人员在审理该案件时有贪污受贿，徇私舞弊，枉法裁判行为的"上移作为第一款第（十三）项事由；(3) 原第（五）项事由中的"证据"修改为"主要证据"，即最终表述为"对审理案件需要的主要证据，当事人因客观原因不能自行收集，书面申请人民法院调查收集，人民法院未调查收集的"。

之所以作出上述修改，主要考虑如下。

(1) 删除管辖错误事由。此考虑因素有：第一，管辖只是法院系统审判权的内部分配，从理论上讲，并不会对案件的审判公正性产生实质变化，因此管辖错误也不会对案件结果产生实质影响[1]；第二，对管辖问题已经提供足够的救济机制，现行立法中已经规定了相继实

---

[1] 潘剑锋：《论"管辖错误"不宜作为再审事由》，《法律适用》2009年第2期。

行的两种制度，一种是管辖权的异议制度，另一种是上诉制度，这两种救济制度对于管辖错误来说，已经提供了足够的救济途径，完全没有必要启动再审程序[①]；第三，管辖的确定往往有分歧，作为再审事由的应当是能够从形式上识别和判断的具有外在性的事由，管辖是否错误如果不作实质审理是不能确定管辖是否存在错误的，所以不符合外在性、形式性的标准，以此作为再审事由不具有可操作性[②]；第四，管辖错误如果影响司法公正，最终都已经体现为终局裁判错误，其他再审事由足以覆盖。[③] 当然，也有学者坚持主张管辖错误应当作为再审事由，其理由是：弘扬了程序正义的独立价值；体现了通过管辖制度的恰当设定，破解地方保护主义的立法努力；体现了对当事人诉权的充分保障；有助于反溯性地制约和调控审判权的公正行使；有助于在实践层面解决管辖乱象。[④]

（2）删除程序性兜底事由。删除原第二款前部分"违反法定程序可能影响案件正确判决、裁定的情形"这一程序性兜底事由，主要考虑因素有：第一，该兜底事由与第一款已经列明的各项程序性再审事由之间的关系存在逻辑问题，一方面只要具备第一款规定的程序性再审事由，人民法院即应当再审，另一方面第二款该兜底事由又规定"对违反法定程序可能影响案件正确判决、裁定的情形……人民法院应当再审"，亦即违反法定程序需要以原裁判结果可能有错误为要件，而且第二款兜底事由也没有规定是程序性违法的"其他情形"，从而

[①] 张卫平：《管辖错误不宜作为民事再审的事由》，《人民法院报》2007年9月18日，第6版。

[②] 陈桂明：《再审事由应当如何确定——简评2007年民事诉讼法修改之得失》，《法学家》2007年第6期。

[③] 全国人大常委会法制工作委员会民法室编《中华人民共和国民事诉讼法条文说明、立法理由及相关规定》，北京大学出版社，2012，第330页。

[④] 参见汤维建《"管辖错误"作为再审事由不宜删除》，《法学家》2011年第6期。

与第一款程序性再审事由相区分①；第二，第一款列明的各项程序违法事由已经足够，其他可能的程序违法，对司法公正影响较小，不足以启动再审程序；第三，删除该兜底事由后，再审事由更加具体、明确，增强可操作性。②

（3）原第（五）项事由中的"证据"修改为"主要证据"，即修改为"对审理案件需要的主要证据，当事人因客观原因不能自行收集，书面申请人民法院调查收集，人民法院未调查收集的"。这是因为主要考虑到：事无巨细地要求法院去调查收集各类证据，不仅会浪费司法资源，而且无助于案件审理，因此只有人民法院没有调查收集对认定案件事实起决定性作用的主要证据，从而影响正确认定当事人权利义务的，才能作为应当再审的情形。③

必须说明的是上述"十三项"事由，是关于生效裁判的抗诉事由。1991年民事诉讼法和2007年民事诉讼法都只规定了检察机关对生效裁判可以依法提出抗诉。但是，2012年民事诉讼法除了规定检察机关对生效裁判的抗诉，还规定了对生效调解书的抗诉。并且，2012年民事诉讼法还就当事人对生效调解书申请再审的事由和检察机关对生效调解书提出抗诉的事由，做了不同的规定。2012年民事诉讼法第二百零一条规定："当事人对已经发生法律效力的调解书，提出证据

---

① 江必新主编《新民事诉讼法专题讲座》，法律出版社，2012，第228页。另，基于上述第一款和第二款之间的逻辑问题，2008年最高人民法院发布的《关于适用〈中华人民共和国民事诉讼法〉审判监督程序若干问题的解释》第十七条规定："民事诉讼法第一百七十九条第二款规定的'违反法定程序可能影响案件正确判决、裁定的情形'，是指除民事诉讼法第一百七十九条第一款第（四）项以及第（七）项至第（十二）项之外的其他违反法定程序，可能导致案件裁判结果错误的情形。"
② 全国人大常委会法制工作委员会民法室编《中华人民共和国民事诉讼法条文说明、立法理由及相关规定》，北京大学出版社，2012，第330页。
③ 全国人大常委会法制工作委员会民法室编《中华人民共和国民事诉讼法条文说明、立法理由及相关规定》，北京大学出版社，2012，第326页。

证明调解违反自愿原则或者调解协议的内容违反法律的,可以申请再审。经人民法院审查属实的,应当再审。"换言之,当事人对生效调解书申请再审的事由是"调解违反自愿原则或者调解协议的内容违反法律",即调解违反自愿原则和合法原则。而根据2012年民事诉讼法第二百零八条的规定,检察机关对调解书提出抗诉的事由是"发现调解书损害国家利益、社会公共利益"。之所以做这样的区分规定,其理由是认为检察机关属于"公益保护机关"。①

第二节 抗诉事由的理解与把握

2007年民事诉讼法和2012年民事诉讼法规定的抗诉事由(再审事由),本身即是对1991年民事诉讼法规定的抗诉事由的细化、具体化,但是这些抗诉事由仍然存在解释的余地,在学理上以及实务中仍然存在如何准确理解与合理把握的问题。2007年民事诉讼法修改后,2008年最高人民法院发布了《关于适用〈中华人民共和国民事诉讼法〉审判监督程序若干问题的解释》,其对2007年民事诉讼法规定的"十三项加一款"再审事由逐项作出了解释。2012年民事诉讼法修改后,最高人民法院于2015年2月发布了《关于适用〈中华人民共和国民事诉讼法〉的解释》,该司法解释部分条文也涉及了关于再审事由的解释。同时,最高人民检察院于2013年11月发布了《人民检察院民事诉讼监督规则(试行)》,其中有关条文对2012年民事诉讼法所规定部分抗诉事由进行了解释。下文中我们将围绕2012年民事诉讼法规定的抗诉事由,结合最高人民法院和最高人民检察院的相关司法解

---

① 孙加瑞:《民事检察制度新论》,中国检察出版社,2013,第351页。

释以及相关学理，对其予以逐项阐述。①

一 有新的证据，足以推翻原判决、裁定的

1991年民事诉讼法第一百二十五条第一款规定，当事人在法庭上可以提出新的证据。同时，其第一百七十九条第一款第一项规定，当事人有新的证据足以推翻原裁判的，法院应当再审。对此，一般认为，我国1991年民事诉讼法所奉行的是"证据随时提出主义"，当事人可以在民事诉讼的任何程序阶段均有权提出相关证据，人民法院也应当本着实事求是的原则随时接受这些证据。这样的"证据随时提出主义"导致了比较严重的消极后果，即一些当事人在庭审前不提供证据，而在庭审中，甚至是在二审庭审中突然提供证据，搞证据突袭，企图将对方当事人"打个措手不及"，以提升自己获胜的概率。这种证据突袭不仅违背了双方当事人平等对抗的精神，而且严重干扰了诉讼活动的正常秩序，影响了审判效率与质量。为了革除"证据随时提出主义"所带来的弊端，最高人民法院于2001年出台了《关于民事诉讼证据的若干规定》，其中规定了举证时限制度和证据失权制度，即超过举证时限而不举证的，则承担证据失权的法律后果。证据失权即丧失提出证据的权利，其实质是丧失证明权。② 举证时限制度和证据失权制度的存在，意味着我国民事诉讼中"证据随时提出主义"向"证据适时提出主义"的重大转变。为与举证时限制度及证据失权制

---

① 2012年民事诉讼法对生效裁判和调解书分别规定了不同的抗诉事由，根据其第二百零八条第一款规定，调解书的抗诉事由是损害国家利益、社会公共利益。"国家利益、社会公共利益"的含义非常抽象而充满争议，实务中针对调解书的抗诉案例也是非常少的。因此，考虑到典型性与论述篇幅，下文论述仅仅针对生效裁判的法定抗诉事由，而不包括调解书的抗诉事由。
② 张卫平：《诉讼架构与程式——民事诉讼的法理分析》，清华大学出版社，2000，第453页。

度相衔接，《关于民事诉讼证据的若干规定》限定了"新的证据"的范围。其中，《关于民事诉讼证据的若干规定》第四十一条规定限定了1991年民事诉讼法第一百二十五条第一款规定的"新的证据"的范围，而第四十四条规定则限定了1991年民事诉讼法第一百七十九条第一款第一项规定的"新的证据"的范围。

根据《关于民事诉讼证据的若干规定》第四十四条之规定，民事诉讼法第一百七十九条第一款第（一）项规定的"新的证据"，是指原审庭审结束后新发现的证据。该第四十四条并且规定，"当事人在再审程序中提供新的证据的，应当在申请再审时提出"。可见，根据《关于民事诉讼证据的若干规定》第四十四条之规定，再审程序中所谓的"新的证据"仅仅限于"原审庭审结束后新发现的证据"。根据权威解释，所谓"新发现"，一是指原审庭审结束之前客观上没有出现，二是原审庭审结束之前虽然出现，但在通常情况下当事人因无法知道其已经出现，不可能提交该证据。"新发现的证据"不包括当事人知道存在该证据，但因无法收集而没有提出；也不包括当事人持有该证据，但因种种原因而未提交的证据。[①]

但是，最高人民法院2002年发布的《关于规范人民法院再审立案的若干意见（试行）》第八条第（一）项规定，有再审申请人以前不知道或举证不能的证据，可能推翻原裁判的，人民法院应当裁定再审。这一规定明显扩大了《关于民事诉讼证据的若干规定》第四十四条关于"新的证据"的规定。至于2008年最高人民法院发布的《关于适用〈中华人民共和国民事诉讼法〉审判监督程序若干问题的解释》，则更是明显扩大了再审程序中"新的证据"的范围。根据《关于适用

[①] 李国光主编《最高人民法院〈关于民事诉讼证据的若干规定〉的理解与适用》，中国法制出版社，2002，第312页。

《中华人民共和国民事诉讼法》审判监督程序若干问题的解释》第十条规定，再审程序中的"新的证据"（即1991年民事诉讼法和2007年民事诉讼法第一百七十九条第一款第（一）项规定的"新的证据"）包括四种情况：（1）原审庭审结束前已客观存在庭审结束后新发现的证据；（2）原审庭审结束前已经发现，但因客观原因无法取得或在规定的期限内不能提供的证据；（3）原审庭审结束后原作出鉴定结论、勘验笔录者重新鉴定、勘验，推翻原结论的证据；（4）当事人在原审中提供的主要证据，原审未予质证、认证，但足以推翻原判决、裁定的，应当视为新的证据。第一种情况属于"新发现"的证据，第二种情况属于"新取得"的证据，第三种情况则属于"新形成"的证据，第四种情况属于"未予质证"的证据。[①] 这四种情况之综合明显超过了《关于民事诉讼证据的若干规定》以及《关于规范人民法院再审立案的若干意见（试行）》关于再审新证据的范围规定。

2012年民事诉讼法修改后，最高人民检察院于2013年11月发布了《人民检察院民事诉讼监督规则（试行）》。《人民检察院民事诉讼监督规则（试行）》第七十八条对抗诉事由（再审事由）中"新的证据"（即2012年民事诉讼法第二百条第一项规定的"新的证据"）作出了解释。其解释内容完全同于最高人民法院《关于适用〈中华人民共和国民事诉讼法〉审判监督程序若干问题的解释》第十条的解释，即认同了上文所述关于"新的证据"的四种情况。

2012年民事诉讼法修改后，最高人民法院于2015年2月发布了《关于适用〈中华人民共和国民事诉讼法〉的解释》。该《解释》大体上重审了《关于适用〈中华人民共和国民事诉讼法〉审判监督程

[①] 杜万华、胡云腾主编《最高人民法院民事诉讼法司法解释逐条适用解析》，法律出版社，2015，第742页。

序若干问题的解释》第十条关于"新的证据"的规定，但同时在表述上更为严谨，范围也稍微有所调整。该《解释》第三百八十七条规定：

  再审申请人提供的新的证据，能够证明原判决、裁定认定基本事实或者裁判结果错误的，应当认定为民事诉讼法第二百条第一项规定的情形。

  对于符合前款规定的证据，人民法院应当责令再审申请人说明其逾期提供该证据的理由；拒不说明理由或者理由不成立的，依照民事诉讼法第六十五条第二款和本解释第一百零二条的规定处理。

同时，该《解释》第三百八十八条规定：

  再审申请人证明其提交的新的证据符合下列情形之一的，可以认定逾期提供证据的理由成立：

  （一）在原审庭审结束前已经存在，因客观原因于庭审结束后才发现的；

  （二）在原审庭审结束前已经发现，但因客观原因无法取得或者在规定的期限内不能提供的；

  （三）在原审庭审结束后形成，无法据此另行提起诉讼的。

  再审申请人提交的证据在原审中已经提供，原审人民法院未组织质证且未作为裁判根据的，视为逾期提供证据的理由成立，但原审人民法院依照民事诉讼法第六十五条规定不予采纳的除外。

根据上述规定，我们可以发现，最高人民法院《关于适用〈中华人民共和国民事诉讼法〉的解释》不再从区分是否为"新的证据"着手，而是从"新的证据"逾期提供是否有合理理由或是否"理由成立"着手。笔者认为，这一改变有其合理性。因为从语用习惯看，凡是原审未提供给法庭的证据，在再审程序中都可以说是"新的证据"。在这些"新的证据"中还要区分哪些是真正的"新的证据"，哪些不是真正的"新的证据"，容易引发语义上的混乱。但是，从逾期提供"新的证据"是否有合理理由角度着手，便非常恰当合理。这主要是考察当事人逾期提供"新的证据"是否具有主观过错或者说可以归责于当事人的原因，特别是故意或重大过失。[①] 原则上而言，对于当事人逾期提供"新的证据"具有明显主观过错的，应当视为逾期举证理由不成立；反之，则理由成立。而上文所述最高人民法院《关于适用〈中华人民共和国民事诉讼法〉的解释》第三百八十八条规定的四种情况，明显属于当事人对逾期提供"新的证据"没有什么主观过错的情形，因而视为"理由成立"。对于"理由成立"的逾期提供的"新的证据"，即应当视为2012年民事诉讼法第二百条第一项规定的"新的证据"。

和《关于适用〈中华人民共和国民事诉讼法〉审判监督程序若干问题的解释》第十条规定相比，最高人民法院《关于适用〈中华人民共和国民事诉讼法〉的解释》第三百八十八条规定对第一种"新发现"的证据施加了特定限制，即必须是"因客观原因"于庭审结束后才发现的。这显然是为了杜绝因可归责于当事人的原因而造成没有发现的情形。如果当事人在原审庭审结束前没有发现该证据，系自己重

---

① 2012年民事诉讼法第一百零二条规定，当事人因故意或者重大过失逾期提供的证据，人民法院不予采纳。当事人非因故意或者重大过失逾期提供的证据，人民法院应当采纳，并对当事人予以训诫。

大过失或疏忽所造成的,那么也应当视为逾期提供"新的证据"理由不成立。同时,最高人民法院《关于适用〈中华人民共和国民事诉讼法〉的解释》第三百八十八条规定还调整了第三种"新形成"证据的范围,《关于适用〈中华人民共和国民事诉讼法〉审判监督程序若干问题的解释》第十条规定"原审庭审结束后原作出鉴定结论、勘验笔录者重新鉴定、勘验,推翻原结论的证据",而《关于适用〈中华人民共和国民事诉讼法〉的解释》第三百八十八条规定不再限定证据种类,而是限定了另一个条件,即"无法据此另行提起诉讼的"情形。另外,《关于适用〈中华人民共和国民事诉讼法〉的解释》第三百八十八条规定还对第四种"未予质证、认证"的证据进行了更为严谨的表述,即将那些因原审中逾期提供证据而无法说明理由或理由不成立而被法院不予采纳的证据,排除在外。①

此外,对于"有新的证据,足以推翻原判决、裁定的"这一再审事由中,"足以推翻原判决、裁定"的含义,一直以来有关司法解释都没有给出明确界定。而最高人民法院《关于适用〈中华人民共和国民事诉讼法〉的解释》首次对其给出了解释。该《解释》第三百八十七条第一款规定:"再审申请人提供的新的证据,能够证明原判决、裁定认定基本事实或者裁判结果错误的,应当认定为民事诉讼法第二百条第一项规定的情形。"亦即,能够证明"原判决、裁定认定基本事实或者裁判结果错误的",则属于"足以推翻原判决、裁定"。换言之,如果只是证明原判决、裁定中非属于基本事实认定而属于其他一

---

① 2012年民事诉讼法第六十五条规定:"当事人对自己提出的主张应当及时提供证据。人民法院根据当事人的主张和案件审理情况,确定当事人应当提供的证据及其期限。当事人在该期限内提供证据确有困难的,可以向人民法院申请延长期限,人民法院根据当事人的申请适当延长。当事人逾期提供证据的,人民法院应当责令其说明理由;拒不说明理由或者理由不成立的,人民法院根据不同情形可以不予采纳该证据,或者采纳该证据但予以训诫、罚款。"

般性事实认定错误的，那么就不构成"足以推翻原判决、裁定"。

最高人民法院《关于适用〈中华人民共和国民事诉讼法〉的解释》已经对再审事由中的"新的证据"作出了新的解释性界定，作为抗诉事由是否也要与之作出相对应的调整呢？笔者认为，鉴于民事抗诉的功能转换为"权利救济"，民事抗诉事由的把握原则上应当和再审事由的把握保持一致。这并不是说最高人民检察院的司法解释要追随最高人民法院，而是说"两高"在作出相同或相关领域的司法解释时，应当在沟通的基础上保持一致性或协调性。

最后，要附加说明的是，对于"新的证据"，大陆法系主要国家（德国、法国和意大利等）的民事诉讼法普遍承认其作为再审事由。日本最初的民事诉讼法（1890年）是对1877年德国民事诉讼法的全盘移植，因而也是承认"新的证据"作为再审事由的。但是日本1925年第一次民事诉讼法修订时，认为"从高度尊重判决的宗旨出发，还是以不承认这样的再审事由为佳"，删除了新的证据这一再审事由。由于大陆法系许多国家的民事再审制度现在都存在类似的规定，因此日本有些学者一直主张应在新的民事诉讼法中重新把发现新的重要书证作为再审事由之一。但是，近年来新修改的现行日本民事诉讼法仍然没有承认这一再审事由。[1] 尽管大陆法系主要国家普遍承认"新的证据"作为再审事由，但是因为判决确定后才发现的证据在前一诉讼未能得到利用究竟是谁的责任、新的证据是否足以导致判决内容的改变等问题很难得到准确的界定，无限制地承认新证据的发现作为再审事由之一可能给判决的既判力与终局性带来重大冲击。所以，大陆法系国家的有关立法一般会对新发现的证据作为再审事由在种类或适用

---

[1] 王亚新：《对抗与判定——日本民事诉讼的基本结构》，清华大学出版社，2002，第364页。

条件上附加了相当严格的限定，如德国、法国和意大利的民事诉讼法都规定作为再审事由的新证据只限于重要的书证或特定的证书。[①] 从这样看来，我国现行民事诉讼法及其司法解释关于"新的证据"的规定，没有关于证据种类的限制，因此其范围相对而言是比较广的。[②]

二　原判决、裁定认定的基本事实缺乏证据证明的

这项抗诉事由（再审事由）所着重要注意的是：什么是"基本事实"以及什么是"缺乏证据证明"两点要素。裁判是建立在案件事实基础上的，案件事实包括主要事实和次要事实。所谓"主要事实"也就是"基本事实"，它是指确定当事人之间民事法律关系性质、具体权利义务和民事责任等主要内容所依据的事实，从理论上讲就是法律要件事实。[③] 基本事实对于权利义务的发生、变更和消灭之法律效果有着直接决定的作用。而次要事实，即非基本事实，其对于当事人之间民事法律关系性质、具体权利义务和民事责任等内容的确定不起到直接决定的作用。从裁判角度而言，直接事实或主要事实认定错了，必然会导致裁判结果的错误；而非直接事实或次要事实认定错了，不会影响到正确裁判，除非这些次要事实的认定错误进一步导致直接事实认定错误。2008年最高人民法院发布的《关于适用〈中华人民共和国民事诉讼法〉审判监督程序若干问题的解释》对"基本事实"的含义作出了界定。其第十一条规定："对原判决、裁定的结果有实质影

[①] 王亚新：《对抗与判定——日本民事诉讼的基本结构》，第364页。
[②] 有学者提出，再审事由中新证据的适用要受"重大性原则"和"补充性原则"的限制。（参见卢正敏《民事诉讼再审新证据之定位与运用》，《厦门大学学报》（哲学社会科学版）2009年第3期。）但是，笔者认为，民事诉讼法规定"足以推翻原判决、裁定"，即体现了新证据的"重大性原则"。此外，2012年民事诉讼法及其司法解释对逾期提供证据"理由是否成立"的规定，实际上即体现了"补充性原则"。关键是比较缺乏的是对新证据之证据种类的限制。
[③] 王景琦：《民事抗诉条件的理解与适用》，《人民检察》2008年第13期。

响、用以确定当事人主体资格、案件性质、具体权利义务和民事责任等主要内容所依据的事实,人民法院应当认定为民事诉讼法第一百七十九条第一款第(二)项规定的'基本事实'。"这一规定基本上吸收了学界关于"基本事实"的理论认知。

附加说明的是,最高人民法院《关于适用〈中华人民共和国民事诉讼法〉的解释》第三百八十七条第一款规定:"再审申请人提供的新的证据,能够证明原判决、裁定认定基本事实或者裁判结果错误的,应当认定为民事诉讼法第二百条第一项规定的情形。"此处,该条文之所以表述为"认定基本事实或者裁判结果错误",并非是意图将两者作"选择式"规定,而毋宁说是作"换言式"规定,即在此处认定基本事实错误和裁判结果错误是等值的。因为认定基本事实错误必然导致裁判结果错误。

至于什么是"缺乏证据证明",有学者认为是指在没有当事人自认的情况下缺乏相应的证据证明。[①] 笔者认为,"缺乏证据证明"还包括另一种情况,即尽管有证据,但现有证据的证明力达不到高度盖然性的证明标准。[②] 总之,"缺乏证据证明"应该包括两种情况:一是根本没有任何证据来证明(包括缺乏当事人的自认);二是现有证据的证明力达不到高度盖然性的证明标准。有学者提出,缺乏证据证明包括:(1)缺乏能够证明案件基本事实所必不可少的证据或者说没有主

---

① 王景琦:《民事抗诉条件的理解与适用》,《人民检察》2008年第13期。
② 最高人民法院2001年12月21日公布的《关于民事诉讼证据的若干规定》第73条规定:"双方当事人对同一事实分别举出相反的证据,但都没有足够的依据否定对方证据的,人民法院应当结合案件情况,判断一方提供证据的证明力是否明显大于另一方提供证据的证明力,并对证明力较大的证据予以确认。"一般认为,这是我国对高度盖然性证明标准的规定。同时,最高人民法院2015年2月发布的《关于适用〈中华人民共和国民事诉讼法〉的解释》第一百零八条规定:"对负有举证证明责任的当事人提供的证据,人民法院经审查并结合相关事实,确信待证事实的存在具有高度可能性,应当认定该事实存在。"这更是对我国民事诉讼高度盖然性证明标准的明确规定。

要证据；（2）认定的基本事实没有达到"高度盖然性"的证明标准；（3）对于原审法官有明显违反经验规则和形式逻辑等行为的，可以认定为"缺乏证据证明"。① 笔者大体上认同这种分析，但同时认为这与笔者的前述概括并不冲突。因为"缺乏能够证明案件基本事实所必不可少的证据"包括两种情况：要么是完全没有证据，要么是具备一部分证据但不充分。前一种情况即属于笔者概括的第一种情况，而后一种情况则应当归入证明力不足，即达不到"高度盖然性"的证明标准之范畴。至于"原审法官有明显违反经验规则和形式逻辑等"，属于违背了证明推理规则，从而无法达到证明目的，同样可以归入达不到"高度盖然性"的证明标准之范畴。

最高人民检察院《人民检察院民事诉讼监督规则（试行）》第七十九条规定四种情形属于"认定的基本事实缺乏证据证明"：（1）认定的基本事实没有证据支持，或者认定的基本事实所依据的证据虚假、缺乏证明力的；（2）认定的基本事实所依据的证据不合法的；（3）对基本事实的认定违反逻辑推理或者日常生活法则的；（4）认定的基本事实缺乏证据证明的其他情形。这一规定没有明确提到证据证明力达不到"高度盖然性"证明标准之情形，但在解释论上可以将其归入第（4）种情形。此外，第（1）点"或者认定的基本事实所依据的证据虚假、缺乏证明力的"，属于证据缺乏真实性。② 第（2）点属于证据缺乏合法性，即尽管形式上有证据，但因其缺乏证据"三性"而不构成实质上的证据，因而应视之为"缺乏证据"。这一思路是对"缺乏证据"的深化解释，值得赞许。但是，按照证据"三性"的逻

---

① 江必新、孙祥壮、王朝辉：《新民事诉讼法审判监督程序讲座》，法律出版社，2012，第88页。

② "证据虚假"在外延上会与第二百条第三项事由（原判决、裁定认定事实的主要证据是伪造）有所重复。从逻辑严密角度而言，此处"证据虚假"应排除有意伪造的那些证据。

辑，唯独遗漏了证据的"关联性"问题，似乎逻辑上也有不周延之处。总之，形式上有证据，但因证据缺乏"三性"，依理应予排除，从而属于实质上缺乏证据，此种情形亦应视之为"缺乏证据"，具体而言应属于笔者上文所概括的第一种"完全没有证据"的情形。

三 原判决、裁定认定事实的主要证据是伪造的

所谓"主要证据"是对应于案件的基本事实或主要事实而言的，即用来证明案件基本事实的证据，或者说对证明基本事实起决定性作用的证据。[①] 主要证据相对于次要证据而言，次要证据即证明案件次要事实的证据。主要证据对证据的种类或分类并无限定，主要视其与案件基本事实的证明关系而定。因而主要证据理论上包括直接证据和间接证据、原始证据与传来证据、实物证据与言词证据等各种可能性。[②] 缺乏主要证据，案件的基本事实即无法获得证明。主要证据是伪造的，即该主要证据缺乏真实性，应予排除，从而无法达到证明案件基本事实的目的。据此而言，"原判决、裁定认定事实的主要证据是伪造的"实际上属于上述第二项事由"原判决、裁定认定的基本事实缺乏证据证明"之特殊情形。

所谓"伪造"系人为有意而制造虚假的证据。有人认为，本事由所谓"伪造"不包括"变造"——即在原初真实证据材料的基础上对

---

① 全国人大常委会法制工作委员会民法室编《中华人民共和国民事诉讼法条文说明、立法理由及相关规定》，北京大学出版社，2012，第326页。
② 鉴于实务情况的复杂性，关于"主要证据"的界定只能是原则性与理论性的，期待非常具体的、细化的规定是不符合实际的。最高人民法院在起草审判监督程序司法解释时，曾试图规定何为"主要证据"，但是由于多人认为难以把握，而留待进一步实践和总结（参见江必新、孙祥壮、王朝辉《新民事诉讼法审判监督程序讲座》，法律出版社，2012，第103页）。

其形态与内容加以改变并冒充真实证据。① 也有人认为,本事由所谓"伪造"包括"变造"。② 笔者认为,本事由所谓"伪造"应当包括"变造"。因为凡是人为有意制造虚假证据的行为均属"伪造",而"变造"毫无疑问也属于有意制造虚假证据的一种,尽管其以原初真实证据材料为基础。

　　伪造证据系大陆法系广泛认同的再审事由,我国台湾地区也规定伪造证据属于再审事由,但各国和地区在伪造证据的证据种类上有所不同。从我国民事诉讼法规定来看,本事由中伪造证据的证据种类并没有特定限制,即原则上伪造任何种类的主要证据,均应作为再审的事由。伪造证据既会损害对方当事人的合法权益,又很可能导致法院因对事实认定错误而作出错误的裁判,是一种严重妨害司法的行为,所以大陆法系很多国家都把这种行为规定为犯罪行为,用刑罚予以制裁。因此之故,德国民事诉讼法规定以伪造证据为再审事由提起再审之诉时,须提供伪造证据的有罪判决作为证据。我国刑法规定的伪证罪是针对刑事诉讼中的伪证行为的,民事诉讼中伪造证据的,一般采用民事强制制裁措施予以制裁,因而当事人以本事由申请再审或抗诉,不能要求他们提出有罪判决书作为证据。由于民事诉讼强制措施是人民法院在诉讼进行过程中针对妨害诉讼的行为实施的,当事人申请再审或抗诉是在诉讼终结后才发现伪造证据的情况,所以也不能要求当事人提出法院的民事制裁决定书作为证据。③ 但是这并不意味着当事人不需要提供任何证据。为了确保再审作为特殊、例外救济程序的定位,当事人以主要证据是伪造为由申请再审或抗诉,必须提供相

---

① 江必新、孙祥壮、王朝辉:《新民事诉讼法审判监督程序讲座》,法律出版社,2012,第103页。
② 王景琦:《民事抗诉条件的理解与适用》,《人民检察》2008年第13期。
③ 李浩:《民事再审程序改造论》,《法学研究》2000年第5期。

应的证据。至于这些意在证明"主要证据是伪造"的证据,是否要达到某种标准或条件,有学者认为法院对这些证据材料的审查应当只是形式审查,即只审查当事人是否提供了相关的证据材料,只要有相关的证据材料,就应当决定再审,至于这些证据材料能否证明作为裁判主要依据的证据不真实,那是再审后才能决定的问题。① 但是,笔者认为,考虑到再审程序的严格性,对当事人提供的这些证据材料仅仅作形式审查是不够的,应当进行实质性的初步审查。经过初步的实质审查,发现这些证据材料能够达到证明标准的,才能启动再审。②

四 原判决、裁定认定事实的主要证据未经质证的

此之"主要证据"已在上文作过解释。关键的问题是何为"未经质证"。按照我国民事诉讼法的规定,证据应当在法庭上出示,并由当事人互相质证。之所以规定,证据必须经过当事人互相质证,立法机关方面的解释是"证据只有经过质证,才能查明证据的真伪,即只有经过质证,才能去伪存真。质证是对证据查证属实的必要手段","没有经过质证的证据,可能是真实的,但法律设立质证规则的目的是从程序上保证查明证据的真实性,违反了程序就有可能导致认定事实方面的错误,程序的价值就在于此"。③ 但学理上有着更为充分的解释。学理上认为,质证一方面可以使得案件信息的获得更加全面完备,是为法官作出裁判之前必须做到"兼听则明"的制度性保证,亦即前述所谓"质证是对证据查证属实的必要手段";另一方面质证是对当

---

① 李浩:《民事再审程序改造论》,《法学研究》2000 年第 5 期。
② 之所以说是初步的实质性审查,是因为这只是在事由审查阶段的实质性审查,再审庭审阶段仍然要进行更为深入、充分的实质性审查,且审查结论可能推翻事由审查阶段的审查结论之可能性。
③ 全国人大常委会法制工作委员会民法室:《民事诉讼法立法背景与观点全集》,法律出版社,2012,第 325 页。

事人的程序保障，即如果要求当事人必须对诉讼达到的结果承担风险或负有责任，前提是要从制度上保证当事人能够按照自己意愿充分地展开攻击防御等诉讼活动，而质证制度即属于这样的程序保障。① 正是因为这样的制度原理，如果原判决、裁定认定事实的主要证据未经质证，该裁判结果自然不具有既判力的正当性，当事人自然有权对裁判结果提出异议，提出再审的要求。

从上述关于质证原理的论述中，我们可以得出很明确的结论：所谓主要证据未经质证，是指主要证据没有经过当事人质疑与辩论。具体而言，包括两种情形：一是一方当事人根本没有将主要证据向法院提交并在法庭上出示，二是在法庭上出示了主要证据但审判法官没有安排对方当事人进行质证。但是，如果一方当事人在法庭上出示了证据，并且审判法官也安排了对方当事人进行质证的机会，但对方当事人拒绝发表质证意见或者质证中未对证据发表质证意见的，应该由该对方当事人自行承担责任，不应认定为"未经质证"的情形。对此，最高人民法院《关于适用〈中华人民共和国民事诉讼法〉的解释》第三百八十九条明确规定："当事人对原判决、裁定认定事实的主要证据在原审中拒绝发表质证意见或者质证中未对证据发表质证意见的，不属于民事诉讼法第二百条第四项规定的未经质证的情形。"为了充分保障当事人的质证权利，避免意想不到的意外情况，在当事人拒绝发表质证意见或者质证中未对证据发表质证意见的情况下，审判法官应当向该方当事人作必要的提示并对后果进行释明。此外，根据最高人民法院《关于适用〈中华人民共和国民事诉讼法〉的解释》第一百零三条第二款之规定，当事人在审理前的准备阶段认可的证据，经审

---

① 王亚新：《民事诉讼中质证的几个问题——以最高法院证据规定的有关内容为中心》，《法律适用》2004 年第 3 期。

判人员在庭审中说明后，视为质证过的证据。此之所谓"视为质证过"，意即庭审中不再安排质证，而直接作为已经质证的证据看待。

五 对审理案件需要的主要证据，当事人因客观原因不能自行收集，书面申请人民法院调查收集，人民法院未调查收集的

本事由中所谓"主要证据"，应按照上文所述之一贯理解，即用来证明案件基本事实的证据。最高人民法院2008年发布的《关于适用〈中华人民共和国民事诉讼法〉审判监督程序若干问题的解释》第十二条规定："民事诉讼法第一百七十九条第一款第（五）项规定的'对审理案件需要的证据'，是指人民法院认定案件基本事实所必需的证据。"这里"人民法院认定案件基本事实所必需的证据"实际上就是指审理案件需要的"主要证据"。

民事诉讼中原则上当事人要承担举证责任。但我国民事诉讼法为法院调查取证保留了空间。民事诉讼法（包括1991年、2007年和2012年民事诉讼法）第六十四条第二款规定："当事人及其诉讼代理人因客观原因不能自行收集的证据，或者人民法院认为审理案件需要的证据，人民法院应当调查收集。"同时，2001年最高人民法院《关于民事诉讼证据的若干规定》第十七条规定，三种情形下当事人及其诉讼代理人可以申请人民法院调查收集证据：（1）申请调查收集的证据属于国家有关部门保存并须人民法院依职权调取的档案材料；（2）涉及国家秘密、商业秘密、个人隐私的材料；（3）当事人及其诉讼代理人确因客观原因不能自行搜集的其他材料。换言之，这三种情形属于"当事人及其诉讼代理人确因客观原因不能自行收集"的情形。其中，第三项是弹性条款、兜底条款，应当严格把握，比如当事人虽然年老体迈、因病住院，但在有诉讼代理人的情况下，其诉讼代理人可以代为收集，因而这种情况不能视之为"确因客观原因不能自行收集"。

此外，本事由还要注意的是，必须是当事人在原审中书面申请人民法院调查收集而人民法院未调查收集的。根据最高人民法院《关于民事诉讼证据的若干规定》第十八条的规定，当事人及其诉讼代理人申请人民法院调查搜集证据，应当提交书面申请。申请书应当载明被调查人的姓名或者单位名称、住所地等基本情况、所要调查收集的证据的内容、需要由人民法院调查搜集证据的原因及其要证明的事实。总之，对审理案件需要的主要证据，当事人因客观原因不能自行收集，书面申请人民法院调查收集，人民法院未调查收集的，法院既违背了民事诉讼法明确规定的程序职责，也影响了对案件基本事实的查明，损害了裁判公正，故而应当作为再审的理由。

六　原判决、裁定适用法律确有错误的

"司法"即法的适用，审判就是要依法审判，而裁判适用法律错误，即根本性地违背了司法审判的本质属性，理应予以纠正。在实行事实审与法律审相对分离且奉行三审终审制的大陆法系国家，适用法律错误一般是通过第三审获得解决，因此一般没有把它规定为再审的理由。我国目前仍实行两审终审制，也没有实行事实审与法律审相对分离，因此将法律适用错误作为再审事由有其必要性。值得注意的是，我国台湾地区民事诉讼法也将法律适用错误作为再审事由之一。

作为大概念，大家对何谓"适用法律错误"应该有着原则性的共识，即适用了不该适用的法律或者错误理解了该适用的法律。但是在具体内涵的分析与表述上，则会出现视角与进路的区别，从而会形成具体不同的表述。例如，有学者认为"适用法律错误"包括适用法律

根本性的错误，适用法律不准确、不适当，判决所认定的事实与引用的法律均正确但案件实体处理错误，判决没有依据，适用了已经失效或尚未生效的法律，已有的新法律没有适用，以及对已有的特别法没有予以适用，等等。另有学者不赞同上述分析，认为上述分析是适用法律形式上的错误，真正的法律适用错误应该是指适用法律在实体上、结果上的错误，包括原判决、裁定错误认定案件法律关系的性质，原判决、裁定错误认定民事法律关系主体，原判决、裁定确定权利归属、责任承担或者责任划分发生错误，原判决遗漏诉讼请求或者超出原告诉讼请求范围判令被告承担责任，原判决、裁定对未超过诉讼时效的诉讼请求不予支持，或者对超过诉讼时效的诉讼请求予以支持，以及使用法律错误的其他情况。[①] 还有学者认为，"适用法律确有错误"总体上可以解释为法院适用的法律（包括司法解释）不正确或不准确。大体上有以下情形：应当适用此法，却适用了彼法；应当适用此法的此款，却适用了彼法的彼款或此法的彼款；应当适用新法，却适用了旧法；应当适用旧法，却适用了新法；应当适用的法律，却没有适用；适用了已经废除或尚未生效的法律；断章取义地适用某条法律规定；适用法律明显违背立法本意；适用的法律与判决结果明显不符合，即适用的法律不能作为判决的依据。[②] 可以说，关于何谓"适用法律确有错误"，不同学者有着不同的视角与表述。

2008年最高人民法院《关于适用〈中华人民共和国民事诉讼法〉审判监督程序若干问题的解释》第十三条对"适用法律确有错误"作出了司法解释。其规定：

[①] 杨立新：《民事行政检察教程》，法律出版社，2002，第179~195页。
[②] 王景琦：《民事抗诉条件的理解与适用》，《人民检察》2008年第13期。

原判决、裁定适用法律、法规或司法解释有下列情形之一的，人民法院应当认定为民事诉讼法第一百七十九条第一款第（六）项规定的"适用法律确有错误"：

（一）适用的法律与案件性质明显不符的；

（二）确定民事责任明显违背当事人约定或者法律规定的；

（三）适用已经失效或尚未施行的法律的；

（四）违反法律溯及力规定的；

（五）违反法律适用规则的；

（六）明显违背立法本意的。

上述规定首先界定了"法律"的含义，即包括法律、法规或司法解释。根据对上述规定的权威解释，此之"法律"是指全国人大及其常委会颁布的法律；所谓"法规"，是指国务院颁布的行政法规；地方法规、部门规章以及"红头文件"等均不属于这里所指的法规。[①] 其次，根据上述司法解释，"适用法律确有错误"具体包括六种情形：适用的法律与案件性质明显不符的；确定民事责任明显违背当事人约定或者法律规定的；适用已经失效或尚未施行的法律的；违反法律溯及力规定的；违反法律适用规则的；明显违背立法本意的。

"案件性质"就是案件法律关系的性质。所谓适用的法律与案件性质明显不符，理论上包括两个层面：一是指宏观层面的基本定性错误，混淆了民事法律关系与刑事法律关系、行政法律关系的界限，如将民事法律关系当作刑事法律关系处理（例如将正常借款当作涉嫌非法吸收公众存款罪）或者视为行政法律关系（如将政府机关的采购行

[①] 江必新、孙祥壮、王朝辉：《新民事诉讼法审判监督程序讲座》，法律出版社，2012，第97页。

为视为行政法律关系），或者反之亦然；二是指具体层面的具体定性错误，即在民事法律关系大前提下混淆了此民事法律关系与彼民事法律关系，如将物权法律关系视为债权法律关系，将借款合同关系视为合伙投资法律关系，将财产法律关系视为人身法律关系，等等。法律关系的混淆或者说案件性质的定性错误，必然导致法律适用的错误。正所谓"没有正确的案件定性，就没有法律的正确适用"[1]。这是适用的法律与案件性质明显不符的主要情况。当然，理论上也不排除案件定性正确，但却适用了性质不相符的法律，如明明已经正确地将案件定性为房屋租赁关系，但却仍然适用了房屋买卖合同的有关条款。鉴于这种错误的极端明显性，这种情况理论上存在，但在实践中应该很少发生。

所谓确定民事责任明显违背当事人约定或者法律规定的、适用已经失效或尚未施行的法律以及违反法律溯及力规定的三种情形，很容易理解，无须赘言。

所谓违反法律适用规则，此之法律适用规则是指我国《立法法》第五章明确规定的法律适用规则以及法理上公认的法律适用规则，主要包括上位法优于下位法、特别法优于普通法、后法优于前法、强行性规范优于任意性规范等规则。

所谓明显违背立法本意，此立法本意就是指立法者的立法意图。有人认为此立法本意就是指一部法律在创制时的意旨，即立法原意。[2] 有人认为此立法本意不是指立法原意，而是探讨立法者在现今的社会环境下所追求的目的和意旨，所以同样的规定，在不同的社会环境下

---

[1] 杨立新：《关于民事行政申诉案件的案卷审查（上）》，《人民检察》2001年第9期。
[2] 江必新、孙祥壮、王朝辉：《新民事诉讼法审判监督程序讲座》，第102页。

可能有不同的理解和目的解释。① 笔者认为，既然是立法本意，自然是指立法原意。如果解释者根据现时的各种情况将其解释为当下所追求的目的和意旨，那么从语义上讲它显然不能被称之为"本意"，而毋宁说是经过解释者理性校正过的"合理意思"。

也许正是因为对"立法本意"含义理解存在分歧，2015年最高人民法院《关于适用〈中华人民共和国民事诉讼法〉的解释》第三百九十条明确将其表述为"明显违背立法原意的"。这样就明确了立法本意就是指立法原意。除了这一点文字上的略微修改外，2015年最高人民法院《关于适用〈中华人民共和国民事诉讼法〉的解释》第三百九十条再次重申了2008年最高人民法院《关于适用〈中华人民共和国民事诉讼法〉审判监督程序若干问题的解释》第十三条对"适用法律确有错误"六种情形的解释。但是，《关于适用〈中华人民共和国民事诉讼法〉的解释》第三百九十条没有提及关于"法律"的概念界定。笔者认为，这一点应该是最高人民法院经过审慎考虑后作出的解释修改。因为2008年最高人民法院《关于适用〈中华人民共和国民事诉讼法〉审判监督程序若干问题的解释》第十三条将"法律"界定为法律、法规或司法解释，这并非没有疑问。因为这一解释将规章完全排除在外，在法理上以及司法实务上都是不无疑问的。因为根据《立法法》规章无疑属于广义"法律"的范畴；同时，民事审判实务中，法院其实是在大量地适用规章（主要是部门规章）。例如，关于劳动纠纷的处理，经常要援引国务院劳动行政管理部门的规章条文。所以，笔者认为，"适用法律确有错误"之再审事由中的"法律"应该包括法律、法规、规章和司法解释。

---

① 杜万华、胡云腾主编《最高人民法院民事诉讼法司法解释逐条适用解析》，法律出版社，2015年，第746页。

需要指出的是，2013年最高人民检察院《人民检察院民事诉讼监督规则（试行）》第八十条也对"适用法律确有错误"作出了解释。其解释是在2008年最高人民法院《关于适用〈中华人民共和国民事诉讼法〉审判监督程序若干问题的解释》第十三条所界定的六种情形的基础上，增加规定了三种情形，即认定法律关系主体、性质或者法律行为效力错误的，适用诉讼时效规定错误的，适用法律错误的其他情形。笔者认为，适用法律错误的情形多种多样，实际上很难予以完全、完备的概括。最高人民检察院《人民检察院民事诉讼监督规则（试行）》第八十条所增加的解释，对我们增进对"法律适用确有错误"的理解与认识，不无裨益。而且，完全不能排除还有其他更多的概括与列举。但是笔者认为，关于究竟何谓"法律适用确有错误"，我们不能被各种具体的情形所迷惑，也不必痴迷于提炼各种具体的情形，归根结底我们只需要把握一个大的认知原则，即"法律适用确有错误"是指：适用了不该适用的法律或者错误地理解了该适用的法律。无论何种具体情形，终究跳不出这一大的认知框架。

七 审判组织的组成不合法或者依法应当回避的审判人员没有回避的

审判组织是具体代表法院履行依法审判职责的主体。如果审判组织不合法，则意味着整个审判从根本上缺乏正当性与合法性，理应予以再审。而审判组织的组成不合法或者依法应当回避的审判人员没有回避，这两种情况均属于审判组织不合法。

首先，关于审判组织的组成不合法问题。我国民事诉讼法以专章形式规定了审判组织组成的一般规则，此外特定程序部分也有相关条文规定了本程序中审判组织的组成。如果审判组织的组成违背了民事诉讼法的这些明文规定，则均属于审判组织的组成不合法。2013年最高人民检察院《人民检察院民事诉讼监督规则（试行）》第八十一条解释了"审判组织的组成不合法"的五种情形：应当组成合议庭审理的案件独任审判的；人民陪审员参与第二审案件审理的；再审、发回重审的案件没有另行组成合议庭的；审理案件的人员不具有审判资格的；审判组织或者人员不合法的其他情形。最后一种情形为弹性兜底条款。其实，我们完全可以予以进一步明确。具体而言，对照现行民事诉讼法第三十九条至第四十一条以及第一百七十八条、第二百零七条之规定，下述情形应当属于审判组织的组成不合法：审理案件的人员不具有审判资格；应当组成合议庭审理的案件却实行独任审判；合议庭成员的人数是复数（偶数）；人民陪审员参与第二审案件审理或者特别程序案件的审理；再审、发回重审的案件实行独任审理或者没有另行组成合议庭；特别程序中选民资格案件或者重大、疑难的案件由审判员一人独任审理；院长或庭长指定陪审员担任合议庭审判长或者合议庭的审判长人选违背院长或者庭长的指定。也有人根据司法实务情况提出了更为具体的情形，如庭审中合议庭组成人员有的法官缺席（造成实际组成人数不符合）或有的法官实际缺席（如在庭审中睡觉）等，再如对于合议庭组成人员确定后已经告知当事人，但在具体开庭时却是不同于告知的合议庭组成人员，或者被告知的合议庭组成人员已经开庭后，但在法律文书的署名上出现不同的署名等，这些情况均应视为审判组成的组成不合法。[①] 这是从合议庭组成实质合法性角度的阐释，笔者深以为然。

其次，关于依法应当回避的审判人员没有回避问题。回避制度设立的目的在于保证法官的中立和公正，确保裁判者在当事人之间没有

---

① 江必新、孙祥壮、王朝辉：《新民事诉讼法审判监督程序讲座》，第108页。

利益上的偏向，以保证案件裁判的公正性。① 回避制度一来有助于树立当事人对裁判者的信赖感，二来有助于实质上保障司法公正。根据现行民事诉讼法第四十四条之规定，审判人员"依法应当回避"包括"自行回避"和"申请回避"两种情形。其中，"自行回避"的事由有：（1）是本案当事人或者当事人、诉讼代理人近亲属的；（2）与本案有利害关系的；（3）与本案当事人、诉讼代理人有其他关系，可能影响对案件公正审理的。这三种事由属于原发性回避事由，即回避的事由在诉讼开始之前业已客观存在。存在前述原发性回避事由的情况下，审判人员应当自行回避，当然当事人也可以申请其回避。② 此外，"申请回避"的事由是：审判人员接受当事人、诉讼代理人请客送礼，或者违反规定会见当事人、诉讼代理人的，当事人有权要求他们回避。这些事由属于继发性事由，即审判人员在诉讼过程中发生的违反法律规定的、可能妨碍公正审判的情形。③ 对于继发性的回避事由，因其源于审判人员的人为因素，从情理上讲不会存在审判人员要求自行回避的可能，因而直接规定当事人有权申请回避。④ 根据现行民事诉讼法第四十四条第三款之规定，除审判人员之外，书记员、翻译人员、

---

① 潘剑锋：《民事诉讼原理》，北京大学出版社，2001，第95页。
② 2015年最高人民法院《关于适用〈中华人民共和国民事诉讼法〉的解释》第四十三条规定将审判人员"自行回避"的事由细化为六种情形：（1）是本案当事人或者当事人近亲属的；（2）本人或者其近亲属与本案有利害关系的；（3）担任过本案的证人、鉴定人、辩护人、诉讼代理人、翻译人员的；（4）是本案诉讼代理人近亲属的；（5）本人或者其近亲属持有本案非上市公司当事人的股份或者股权的；（6）与本案当事人或者诉讼代理人有其他利害关系，可能影响公正审理的。
③ 2015年最高人民法院《关于适用〈中华人民共和国民事诉讼法〉的解释》第四十四条将"申请回避"的事由细化为六种情形：（1）接受本案当事人及其受托人宴请，或者参加由其支付费用的活动的；（2）索取、接受本案当事人及其受托人财物或者其他利益的；（3）违反规定会见本案当事人、诉讼代理人的；（4）为本案当事人推荐、介绍诉讼代理人，或者为律师、其他人员介绍代理本案的；（5）向本案当事人及其受托人借用款物的；（6）有其他不正当行为，可能影响公正审理的。
④ 关于原发性回避事由和继发性回避事由的概念阐述，参见江必新主编《新民事诉讼法专题讲座》，法律出版社，2012，第49~51页。

鉴定人及勘验人也要适用回避的规定。

八 无诉讼行为能力人未经法定代理人代为诉讼或者应当参加诉讼的当事人，因不能归责于本人或者其诉讼代理人的事由，未参加诉讼的

按照现代民事诉讼之程序保障和自我负责的基本理念，当事人在非基于自主处分的情况下而没有参与诉讼，便不应当受裁判的拘束。反过来说，当事人在非基于自主处分的情况下而没有参与诉讼，法院所作出的生效裁判便不具有正当性，应当予以再审。无诉讼行为能力人（包括未成年人和精神病人）未经法定代理人代为诉讼以及应当参加诉讼的当事人因不能归责于本人或者其诉讼代理人的事由而未参加诉讼之两种情况，实际上都属于当事人在非基于自主处分的情况下而没有参与诉讼。无诉讼行为能力人对诉讼不具有完全的认知、参与和决断能力，其依法应当由法定代理人代为诉讼，如果其未经法定代理人代为诉讼，那么显然应当视为在非基于自主处分的情况下而没有参与诉讼。而应当参加诉讼的当事人因不能归责于本人或者其诉讼代理人的事由而未参加诉讼，本身即已明确限定了"因不能归责于本人或者其诉讼代理人的事由"，这也就是"非基于自主处分"的意思。实务中，"因不能归责于本人或者其诉讼代理人的事由"包括：人民法院应当通知却未作通知；人民法院虽然发出了通知，却有其他当事人从中隐匿、破坏甚至勾结其他人制造通知已经被收到的假象等。[①] 应当参加诉讼的当事人因不能归责于本人或者其诉讼代理人的事由而未参加诉讼，主要指必要共同诉讼的情况，即必要共同诉讼人因不

---

① 全国人大常委会法制工作委员会民法室编《中华人民共和国民事诉讼法条文说明、立法理由及相关规定》，北京大学出版社，2012，第327页。

能归责于本人或者其诉讼代理人的事由而未参加诉讼。但是，理论上以及实务中也不排除一般诉讼情况下，一方当事人因为对方当事人做手脚而没有收到通知，甚至更为恶劣的是法官与一方当事人相互串通故意造成另一方当事人没有收到诉讼通知的情况，尽管这种情况比较少见。

九　违反法律规定，剥夺当事人辩论权利的

所谓辩论权利，是指当事人提出案件事实与法律主张并就对方当事人所提出的事实主张、证据材料与法律主张发表意见和见解的权利，其目的在于说服法院作出有利于自己的裁判结果。我国民事诉讼法第十二条规定："人民法院审理民事案件时，当事人有权进行辩论。"辩论权利是当事人非常重要的诉讼权利，法院依法应当保障当事人的诉讼权利。保障当事人诉讼权利是确保诉讼程序正当性与裁判公正性的必然要求，违反法律规定剥夺当事人辩论权利的，所作出的裁判即失却合法性基础，理应予以再审。必须注意的是，这里指的是"剥夺"当事人辩论权利，即根本没有赋予当事人以辩论权利，而不是对当事人辩论权利的一般性的障碍或影响。

到底如何界定"剥夺当事人辩论权利"的含义呢？2008年最高人民法院《关于适用〈中华人民共和国民事诉讼法〉审判监督程序若干问题的解释》第十五条规定，原审开庭过程中审判人员不允许当事人行使辩论权利，或者以不送达起诉状副本或上诉状副本等其他方式，致使当事人无法行使辩论权利的，应当认定为"剥夺当事人辩论权利"，但依法缺席审理，依法径行判决、裁定的除外。2013年最高人民检察院《人民检察院民事诉讼监督规则（试行）》第八十二条对其作出了更为完善的解释，其规定有下列情形之一的，应当认定为民事

诉讼法第二百条第九项规定的"违反法律规定，剥夺当事人辩论权利"：（1）不允许或者严重限制当事人行使辩论权利的；（2）应当开庭审理而未开庭审理的；（3）违反法律规定送达起诉状副本或者上诉状副本，致使当事人无法行使辩论权利的；（4）违法剥夺当事人辩论权利的其他情形。2015年最高人民法院《关于适用〈中华人民共和国民事诉讼法〉的解释》第三百九十一条几乎重申了《人民检察院民事诉讼监督规则（试行）》第八十二条解释的四种情形，唯独将其第一种情形修改为"不允许当事人发表辩论意见的"，即删除了"严重限制"的规定。究其原因恐怕是在于担心无法确切区分"严重限制"和"正常指挥庭审秩序"之间的界限，进而会引发此再审事由的滥用。

就上述规定的四种情形应当认定为"违反法律规定，剥夺当事人辩论权利"，笔者原则上予以赞同。但是其中第三种情形要特别留意。2008年最高人民法院《关于适用〈中华人民共和国民事诉讼法〉审判监督程序若干问题的解释》第十五条规定是"以不送达起诉状副本或上诉状副本等其他方式，致使当事人无法行使辩论权利的"。而2013年最高人民检察院《人民检察院民事诉讼监督规则（试行）》第八十二条和2015年最高人民法院《关于适用〈中华人民共和国民事诉讼法〉的解释》第三百九十一条将其修改为"违反法律规定送达起诉状副本或者上诉状副本，致使当事人无法行使辩论权利的"，则明显更合理一些，因为涵盖情况更多样。笔者认为，"违反法律规定送达起诉状副本或者上诉状副本"应当包括不送达、送达不规范两种情况。所谓送达不规范，是指送达方式不符合法律规定，致使当事人不知道相关诉讼程序的内容，从而无法行使辩论权利。例如，不应当公告送达而使用公告送达；法院没有亲自送达而是委托当事人亲朋好友代为转交,而后者由于遗忘或大意丢失等原因致使当事人没有实际收到或迟延收到等。我们可以发现,"违反法律规定送达起诉状副本或者上诉状副本,致使当事人无法行使辩论权利的",和上述第八项事由"应当参加诉讼的当事人,因不能归责于本人或者其诉讼代理人的事由,未参加诉讼的"存在重叠或交叉。因为法院不送达起诉状副本、上诉状副本或者送达不规范,显然将造成当事人无法知悉诉讼程序何时开始,从而也就无法及时参加诉讼。

至于"违法剥夺当事人辩论权利的其他情形"属于兜底条款,例如,原审开庭审理中遗漏了法庭辩论环节,事后又没有得到补救;未依法为不通晓当地民族通用语言文字的当事人提供翻译,致使当事人无法实际行使辩论权利的;等等。这些情况都属于"违法剥夺当事人辩论权利的其他情形"[①]。

十 未经传票传唤,缺席判决的

判决应当在双方当事人在法庭上充分表达观点并提供证据材料的基础上作出,在一方当事人缺席的情况下,应当慎重推进诉讼,更不用说作出判决。但是,民事诉讼法规定了特殊情况下可以进行缺席判决,即因一方当事人经传票传唤,无正当理由拒不到庭或者未经许可中途退庭,法院在审查到庭一方当事人提出的主张与证据材料的基础上依法作出判决。缺席判决制度的法理基础在于程序保障和当事人自我负责的原理。经法院传票传唤,当事人仍然拒不到庭或者未经许可中途退庭,这表明该当事人自动放弃自身的诉讼权利和攻击防御的机会,因而理应承担由此带来的诉讼后果和责任。但是,缺席判决的前提是法院已经依法进行了传票传唤。传票传唤

---

① 刘学在:《违法剥夺当事人辩论权利之再审事由的认定》,《公民与法》2010年第7期。

即人民法院以发送传票的方式通知当事人开庭的时间、地点，传唤当事人准时前来参加诉讼。传票传唤是所有诉讼通知中最正规、最严肃的方式。经过传票传唤，这表明法院已经尽到了最充分的诉讼通知义务，此种情况下当事人仍然拒不到庭，表明了其藐视法庭和轻视自己诉讼权利的双重性质，理应承担相应的后果。但是，如果未经传票传唤，而仅仅以电话、当面口头或者托人传话以及其他各种联络方式，都不具有充分的严肃性，从而不构成缺席判决的基础，对于这样缺乏正当性基础的缺席判决，应当予以再审。从抗诉工作角度而言，对于缺席判决，应当着重审查三点：原审法院是否依法送达开庭传票；当事人不到庭是否有正当理由；法院是否尽到查明案件事实的职责。① 所谓法院是否尽到查明案件事实的义务，是指法院不能因为当事人无正当理由拒不到庭，便直接据此作出对其不利的缺席判决，这实际上是将缺席判决作为惩罚不到庭当事人的方式。我们认为，即使在当事人无正当理由拒不到庭的情况下，法院仍然要贯彻以事实为依据、以法律为准绳的原则，努力尽到查明案件事实的职责。

十一　原判决、裁定遗漏或者超出诉讼请求的

民事诉讼奉行当事人处分原则。现行民事诉讼法第十三条第二款规定："当事人有权在法律规定的范围内处分自己的民事权利和诉讼权利。"根据处分原则，当事人提出哪些诉讼请求或者不提出哪些诉讼请求，是当事人行使处分权的体现，法院应当予以尊重。而判决、裁定遗漏或者超出诉讼请求，则是违背了当事人的诉讼意愿，是对当事人自主意思的不当干预，损害了当事人的处分权，应当予以再审。

---

① 王景琦：《民事抗诉条件的理解与适用》，《人民检察》2008年第13期。

此之所谓"诉讼请求",根据2015年最高人民法院《关于适用〈中华人民共和国民事诉讼法〉的解释》第三百九十二条之规定,包括一审诉讼请求、二审上诉请求,但当事人未对一审判决、裁定遗漏或者超出诉讼请求提起上诉的除外。换言之,尽管一审裁判遗漏或者超出了当事人的诉讼请求,但是如果当事人未对此提起上诉的(包括根本没有提起上诉以及有提起上诉但上诉理由与请求不包括一审裁判遗漏或者超出诉讼请求这一点),那么视之为当事人已经放弃了正常程序的救济(这也是行使处分权的体现),所以不应该再在再审程序中寻求特殊救济。这也是所谓"再审的补充性原则"的体现。①

此外,此之所谓"遗漏诉讼请求",既可能指遗漏当事人提出的若干诉讼请求中的部分请求,也可能指遗漏整个或所有的诉讼请求。前者比较好理解,而后者也绝非不可能。例如被告提起了反诉,而法院判决时只处理了原告提出的本诉的诉讼请求,却完全"遗忘"或遗漏了对被告反诉的处理。这便是遗漏了整个诉讼请求。所谓"超出诉讼请求",既可能指超出了当事人提出的诉讼请求的事项(例如原告没有要求被告赔礼道歉,但法院却判令被告赔礼道歉),也可能仅仅指超出了诉讼请求的"度量"(例如判决赔偿金额超出了当事人自己所提出的赔偿金额)。

必须特别强调的是,当事人的处分权不是绝对的,在当事人意思表示违反国家强制性法律规定以及公序良俗的时候,法院就可以代表国家对其予以干预,此时即不能以"原判决、裁定遗漏或者超出诉讼请求"为由要求再审。最为典型的就是合同无效的情形。在当事人没有明确主张合同无效的情况下,人民法院依照国家强制性法律规定以及公序良俗原则而认定合同无效的,不属于遗漏或超出当事人的诉讼

---

① 参见李浩《再审的补充性原则与民事再审事由》,《法学家》2007年第6期。

请求，而是体现了国家的正当干预。①

十二　据以作出原判决、裁定的法律文书被撤销或者变更的

有些民事案件的判决、裁定是以其他的法律文书为依据作出的。如果据以作出判决、裁定的法律文书后来被撤销或者变更的，那么该判决、裁定也就失去了相应的基础，应当允许再审。这里首先涉及的一个问题是：什么样的情况可以被认定为原判决、裁定是依据其他法律文书而作出。对此，2008年最高人民法院《关于适用〈中华人民共和国民事诉讼法〉审判监督程序若干问题的解释》第十六条作出了解释，即原判决、裁定对基本事实和案件性质的认定系根据其他法律文书作出，而上述其他法律文书被撤销或变更的，人民法院可以认定为"据以作出原判决、裁定的法律文书被撤销或者变更的"的情形。亦即，只有特定法律文书对基本事实和案件性质的认定起到直接证明或决定作用的，才能理解为原判决、裁定系根据该等法律文书而作出。如果特定法律文书只是对案件的次要事实起到证明作用的，那么不能认为判决、裁定是依据该法律文书而作出。笔者赞同最高人民法院的这一解释。因为基本事实和案件性质的认定决定了最终判决和裁定结果，而次要事实的认定并不决定最终判决和裁定结果。至于什么是基本事实、次要事实以及案件性质，上文相关部分已经作了阐述，这里不再重复。

现在还涉及的一个问题是：所谓法律文书的范围是什么。一般认为，法律文书应当既包括有既判力的人民法院生效判决、裁定和仲裁裁决，也包括虽然没有既判力但具有法律确定力或证明力的行政裁决

---

① 全国人大常委会法制工作委员会民法室编《中华人民共和国民事诉讼法条文说明、立法理由及相关规定》，北京大学出版社，2012，第329页。

和公证文书。而且立法权威解释也是明确肯定了公证文书系此之法律文书的一种。① 但是 2015 年最高人民法院《关于适用〈中华人民共和国民事诉讼法〉的解释》第三百九十三条缩小了法律文书的范围，其规定法律文书包括：发生法律效力的判决书、裁定书、调解书；发生法律效力的仲裁裁决书；具有强制执行效力的公证债权文书。该解释剔除了行政裁决，并将公证文书限定为具有强制执行效力的公证债权文书。根据对这一法条出台背景的解释，之所以作出这样限缩解释，是因为考虑到：公证文书主要是依据一方或者双方当事人提交的证明材料，按照有关办证规则进行必要的核实即办理相应的公证文书，并不存在审判或者仲裁程序中双方当事人充分的对质、辩论程序和复杂的调查证据、裁判案件的程序，公证文书相对于法院裁判和仲裁裁决而言，更容易出现错误。为维护生效裁判的权威性和既判力，避免轻易启动再审程序，因而未将普通公证文书纳入法律文书的范围。但是，具有强制执行效力的公证债权文书在效力上与生效裁判和仲裁裁决一样，都属于执行依据，应当纳入"法律文书"的范围。至于行政裁决文书，由于目前法律、行政法规对作出该文书的具体程序以及是否具有强制执行力等事项都无明确规定，故目前不宜将之纳入"法律文书"的范围。如果审判实践中出现据以作出原判决、裁定的行政裁决文书被撤销或者变更的情形，可以适用"有新的证据，足以推翻原判决、裁定"这一事由寻求再审救济。②

笔者认为，所谓法律文书应该有着最基本的特征，即具有相应的法律效力。这一法律效力可以是确定力、公定力、先定力、拘束

---

① 王胜明主编《中华人民共和国民事诉讼法释义》，法律出版社，2012，第 485 页。
② 上述关于最高人民法院《关于适用〈中华人民共和国民事诉讼法〉的解释》第三百九十三条出台背景的解释，参见杜万华、胡云腾主编《最高人民法院民事诉讼法司法解释逐条适用解析》，法律出版社，2015，第 753~754 页。

力、既判力、执行力等效力中的一种或数种。行政机关依法作出的行政裁决，其作为具体行政行为具有一般具体行政行为所共有的公定力、先定力以及有条件的执行力（如超过法定期限没有提起复议或行政诉讼则取得执行力）等法律效力，毫无疑问应当属于"法律文书"的一种。例如，按照我国现行土地管理法第十六条之规定，土地所有权如果发生争议，必须行政裁决先行，不能直接提起民事诉讼。当事人自接到行政裁决书之日起30日内未向人民法院起诉的，则显然该行政裁决即取得最终的确定力与执行力。当然，将据以作出原判决、裁定的行政裁决文书被撤销或者变更的情形作为新证据来要求启动再审，实践上也是可行的。但是，作为基本法理逻辑而言，依法作出的行政裁决应当视为"法律文书"。此外，笔者赞同将具有强制执行效力的公证债权文书之外的普通公证文书排除在"法律文书"范围之外。这并非因为普通公证文书相对于法院裁判和仲裁裁决而言更容易出现错误（这一点其实缺乏严格的实证），而是因为根据公证法第三十六条规定，普通公证文书仅仅具有相对的证明力，而不具有法律效力，因而不能称之为"法律文书"。而具有强制执行效力的公证债权文书具有明确的法律上的执行力，毫无疑问属于"法律文书"。

十三 审判人员审理该案件时有贪污受贿、徇私舞弊、枉法裁判行为的

现行民事诉讼法第四十三条规定：审判人员应当依法秉公办案，不得接受当事人及其诉讼代理人请客送礼。审判人员有贪污受贿、徇私舞弊、枉法裁判行为的，应当追究法律责任；构成犯罪的，依法追究刑事责任。审判人员审理案件时有贪污受贿、徇私舞弊、枉法裁判行为，表明其违背了依法秉公审判的基本职责要求，既亵渎了司法尊严、损伤了司法威信，也损害了当事人的合法权益，使得整个审判失去了合法性，故而应当予以再审。这也是很多国家通行的做法。对于这一再审事由的理解需把握三点：

一是审判人员的贪污受贿、徇私舞弊、枉法裁判行为，必须已经得到证实，而不是处于怀疑或嫌疑状态，但不一定要求必须构成犯罪。对此，2015年最高人民法院《关于适用〈中华人民共和国民事诉讼法〉的解释》第三百九十四条规定，民事诉讼法第二百条第十三项规定的审判人员审理该案件时有贪污受贿、徇私舞弊、枉法裁判行为，是指已经由生效刑事法律文书或者纪律处分决定所确认的行为。[①] 显然，生效刑事法律文书表明其行为已经构成犯罪，而对于未构成犯罪的，只要纪检监察部门对其作出纪律处分决定，也可以作为申请再审的依据。

二是审判人员的贪污受贿、徇私舞弊、枉法裁判行为必须发生在审理该案件时。如果审判人员的贪污受贿、徇私舞弊、枉法裁判行为不是发生在审理该案件时，而是发生在审理其他案件时，那么表明这些行为与该案件的审理并不具有直接的关系，依法不能作为申请再审的依据。

三是审判人员的贪污受贿、徇私舞弊、枉法裁判行为，属于选择性事由，而非并合性事由，即这三个具体事由并不需要同时具备，只要具备一项即可以申请再审。实践中确实存在受贿而不枉法、徇私而

[①] 这一规定源于2008年最高人民法院《关于适用〈中华人民共和国民事诉讼法〉审判监督程序若干问题的解释》第十八条规定，其规定："民事诉讼法第一百七十九条第二款规定的'审判人员在审理该案件时有贪污受贿，徇私舞弊，枉法裁判行为'，是指该行为已经相关刑事法律文书或者纪律处分决定确认的情形。"

不枉法的现象①，但是只要构成贪污受贿或者徇私舞弊，哪怕最终没有枉法裁判，也应当予以再审。

---

① 受贿而不枉法比较好理解，而徇私而不枉法尽管比较难理解，但也是存在的。可参见墨帅《设置选择性处罚 必须防止"徇私不枉法"》，《检察日报》2006年3月1日，第12版。

结　语
"再审程序抗诉一元启动"之展望

我们已经对我国民事抗诉制度的基本法理进行了系统阐述。这一理论阐述涉及民事抗诉制度的诸多方面，如比较法背景、理论争议、基础理论、立法演变、制度构造与功能、诉讼结构、合理性论证以及抗诉事由等主题，在这些主题的论述过程中当然还涉及民事抗诉制度方方面面的程序要素（如依职权抗诉问题、调查核实权问题以及抗诉案再审程序问题等）。但其基本宗旨与归依还是为了从理论上证立民事抗诉制度。通过环环相扣、层层递进的论述，本书完成了这样的一种论证：新构造之民事抗诉制度与再审之诉制度在阶段构造、诉讼关系及通行原则上都遵循着同样的原理，两者存在着原理相融性。换言之，新构造之民事抗诉制度不是游离于传统民事诉讼一般原理框架之外，而是完全与之相契合的。新构造之民事抗诉制度尽管属于"有检察权居于其中"而具有中国特色的民事诉讼制度，但是与传统民事诉讼一般原理完全相契合，这一点有力地说明，"有检察权居于其中的"民事诉讼理论体系不仅是可能的，而且不越出传统民事诉讼一般原理框架之外。至此，我们已经圆满地完成了本书预定的任务。但是，笔者意犹未尽，并不打算就此仓促画上句号。笔者还打算在任务完成的基础上做一些重要且必要的延伸，并作为最后的结语。

新构造之民事抗诉制度与再审之诉制度存在着原理相融性，这一点如果从再审司法权构成或者说检法关系的角度看，新构造之民事抗诉制度事实上构成了检察院和法院的再审"司法分权"。具体而言，从再审之诉"三阶"构造角度看，法院对申请再审案件的完整的再审司法权可以相应划分为"再审之诉合法性审查权"（我国是"再审申请形式要件审查权"）、"再审事由审查权"和"本案再审审理权"。理论上我们可以将第一阶段和第二阶段的审查权统称为"再审审查权"。因此，完整的再审司法权包括程序上前后相继的"再审审查权"和"再审审理权"。显然，从这样的视角看，检察机关民事抗诉根本不是与当事人申请再审之诉权构成了"竞争"，而是与法院审判权构成了"竞争"，即民事抗诉属于检察机关"分享"了法院对当事人申请再审案件的形式要件与再审事由的"再审审查权"。换言之，在民事抗诉程序中，民事案件完整的再审程序分别由检察机关和法院相继主持与完成，其中检察机关行使"再审审查权"，而法院则行使"再审审理权"。通过这样比对性视角，我们可以发现民事抗诉制度具有明显的"司法分权"的性质。

这种"司法分权"既构成了检察院对作出原生效裁判的法院监督，也构成了对接受抗诉的法院的"司法制约"，即法院必须依法再审，在法定的期限内且在抗诉理由的范围内对本案作出实质审理并给出裁判结论。[①] 由于抗诉源于当事人申请，抗诉书是对当事人抗诉申请进行审查后的全部或部分支持性结论，蕴含着当事人的再审诉请。

[①] 详见拙文《论民事抗诉制度的程序法定位——基于修改后民事诉讼法的分析》，《中外法学》2010年第4期。

结 语
"再审程序抗诉一元启动"之展望

检察机关提起抗诉后法院必须予以依法再审，这也就意味着法院不得将抗诉书所蕴含的当事人的再审诉请挡在再审门外，也不得久拖不决。显然，这样的检法制约有利于解决"应当再审的未能再审，应当及时再审的长期未能再审"的"申诉难"问题，有利于当事人权利保障，促进司法公正。

同时，制度法理上同样重要但容易被我们忽视的一点是：检察机关"再审审查权"不仅仅"向后"（从诉讼流程角度而言）制约法院"再审审理权"，事实上也"向前"（同样从诉讼流程角度而言）制约当事人的诉权或申诉权。① 因为检察机关"再审审查权"是对当事人"申诉"的形式要件是否合法和再审事由是否存在的审查，只有两者都符合规定的情况下，才依法提起抗诉；如果"申诉"的形式要件不合法或再审事由不存在，那么检察机关均应依法作出不受理或不抗诉的决定。这样，民事抗诉制度实际上起到了对当事人"申诉"进行"法律过滤"的作用，能够规范当事人的"申诉"行为、约束当事人

---

① 我国1982年民事诉讼法（试行）在审判监督程序部分仅仅规定了当事人申诉权。申诉权被认为属于民主权利而非诉讼权利，因而不能理解为"诉权"。1991年民事诉讼法则明确规定了当事人申请再审的权利，主流观点认为申请再审的权利属于诉权。同时，将申诉改为申请再审的规定，被理解为再审启动程序"诉权化"改造的开始。而2007年和2012年两次民事诉讼法修改对于审判监督程序的完善，被视为再审程序启动"诉权化"改造的继续。（详见李浩著《论民事再审程序启动的诉权化改造——兼析〈关于修改《民事诉讼法》的决定〉第49条》，《法律科学》2012年第6期）但是，长期以来当事人向法院申请再审或者向检察机关申请抗诉仅仅或通常被视为"申诉"，至少在语用习惯上长期名之为"申诉权"。"申诉难"的表述不仅在司法实务界、理论界长期存在，甚至在立法机关的官方文件里也屡见不鲜（可参见王胜明的《关于〈中华人民共和国民事诉讼法修正案（草案）〉的说明》，http：//www.npc.gov.cn/npc/zt/2008-02/21/content_1494775.htm，最后访问日期2017年7月2日；胡康生：《全国人大法律委员会关于〈中华人民共和国民事诉讼法修正案（草案二次审议稿）〉审议结果的报告》，载最高人民法院民事诉讼法修改研究小组编著《〈中华人民共和国民事诉讼法〉修改的理解与适用》，人民法院出版社，2007，第5页）。基于这样的事实，本书在语用习惯上（仅仅在语用习惯上而非规范概念上）仍然沿用"申诉"一词，以便于行文。

诉权的滥用。① 因此，全面地看，民事抗诉制度在再审程序中起到了向前规范当事人诉权、向后制约法院审判权的作用。② 当然，当事人向法院申请再审，法院也有相应的审查程序，制度上也能够起到"法律过滤"的作用。③ 但是，当事人向法院申请再审而启动再审程序，实质上属于法院系统内部的自我监督，难免会受到部门利益或本位利益的干扰或影响。民事抗诉制度属于检察院对法院的外部公权力监督，就制度原理以及制度运作的现实性而言，显然民事抗诉制度对于当事人"申诉"的"法律过滤"以及对于再审法院的审判权的监督制约，相比于法院系统内部的自我监督更具有"中立性""超然性"和"公正性"。

笔者认为，正是基于检察机关民事抗诉监督比之于法院系统内部自我监督的前述优点，同时考虑到整合现有多元化的、重复性的再审程序启动机制，以提升司法效率（包括节约司法资源和减轻法院及当事人讼累），合理维护生效裁判的稳定性（或法的安定性），我们可以考虑建立"再审程序抗诉一元启动"机制，使得检察机关民事抗诉成

---

① 现实中既存在当事人"申诉难"的现象，同时又存在着"无限申诉""反复申诉"和"无理缠诉"的现象。前一种现象涉及法院审判权的滥用，而后一种现象则涉及当事人诉权的滥用。参见李磊《〈民事诉讼法〉的修改对我国民事再审审判工作的影响及对策建议》，《法商论丛》2008年第3卷；江苏省南京市中级人民法院：《再审之诉框架下申请再审的程序性制度建构——关于民事申请再审制度改革的调研报告》，《法律适用》2007年第2期。

② 从这一点来看，民事抗诉权与刑事公诉权在法律监督的结构上具有类似之处。刑事公诉权被认为是刑事诉讼领域分权制衡的典型模式，它向前制约警察活动、向后制约法官司法权的行使。大陆法系检察制度理论认为，"创设检察官制度的最重要目的之一，在于透过诉讼分权模式，以法官与检察官彼此监督节制的方法，保障刑事司法权限行使的客观性与正确性。创设检察官制度的另外一项重要功能，在于以一受严格法律训练及法律约束之公正客观的官署，控制警察活动的合法性，摆脱警察国家的梦魇"。见林钰雄著《检察官论》，中国台湾学林文化事业有限公司，2000，第16~17页。

③ 实务中检察机关很早就开始通过加强民事行政抗诉书的"说理"的方式来强化对当事人"申诉"的审查和过滤，提高民事行政抗诉工作的质量与成效。参见庄建南、傅国云、陈旭昶、宋小海《民行抗诉书说理研究》，《人民检察》2003年第8期。

为法院再审程序启动的唯一渠道和机制。事实上，有学者早已提出检察机关民事抗诉应作为启动民事再审程序的统一渠道的见解，很有启发意义。① 但是，学界可能长期以来将完善当事人申请再审制度进而建立大陆法系模式的再审之诉视为我国审判监督程序长远建设的不二选择②，而对于民事抗诉和典型或传统民事诉讼制度与原理的相融性却一直持强烈质疑态度，认为民事抗诉是检察机关公权力对于作为私人纠纷解决机制的民事诉讼的非常规介入或干预，只能作为基于司法现状的权宜之举，不能视之为常规化或常态化的制度。对此，我们认为，本书之深入、系统、切实的研究已经表明：新构造下的民事抗诉制度和传统民事诉讼（再审之诉）存在着原理相融、相通性。因此，将民事抗诉制度作为民事诉讼常规化、常态化的诉讼制度并不存在制度逻辑或原理上的障碍，甚至可以说它是大陆法系再审之诉制度在中国的"本土化改造"，这一"本土化改造"使得再审制度更适合中国国情和司法实务状况，更能有效提供司法公正之"公共产品"，更能有效提升司法公信力，总之更具有现实性。因此，我们对构建"再审程序抗诉一元启动"机制的制度合理性与现实可行性抱有足够的信心和乐观的态度。为此，笔者热切呼吁学界以及立法与司法实务界重视并认真研究构建"再审程序抗诉一元启动"机制的建议，进一步完善与发展民事抗诉制度。

---

① 参见傅郁林《我国审判监督模式评析与重构》，《人大研究》2004年第4期；汤维建：《民事诉讼法的全面修改与检察监督》，《中国法学》2011年第3期；蔡福华：《应将检察院作为民事再审的唯一启动主体》，《检察日报》2011年12月23日第3版。

② "关于审判监督制度改革的基本思路，学术界和实务界已经达成的共识就是应该建立'再审之诉'，把当事人的申诉纳入诉讼权利范围并给以程序上的切实保障。"王亚新：《民事审判监督制度整体的程序设计——以〈民事诉讼法修正案〉为出发点》，第182页。另可参见张卫平《民事再审事由研究》，《法学研究》2000年第5期；李浩：《民事再审程序改造论》，《法学研究》2000年第5期。

参考文献

一 论文

杨立新：《民事行政诉讼检察监督与司法公正》，《法学研究》2000年第4期。

刘家兴：《关于审判监督程序的回顾与思考》，《中外法学》2007年第5期。

江伟、徐继军：《论我国民事审判监督制度的改革》，《现代法学》2004年第2期。

李浩：《民事再审程序改造论》，《法学研究》2000年第5期。

张晋红、郑斌峰：《论民事检察监督方式之选择》，《人民检察》2001年第8期。

段厚省：《论检察机关支持起诉》，《政治与法律》2004年第6期。

洪浩、邓晓静：《公益诉讼中检察权的配置》，《法学》2013年第7期。

傅国云：《论民事督促起诉——对国家利益、公共利益监管权的监督》,《浙江大学学报》(人文社会科学版) 2008 年第 1 期。

郑人豪:《美国的检察制度》(一),《当代检察官》2002 年第 6 期。

郑人豪:《美国的检察制度》(二),《当代检察官》2002 年第 7 期。

李昕:《俄罗斯民事抗诉制度的新发展》,《学术论坛》2013 年第 2 期。

李昕:《俄罗斯民事诉讼中检察机关地位的角色嬗变及其启示》,《理论导刊》2009 年第 11 期。

刘向文:《谈俄罗斯联邦检察制度的历史发展》,《俄罗斯中亚东欧研究》2008 年第 6 期。

韩成军:《俄罗斯检察制度变迁对我国检察制度改革的启示》,《中州学刊》2011 年第 2 期。

尹伊君:《检法冲突与司法制度改革》,《中外法学》1997 年第 4 期。

关今华:《检察权与审判权的冲突、监督、制约和权力配置》,载孙谦主编《检察论丛》第 3 卷,法律出版社,2001。

章武生:《论民事再审程序的改革》,《法律科学》2002 年第 1 期。

黄松有:《检察监督与审判独立》,《法学研究》2000 年第 4 期。

景汉朝、卢子娟:《论民事审判监督程序之重构》,《法学研究》1999 年第 1 期。

章武生:《论民事再审程序的改革》,《法律科学》2002 年第 1 期。

陆永棣:《程序冲突映照下的制度困境——现行民事抗诉制度考察》,《中外法学》2003 年第 3 期。

张卫平:《民事诉讼检察监督实施策略研究》,《政法论坛》2015

年第1期。

高洪宾：《审判监督与司法权威》，《人民司法》2001年第1期。

汪治平：《民事抗诉与刑事抗诉之比较》，《人民法院报》2000年8月1日，第3版。

扈纪华：《关于民事诉讼中的检察监督问题》，《河南社会科学》2011年第1期。

邵世星：《民事诉讼检察监督的法理基础再论——兼论我国民事诉讼检察制度的完善》，《国家检察官学院学报》2001年第2期。

高晓莹、杨明刚：《从制度价值层面审视民事检察制度的发展和完善》，《法学家》2006年第4期。

田平安、李浩：《中国民事检察监督制度的改革与完善》，《现代法学》2004年第1期。

王景琦：《司法改革与民事检察监督刍议》，《法学家》2000年第5期。

段厚省、陈佳琦：《民事行政检察监督改革涉及的三个基本理论问题》，《华东政法学院学报》2006年第1期。

陈桂明：《民事检察监督之存废、定位与方式》，《法学家》2006年第4期。

张晋红：《对取消与弱化民事抗诉制度的几点质疑》，《国家检察官学院学报》2004年第3期。

郝银钟：《检察权质疑》，《中国人民大学学报》1999年第3期。

夏邦：《中国检察院体制应予取消》，《法学》1999年第7期。

崔敏：《论司法权的合理配置》，载《依法治国与司法改革》，中国法制出版社，1999。

陈卫东：《我国检察权的反思与重构——以公诉权为核心的分

析》，《法学研究》2002 年第 2 期。

王松苗：《厉行法治：法律监督应如何定位——"依法治国与法律监督研讨会"综述》，《人民检察》1998 年第 9 期。

周士敏：《论我国检察制度的法律定位》，《人民检察》1999 年第 1 期。

徐益初：《析检察权性质及其运用》，《人民检察》1999 年第 4 期。

万毅：《法律监督的内涵》，《人民检察》2008 年第 11 期。

朱孝清：《检察的内涵及其启示》，《法学研究》2010 年第 2 期。

沈丙友：《公诉职能与法律监督职能关系之检讨》，《人民检察》2000 年第 2 期。

张智辉：《法律监督三辨析》，《中国法学》2003 年第 5 期。

宋军：《法律监督理论的来龙去脉》，《首都检察官》创刊号（2004 年 7 月）。

闵钐：《新中国第一本检察著作〈检察制度纲要〉述评》，《中国检察官》2008 年第 5 期。

田夫：《什么是法律监督机关》，《政法论坛》2012 年第 3 期。

王志坤：《"法律监督"探源》，《国家检察官学院学报》2010 年第 3 期。

彭真：《关于七个法律草案的说明》，载《彭真文选》，人民出版社，1991。

万春：《论我国检察机关的性质——兼评当前理论和实践中的几种观点》，《政法论坛》1994 年第 1 期。

张智辉：《法律监督三辨析》，《中国法学》2003 年第 5 期。

万毅：《法律监督的内涵》，《人民检察》2008 年第 11 期。

张智辉：《"法律监督"辨析》，《人民检察》2000 年第 5 期。

张智辉：《论检察权的构造》，《国家检察官学院学报》2007年第4期。

张智辉：《公诉权论》，《中国法学》2006年第6期。

扈纪华：《民事诉讼中的检察监督张弛有度》，载《检察日报》2012年9月14日，第3版。

汤维建：《民事诉讼法律监督基本原则的新发展》，载《检察日报》2012年9月18日，第3版。

刘荣军：《从民事诉讼法律关系看检察监督》，载《检察日报》2012年10月18日，第3版。

王建：《角色与定位：民事检察制度修改的法理审视》，载《检察日报》2012年9月26日，第3版。

李浩：《论民事再审程序启动的诉权化改造——兼析〈关于修改《民事诉讼法》的决定〉第49条》，《法律科学》2012年第6期。

蔡虹：《民事诉讼结构的调整及其基本构造的选择》，《法商研究》1998年第5期。

彭世忠：《民事诉讼构造的理性认知》，《现代法学》1999年第3期。

高鹏程：《试论结构的概念》，《学术交流》2010年第2期。

赵钢：《略论民事诉讼简易程序之结构》，《法商研究》1998年第1期。

章恒筑：《关于民事诉讼结构理论的考察和反思》，《现代法学》2005年第6期。

宋振武：《刑事诉讼的功能性结构及其法理学分析》，《现代法学》2006年第1期。

龙宗智：《刑事诉讼的两重结构辨析》，《现代法学》1991年第

3 期。

马智胜、马勇：《试论正式制度和非正式制度的关系》，《江西社会科学》2004 年第 7 期。

吉嘉伍：《新制度政治学中的正式和非正式制度》，《社会科学研究》2007 年第 5 期。

刘润忠：《试析结构功能主义及其社会理论》，《天津社会科学》2005 年第 5 期。

江伟：《略论检察监督权在民事诉讼中的行使》，《人民检察》2005 年第 18 期。

段厚省、郭宗才、王延祥：《〈民事诉讼法〉修订与民事检察监督之回应》，《政治与法律》2008 年第 12 期。

唐力、谷佳杰：《"检审一体化"：论民事检察监督的边界》，《学海》2015 年第 4 期。

韩成军：《公平审判权与民事诉讼检察监督》，《河南社会科学》2011 年第 1 期。

肖建国：《民事检察监督之功能与实施思考》，《人民检察》2012 年第 21 期。

陈德辉、程晓斌：《论民事检察监督理念与现行制度的改造》，《人民司法》2002 年第 4 期。

张步洪：《略论民事行政检察程序的目的》，《人民检察》1998 年第 7 期。

朱刚：《民事检察监督制度的价值分析与诉讼定位》，《福建法学》2016 年第 1 期。

马登科：《民事检察抗诉制度的再完善》，《华南农业大学学报》（社会科学版）2009 年第 3 期。

路志强：《论民事检察监督制度的结构性问题和改革方向》，《甘肃社会科学》2015年第1期。

孙加瑞：《民事行政检察的审判化误区与检察化回归》，《国家检察官学院学报》2012年第3期。

刘辉、姜昕：《浅谈民事检察的目的和手段》，《人民检察》2010年第17期。

王莉：《我国民事检察的功能定位和权力边界》，《中国法学》2013年第4期。

杨会新：《民事检察监督中调查权的范围》，《人民检察》2013年第15期。

傅郁林：《民事执行权制约体系中的检察权》，《国家检察官学院学报》2012年第3期。

汤维建、温军：《检察机关在民事诉讼中法律地位研究》，《武汉大学学报》（哲学社会科学版）2005年第2期。

王鸿翼：《关于对民事诉讼三角形结构的质疑与思考》，《河南社会科学》2011年第1期。

刘卉：《民事检察监督范围的拓展与路径》，《人民检察》2011年第15期。

陈丹、宋宗宇：《从监督到制约：民事诉讼检察监督关系构造与机制构建》，《理论与改革》2014年第1期。

汤维建：《论诉中监督的菱形结构》，《政治与法律》2009年第6期。

蔡福华：《民事检察理论若干问题辨析》，《人民检察》2001年第2期。

邵世星：《民事审判监督程序的定位与结构设计》，《国家检察官学院学报》2014 年第 2 期。

李浩:《论民事再审程序启动的诉权化改造》,《法律科学》2012 年第 6 期。

傅郁林:《民事执行权制约体系中的检察权》,《国家检察官学院学报》2012 年第 3 期。

王鸿翼:《关于对民事诉讼三角形结构的质疑与思考》,《河南社会科学》2011 年第 1 期。

郭道晖:《人民代表大会制度的几个理论问题》,载郭道晖《法的时代精神》,湖南出版社,1997。

陈刚、翁晓斌:《论民事诉讼制度的目的》,载《南京大学法律评论》1997 年春季号。

邹建章:《论民事检察监督法律关系》,《中国法学》1997 年第 6 期。

汪治平:《民事抗诉若干问题之管见》,《人民司法》1999 年第 11 期。

王亚新:《民事审判监督制度整体的程序设计——以〈民事诉讼法修正案〉为出发点》,《中国法学》2007 年第 5 期。

蔡虹:《民事抗诉制度的立法完善》,《人民检察》2011 年第 11 期。

张步洪:《民事行政抗诉理由及适用标准探究》,《人民检察》2000 年第 4 期。

张卫平:《民事再审事由研究》,《法学研究》2000 年第 5 期。

潘剑锋:《论"管辖错误"不宜作为再审事由》,《法律适用》2009 年第 2 期。

张卫平:《管辖错误不宜作为民事再审的事由》,《人民法院报》

2007年9月18日，第6版。

陈桂明：《再审事由应当如何确定——简评07年民事诉讼法修改之得失》，《法学家》2007年第6期。

汤维建：《"管辖错误"作为再审事由不宜删除》，《法学家》2011年第6期。

卢正敏：《民事诉讼再审新证据之定位与运用》，《厦门大学学报》（哲学社会科学版）2009年第3期。

王景琦：《民事抗诉条件的理解与适用》，《人民检察》2008年第13期。

王亚新：《民事诉讼中质证的几个问题——以最高法院证据规定的有关内容为中心》，《法律适用》2004年第3期。

杨立新：《关于民事行政申诉案件的案卷审查（上）》，《人民检察》2001年第9期。

刘学在：《违法剥夺当事人辩论权利之再审事由的认定》，《公民与法》2010年第7期。

李浩：《再审的补充性原则与民事再审事由》，《法学家》2007年第6期。

二 著作

沈宗灵主编《法理学》（第二版），2009。

孙国华主编《法理学教程》，中国人民大学出版社，1994。

乔克裕主编《法学基本理论教程》，法律出版社，1997。

马新福主编《法理学》，吉林大学出版社，1995。

张文显主编《法理学》，法律出版社，2007。

舒国滢主编《法理学导论》，北京大学出版社，2012。

王桂五：《王桂五论检察》，中国检察出版社，2008。

龙宗智：《检察制度教程》，法律出版社，2002。

李忠芳、王开洞主编《民事检察学》，中国检察出版社，1996。

周其华著《中国检察学》，中国法制出版社，1998。

张步洪：《新民事诉讼法讲义》，法律出版社，2012。

杨立新：《民事行政检察教程》，法律出版社，2002。

柴发邦主编《民事诉讼法学新编》，法律出版社，1992。

刘家兴主编《民事诉讼法学教程》，北京大学出版社，1994。

江伟主编《民事诉讼法学原理》，中国人民大学出版社，1999。

常怡主编《比较民事诉讼法》，中国政法大学出版社，2002。

潘剑锋：《民事诉讼原理》，北京大学出版社，2001。

张卫平：《民事诉讼法》，法律出版社，2004。

杨立新：《民事行政检察教程》，法律出版社，2002。

方立新：《西方五国司法通论》，人民法院出版社，2000。

程汉大主编《英国法制史》，齐鲁书社，2001。

白绿铉等译《美国联邦民事诉讼规则》，中国法制出版社，2000。

最高人民法院民事诉讼法调研小组：《民事诉讼程序改革报告》，法律出版社，2003。

王利明：《司法改革研究》，法律出版社，1999。

张智辉：《检察权研究》，中国检察出版社，2007。

朱孝清、张智辉主编《检察学》，中国检察出版社，2010。

樊崇义主编《检察制度原理》，法律出版社，2009。

张穹、谭世贵：《检察制度比较研究》，中国检察出版社，1990。

甄贞等著《法律监督原论》，法律出版社，2007。

闵钐编《中国检察史资料选编》，中国检察出版社，2008。

闵钐、薛伟宏编著《共和国检察历史片断》，中国检察出版社，2009。

孙谦主编《人民检察制度的历史变迁》，中国检察出版社，2009。

张穹主编《公诉问题研究》，中国人民公安大学出版社，2000。

石少侠：《检察权要论》，中国检察出版社，2006。

陈瑞华：《问题与主义之间——刑事诉讼基本问题研究》，中国人民大学出版社，2003。

潘剑锋主编《民事诉讼法》，浙江大学出版社，2008。

张卫平：《民事诉讼法》，法律出版社，2004。

王锡三：《民事诉讼法研究》，重庆大学出版社，1996。

江伟主编、傅郁林副主编《民事诉讼法学》，北京大学出版社，2012。

毕玉谦：《证据法程序功能模式》，法律出版社，1997。

刘荣军：《程序保障的理论视角》，法律出版社，1999。

李心鉴：《刑事诉讼构造论》，中国政法大学出版社，1997。

陈光中：《外国刑事诉讼程序比较研究》，法律出版社，1988。

毕玉谦：《证据法程序功能模式》，法律出版社，1997。

陈桂明：《诉讼公正与程序保障》，法律出版社，1999。

江平：《民事审判方式改革与发展》，中国法制出版社，1998。

全国人大常委会法制工作委员会民法室：《中华人民共和国民事诉讼法条文说明、立法理由及相关规定》，北京大学出版社，2012。

全国人大常委会法制工作委员会民法室：《民事诉讼法立法背景与观点全集》，法律出版社，2012。

高其才、肖建国、胡玉鸿：《司法公正观念源流》，人民法院出版社，2003。

最高人民法院民事诉讼法修改研究小组编著《〈中华人民共和国民事诉讼法〉修改的理解与适用》，人民法院出版社，2007。

汤维建：《民事检察法理研究》，中国检察出版社，2014。

贺恒扬主编《抗诉论》，中国检察出版社，2008。

章武生等：《司法现代化与民事诉讼制度的建构》，法律出版社，2000。

王鸿翼：《规范和探索感性与理性——民事行政检察的回眸与展望》，中国检察出版社，2013。

孙谦、刘立宪主编《检察理论研究综述（1989-1999）》，中国检察出版社，2000。

吕世伦主编《列宁法律思想史》，法律出版社，2000。

张卫平等：《司法改革：分析与展开》，法律出版社，2003。

孙谦、樊崇义、杨金花主编《检察改革、检察理论与实践——与专家对话录》，法律出版社，2002。

孙万胜：《司法权的法理之维》，法律出版社，2002。

王亚新：《对抗与判定——日本民事诉讼的基本结构》，清华大学出版社，2002。

孙家瑞：《民事检察制度新论》，中国检察出版社，2013。

江必新主编《新民事诉讼法专题讲座》，法律出版社，2012。

江必新、孙祥壮、王朝辉：《新民事诉讼法审判监督程序讲座》，法律出版社，2012。

张卫平：《诉讼架构与程式——民事诉讼的法理分析》，清华大学出版社，2000。

李国光主编《最高人民法院〈关于民事诉讼证据的若干规定〉的理解与适用》，中国法制出版社，2002。

杜万华、胡云腾主编《最高人民法院民事诉讼法司法解释逐条适用解析》，法律出版社，2015。

王胜明主编《中华人民共和国民事诉讼法释义》，法律出版社，2012。

〔瑞士〕皮亚杰：《结构主义》，倪连生、王琳译，商务印书馆，1984。

〔瑞士〕皮亚杰：《人文科学认识论》，郑文彬译，中央编译出版社，2002。

〔奥〕凯尔森：《法与国家的一般理论》，沈宗灵译，中国大百科全书出版社，1996。

〔英〕哈特：《法律的概念》，张文显等译，中国大百科全书出版社，1996。

〔日〕法务省刑事局编《日本检察讲义》，杨磊等译，中国检察出版社，1990。

〔英〕里约翰·爱得华兹著《皇家检察官》，周美德等译，中国检察出版社，1991。

〔英〕里约翰·爱得华兹著《英国总检察长——政治与公共权利的代表》，王耀玲等译，中国检察出版社，1991。

〔美〕琼·雅各比著《美国检察官研究》，周叶谦等译，中国检察出版社，1990。

〔苏联〕列宁：《列宁选集》第4卷，人民出版社，1995。

〔苏联〕诺维科夫：《苏联检察系统》，中国人民大学苏联东欧研究所译，群众出版社，1980。

〔苏联〕В.Г.列别金斯基：《苏维埃检察院及其一般监督方面的活动》，陈华星、张学进译，法律出版社，1957。

〔德〕奥特马·尧厄尼希：《民事诉讼法》，周翠译，法律出版社，2003。

〔美〕埃里克·A. 波斯纳：《法律与社会规范》，沈明译，中国政法大学出版社，2004。

〔美〕小罗伯特·B. 埃克伦德、〔美〕罗伯特·F. 赫伯特：《经济理论和方法史》，杨玉生等译，中国人民大学出版社，2001。

〔日〕三月章：《日本民事诉讼法》，王一凡译，五南图书出版公司，1997。

〔日〕兼子一、竹下守夫：《民事诉讼法》，白绿铉译，法律出版社，1995。

〔日〕谷口安平：《程序的正义与诉讼》，王亚新、刘荣军译，中国政法大学出版社，1996。

〔英〕M. J. C. 维尔：《宪政与分权》，苏力译，三联书店，1997。

〔英〕罗杰·科特威尔：《法律社会学导论》，潘大松等译，华夏出版社，1989。

〔德〕H. 科殷：《法哲学》，林荣远译，华夏出版社，2002。

〔美〕E. 博登海默：《法理学——法哲学及其方法》，邓正来、姬敬武译，华夏出版社，1987。

后　记

　　我自2001年从北京大学法学院研究生毕业后即进入浙江省人民检察院工作，一直从事民事行政检察业务，几近八年。在这八年时间里，日复一日的实践，使得我对于民事抗诉非常熟悉，对于其利益之处以及对于其所存之问题，都有很深的经验体会，也进行了长时期的个人思考。2009年我从检察机关调到浙江大学城市学院任教，后又调到现今的工作单位浙江省社会科学院，从事法学研究工作，至今又是另一个八年时光。在这八年的研究工作中，我仍然主要关注民事抗诉问题，对其进行了持续深入的思考，也陆续发表了一些论文。"某种程度上"可以说，自从我学成就业后至今长达十六年的时间里，主要工作内容就是从事民事抗诉检察实务和从事民事抗诉理论研究。这两部分工作历时各约八年，因此与民事抗诉缘分极深。本书可以说是对这十六年来我的实践与思考的整体总结，代表了我迄今为止对民事抗诉制度之理论逻辑与实践发展方向的总体观点。尽管本书无疑还存在诸多不足，但作为个人对民事抗诉制度之努力思考后的"终题答卷"，也算是对本人十六年年华的一个"交代"，甚感欣慰。

后 记

深深感谢我的两位导师北京大学法学院刘家兴教授和潘剑锋教授。感谢他们当年在我研究生学习期间为我系统传授了民事诉讼法学的理念、知识和研究方法,帮我打下了民事诉讼法学研究的牢固学术基础,至今受益匪浅。刘家兴老师已经驾鹤西去,其高洁之风骨、慈爱之仁心和民事诉讼法学之奠基性贡献将永远为我们所铭记。潘剑锋老师不仅在我研究生学习期间给予我专业上的悉心教导,而且在我毕业后仍然给予我诸多理论研究工作上的提携、指导与帮助。完全可以说,导师潘剑锋教授为本书的研究写作最初开启了可以看得见希望的"窗口"。同样深深感谢北京大学法学院傅郁林教授,她尽管不是我的导师,但真的情同导师,对我非常关心,在有关民事抗诉制度的关键论文的形成过程中,给予我很多思想启迪和重要帮助,而这些关键论文构成了本书研究赖以为可能的基础。

感谢我所在单位浙江省社会科学院领导和院学术委员会各位专家对本书的认可以及对出版资助给予的有力支持。感谢我院陈柳裕副院长对本书写作的关心、指导与督促,正是在他的关心下,本研究进程得以持续推进。感谢我院科研情报处各位同事就本书出版事宜所给予的支持与帮助。

感谢浙江省人民检察院检察委员会专职委员、民事行政检察制度研究专家傅国云先生。本书的很多思想观点都是在和他长期愉快共事与交流的过程中逐渐形成,及至本书写作时还获得了他很多资料与资讯上的帮助与支持。

感谢我院法学所同事唐明良副研究员仔细审读本书并提出了非常有益的修改建议;同样感谢法学所同事王坤研究员对本书研究所给予的建议与帮助。还要感谢浙江省人民检察院民事行政检察处陈旭昶、胡薇、许婷婷、南庆明、方方、胡卫丽等曾经的同事们,曾经共事的情谊以及之后与他们经常性的实务问题上的交流，为我长期持续的民事抗诉制度研究提供了必不可少的实务知识与资料方面的支撑。感谢陈磊、项慈若、王玉辛等好友，他们在本书写作过程中给予我最真诚的陪伴与鼓励，为我孤寂的漫长写作之旅增添了珍贵友谊的华彩。

最后，感谢我的家人，他们是我全部生活与奋进的力量源泉。

老子说："万物并作，吾以观其复。"本书的完成，是某种任务的结束，也是某种任务的新开始。所以，行进的脚步，何曾停息。

宋小海

2017年7月于杭州宝石山畔

图书在版编目（CIP）数据

民事抗诉论/宋小海著.－－北京：社会科学文献出版社，2017.11
（中国地方社会科学院学术精品文库.浙江系列）
ISBN 978-7-5201-1555-1

Ⅰ.①民… Ⅱ.①宋… Ⅲ.①民事诉讼-抗诉-研究-中国 Ⅳ.①D925.104

中国版本图书馆CIP数据核字（2017）第250279号

中国地方社会科学院学术精品文库·浙江系列
民事抗诉论

著　　者 / 宋小海

出 版 人 / 谢寿光
项目统筹 / 宋月华　杨春花
责任编辑 / 孙以年

出　　版 / 社会科学文献出版社·人文分社（010）59367215
　　　　　　地址：北京市北三环中路甲29号院华龙大厦　邮编：100029
　　　　　　网址：www.ssap.com.cn

发　　行 / 市场营销中心（010）59367081　59367018
印　　装 / 三河市尚艺印装有限公司

规　　格 / 开　本：787mm×1092mm　1/16
　　　　　　印　张：19.25　字　数：237千字
版　　次 / 2017年11月第1版　2017年11月第1次印刷
书　　号 / ISBN 978-7-5201-1555-1
定　　价 / 99.00元

本书如有印装质量问题，请与读者服务中心（010-59367028）联系

▲版权所有 翻印必究